国家社科基金项目（13CJY057）研究成果

U0518049

湖南师范大学商学院经济管理论丛

中国战略性新兴产业组织模块化创新研究

曹虹剑／著

ZHONGGUO ZHANLUEXING XINXING CHANYE

ZUZHI MOKUAIHUA CHUANGXIN YANJIU

中国财经出版传媒集团

经济科学出版社
Economic Science Press

图书在版编目（CIP）数据

中国战略性新兴产业组织模块化创新研究／曹虹剑著.
—北京：经济科学出版社，2016. 10
（湖南师范大学商学院经济管理论丛）
ISBN 978 - 7 - 5141 - 7356 - 7

Ⅰ. ①中… Ⅱ. ①曹… Ⅲ. ①新兴产业 - 产业组织 -
研究 - 中国 Ⅳ. ①F279. 244. 4

中国版本图书馆 CIP 数据核字（2016）第 241154 号

责任编辑：王东岗
责任校对：徐领柱
责任印制：邱 天

中国战略性新兴产业组织模块化创新研究
曹虹剑 著
经济科学出版社出版、发行 新华书店经销
社址：北京市海淀区阜成路甲 28 号 邮编：100142
总编部电话：88191217 发行部电话：88191540
网址：www. esp. com. cn
电子邮件：esp@ esp. com. cn
天猫网店：经济科学出版社旗舰店
网址：http://jjkxcbs. tmall. com
北京汉德鼎印刷厂印刷
华玉装订厂装订
880 × 1230 32 开 8. 25 印张 220000 字
2016 年 10 月第 1 版 2016 年 10 月第 1 次印刷
ISBN 978 - 7 - 5141 - 7356 - 7 定价：45. 00 元
（图书出现印装问题，本社负责调换。电话：010 - 88191502）
（版权所有 翻印必究 举报电话：010 - 88191586
电子邮箱：dbts@ esp. com. cn）

总　序

　　湖南师范大学经济与管理学科源远流长。1938 年设立的公民训育学系就已经开设经济学、中国经济组织、国际政治经济、近代外国经济史四门课程。新中国成立后，学校先后于 1953 年和 1960 年成立了政治经济学教研组与教研室。1992 年，著名经济学家、中国消费经济学的主要创始人之一尹世杰教授调入湖南师范大学工作，我校经济管理学科步入快速发展时期，他亲自创办的《消费经济》杂志也落户我校。1997 年，我校成立经济与管理学院，2003 年经济与管理学院更名为商学院。

　　目前，我校已开设经济学、金融学、国际经济与贸易、市场营销、人力资源管理、工商管理、会计学、电子商务、旅游管理、酒店管理、文化产业管理等 10 多个经济管理类本科专业，拥有产业经济学、政治经济学、西方经济学、人口、资源与环境经济学、区域经济学、企业管理、会计学、旅游管理、工商管理（MBA）、民商法学、经济法学等 20 余个经济管理类专业或相关专业硕士点；统计学一级学科博士点具有经济学博士学位授予权和博士后流动站，形成了博士后、博士、硕士、学士四级人才培养体系。改革开放以来，我校先后培养了包括陈东琪、魏后凯、杨开忠、梁琦、谭跃进、马超群等一大批活跃在经济与管理学界的著名中青年学者。

　　湖南师范大学商学院一直秉承"仁爱精勤"的校训精神，鼓励和支持教师在教书育人的同时，积极从事科学研究，通过科学研究提升教学水平，并把服务社会作为自己的重要使命。学院已在消费经济学与消费者行为理论、马克思主义经济学、产业组织理论与企业理论、风险管理和保险理论、开放经济与空间经济学、人力资源管理、会计与审计、金融理论、教育经济与管理等领域组建了精干的学术梯队，形成了较为稳定的研究方向。"十二五"以来，学院教师先后成功申报国家社会科学基金重大项目、国家自然科学基金项目等国家级课题多项，在 SSCI 源刊、SCI 源刊、《经济研究》、《经济学季刊》、《管理科学学报》、《管理世界》等国内外权威和重要学术期刊发表论文数十篇。

在经济科学出版社的大力支持下，《湖南师范大学商学院经济管理论丛》已陆续与广大读者见面，希望社会各界不吝赐教。

湖南师范大学商学院院长刘子兰

2012 年 12 月

序

　　改革开放30多年来，中国的工业化道路取得了举世瞩目的成就，用短短数十年的时间使中国成为了制造业大国。当然，取得这一切成就也付出了不小的代价，不仅环境污染严重，而且过度依赖初级生产要素，使中国在某种程度上陷入了比较优势陷阱，没有获得创新驱动的竞争优势。从国际环境来看，随着经济全球化的深入发展，尤其在2008年国际金融危机之后，国际经济形势更加错综复杂，中国的出口导向型经济战略受到了严峻的挑战。面对国内外复杂的经济环境，中国必须加快转变经济发展方式，通过创新驱动促发展。在这样的背景下，中国政府作出了培育、发展战略性新兴产业的决定。发展战略性新兴产业是一项长期的系统工程，不仅需要科技创新，产品与市场创新，而且更需要组织创新，高效整合、利用全球生产要素。那么，工业经济时代纵向一体化的产业组织适合中国战略性新兴产业的发展吗？或者说在信息经济时代，战略性新兴产业需要有新的产业组织形式吗？正是带着这样的疑问和思考，曹虹剑博士开始了本书的研究。

　　一般来说，在以物质资本为主导的工业经济时代，产业内分工是垂直型的，企业组织是科层制，主导产业组织是纵向一体化。在威廉姆森看来，纵向一体化可以减少资产专用性所带来的交易成本过高的问题，并取得非物化的复杂技术。但纵向一体化也会因为层级过多，而产生信息失真与官僚失灵等诸多问题，有可能由此带来低效率。21世纪初，在以新一代信息技术为代表的战略性新兴产业崛起的背景下，第三次工业革命深入发展，人类开始真正进入信息经济时代。此时的主导生产要素由同质性的物质资本变成了异质化的人力资本。信息经济时代的经济组织也发生了革命性的改变，由以往工业经济时代的层级制、金字塔形转变为扁平化、网络化的结构。

在经济组织扁平化、网络化的发展趋势中，模块化成为了经济组织主导形式。模块化产业组织能快速对外部市场环境做出反应，有高创新能力和抗风险能力，所以模块化是一种适合战略性新兴产业发展组织形式。美国新兴产业的聚集地——硅谷实际上就是模块集群，正如青木昌彦所言，模块化是新兴产业组织的本质。在全球价值链分工的背景下，通过模块化分解与统一系统联系规则的建立，一个复杂的产品系统分散在全球进行研发、生产、营销。各国相关产业内的企业可以通过模块化打破地域的限制，在全球范围内形成一个多点对多点的模块化产业链集群。在这里，统一的系统规则能保证产业链系统的兼容性，各个模块化子系统不需事先集中便可以依据系统规则自行演化。这种模块化网络组织的产权治理范式与传统企业产权治理范式有很大的不同，是一种全新的产权治理范式。首先，模块化网络组织是中间产品契约对要素契约的替代，其产权治理对象是中间产品的件工契约网络，这与科斯和威廉姆森等人的企业产权治理理论有很大的不同。其次，模块化网络组织的产权治理强调人力资本或知识资本所有者的权威，是规则设计者主导的多方共同治理，其治理理念强调将正的内部性外部化，在整个产业系统实行共享。再次，在模块化网络组织中，因为有统一的界面，所以对个体的贡献容易定价，因而偷懒或卸责问题并不是治理关注的重点，在网络市场化条件下，企业剩余权利单边垄断的治理机制被模块化网络组织内的合作剩余分享机制所替代。最后，传统产权治理理论只涉及企业层面的分析，但模块化网络组织产权治理涉及产业组织层面的分析，所以说模块化网络组织产权治理反映了信息经济时代产业组织发展的本质，是对传统工业经济时代产业组织理论的"创造性破坏"，是产业组织理论范式的革新，这是本书在理论上的主要建树。

　　本书利用统计年鉴数据与问卷调查数据，从企业组织与产业组织等多层次视角对中国战略性新兴产业组织模块化发展现状及其对创新的影响进行了实证研究。在实证研究中找到了一个将模块化与产业标准相融合的方法，弥补了以往实证研究模块化缺少考虑产业标准的不足。在实证研究中提出并证明了两个重要理论假设：产业组织模块化在发展初期有一定的初始成本，当模块化发展到一定阶段，模块化整合的成本降低，模块化组织将有利于创新；在产业组织模块化条件下，公共品和非公共品性质的产业标准将会影响生产率。通过实证研究，探究了产品模块化、企业组织模块化与产业组织模块化对技术创新的影响。同时还研究了模块化对技术创新影响的分工效应与协同效应，以及独立效应与联合效应。以上这些都丰富了模块化、战略性新兴产业等研究领域的理论与实证研究。

　　怎样利用模块化这种新兴的产业组织模式使中国战略性新兴产业占领全球价值链的高端，提高中国制造业的自主创新能力，进而带动创新驱动发展战略的实现，这是本书研究主要的现实目的。作者依据我国工业化与信息化融合的要求，通过规范研究与实证研究，深入探讨我国产业组织的演进路径，总结了信息经济时代中国新兴产业组织模块化融合的特征和典型经验，为战略性新兴产业组织模块化及其价值链高端化，提升自主创新能力，推进互联网＋智能制造，以及战略性新兴产业内部和外部间的协同创新，提供了一些产业组织方面的新思路和对策。总之，本书具有重要的理论创新价值和实践指导意义，是我国现代产业组织研究领域的一部高水平的力作。

刘茂松

2016 年 8 月

前　言

　　21 世纪初，在经济全球化深入发展的背景下，中国经济发展方式转型和全球新一轮产业变革实现了历史性的融合。中国转变经济发展方式，以及创新驱动发展战略的实施是一项复杂的系统工程，不仅需要科技创新、产品创新与市场创新来推动，而且需要高效的经济组织使中国产业高效整合、利用全球生产要素。在信息经济时代，战略性新兴产业应该有新的产业组织模式。通过规范研究与实证研究，本书为战略性新兴产业组织模块化及其对创新的影响提供了一个较系统的分析框架，旨在为中国战略性新兴产业组织模式提供新的发展思路，为战略性新兴产业提升自主创新能力，抢占全球价值链高端，为战略性新兴产业内部产业之间，新兴产业与传统产业之间的协同创新提供新思路。

　　本书研究思路如下：在理论上探讨工业经济时代与信息经济时代产业组织的演进路径，以及信息经济时代新兴产业组织的主要特征及治理机制，然后在此基础上进行实证研究与案例分析。首先，在理论上分析不同经济时代产业组织的主要特征及演进趋势。从契约与产权治理的视角，探讨新兴模块化网络组织的本质特征及治理机制。其次，在 600 多份有效调查问卷的基础上，利用熵值法测量战略性新兴产业模块化程度，利用结构方程模型（SEM）分析产品模块化、企业组织模块化、产业组织模块化，以及模块化分工与模块化协同对技术创新的整体影响。同时，分析不同种类模块化对战略性新兴产业七个细分产业技术创新影响的独立效应和联合效应。再次，通过官方公布的数据，用马奎斯特（Malmquist）生产率指数计算战略性新兴产业全要素生产率（TFP）及其分解变量：

技术效率、规模效率和技术变化，用广义矩估计（GMM）动态面板数据模型分析战略性新兴产业组织模块化及产业标准设立对 TFP 及其分解变量的影响。最后，以属于高端装备制造业的工程机械产业为例，分析战略性新兴产业集群组织模块化发展的现状、障碍与升级路径。

从理论上说，模块化是信息经济条件下产业组织的本质。模块化在产品内分工的基础上实现了生产要素的跨企业、跨产业和跨地域的有机融合，使产业组织形成一个动态演化的系统。产业组织模块化使组织间的生产要素与资源相互渗透、交融，使企业和产业的边界模糊化，自发地涌现新的组织结构。产业组织模块化是一个不断演进的融合过程，在产业组织模块化发展的高级阶段，信息技术的高度发展使生产要素开始在不同产业间分割、重组与融合，这时就会出现传统产业与新兴产业的大规模融合。此时，产业边界不再清晰，协同发展成为常态。从契约的视角看，模块化网络组织是中间产品契约与要素契约融合的动态契约网络。模块化网络组织的产权治理范式与工业经济时代的纵向一体化产业组织有很大区别，其产权治理范式有以下主要特征：模块化网络组织产权治理对象不是要素契约，而是中间产品契约网络，其内部交易费用低且行为主体的贡献容易定价；内部性外部化是模块化网络组织产权治理的基本理念，其治理强调由知识资本/人力资本所有者——系统规则设计者主导的共同治理方式；模块化网络组织内部可分为四类市场，企业拥有的竞争优势与资源位也决定了其合作剩余分享的高低。模块化产业组织的效率与产业标准密切相关，最优的产业标准治理结构是使公共品和非公共品性质的产业标准带来的交易费用之和最小。信息经济时代的经济学要实现科学主义与人文主义的融合；经济组织治理理论要重视以人力资本为主导，分享合作剩余的多边共同治理机制。

实证研究发现：中国战略性新兴产业已经呈现出明显的模块化发展趋势；产品模块化、企业组织模块化、产业组织模块化、模块化分工、模块化协同等五组变量对技术创新都具有显著正向影响；其中，产业组织模块化对技术创新的影响最大，企业组织模块化的影响次之，产品模块化对技术创新的影响相对较小；战略性新兴产业模块化分工对技术创新的影响力大，而模块化协同对技术创新的影响相对较小；模块化对高端装备制造业技术创新影响的独立效应最大，模块化对生物医药等产业技术创新影响的独立效应相对较小；不同类型模块化对战略性新兴产业技术创新的影响还呈现出明显的联合效应特征。模块化有初始融合成本，在初期会对战略性新兴产业 TFP 产生负面影响，但在滞后期会提高 TFP，这是以往的研究所不曾得到的结论；产业标准会对产业组织模块化效率产生重要影响，公共品性质的产业标准对 TFP 有正向影响，但非公共品性质的产业标准对战略性新兴产业 TFP 有负向影响，这也是本书的重要发现。从产业环境因素来看，市场竞争激烈程度的提升不一定会提高战略性新兴产业 TFP；研发（R&D）人力投入增加不会促进战略性新兴产业 TFP 提高，但 R&D 资本投入对 TFP 的影响为正；政府支持与金融支持对战略性新兴产业影响不显著；市场势力过高会对滞后期 TFP 的提高产生负面影响；对外开放度提高对 TFP 及分解变量的影响并不确定；模块化程度对技术效率的正向影响较显著。组织模块化可以使产业集群打破地域和产业限制，形成一个低交易费用、高创新能力的模块化网络；中国一些战略性新兴产业集群存在协同创新能力差、同质化竞争严重、配套能力弱、服务模块发展滞后等发展障碍。

　　主要建议如下：第一，通过组织创新助力中国战略性新兴产业发展与创新驱动发展战略的实现。通过产业组织模块化，使战略性新兴产业实现生产要素的跨企业、跨产业、跨地域的融合。通过模块化，使战略性新兴产业的组织系统走向自组织，建立基于知识分工合作，协调成本低的模块化网络组织。通过模块化打破新兴产业与传统产业之间的界限，加速传统产业优化升级，实现协同创新发展。第二，在产业组织模块化基础上，利用公共品性质的产业标准减少潜在竞争者的进入壁垒与退出障碍。为减少组织模块化早期带来的成本，在主要依靠市场力量的基础上，可以适当借用行业组织与政府的力量，减少产业组织模块化的试错和协调成本。鼓励中国企业更多地参与国际专利池和国际产业标准的制定，在继续保持专利申请数量增长的基础上，提高专利申请质量。在利用产业组织模块化提高技术效率和规模效率的基础上，注意专利保护宽度和时间，防止非公共品产业标准对技术变化的不利影响。第三，通过产业组织模块化整合全球生产要素，占领全球价值链的高端，并完善国内价值链。有资源整合优势的企业应定位为全球模块化网络整合者和品牌领导者，有技术优势和潜力的企业应定位为产业标准制定者，中小企业要在专业化的基础上逐渐向模块化价值链的高端升级。有实力的企业要占领全球价值链的核心模块和关键环节。在利用全球生产要素的基础上，进一步完善国内价值链，提升国内配套能力，促进产业融合。第四，完善有利于战略性新兴产业发展的内外部环境。在继续利用 R&D 资本投入效率的基础上，提升 R&D 人力投入的质量。在消除市场势力对 TFP 不利影响的基础上，深化国企改革，推进战略性新兴产业混合所有制改革，充分激发民间创新活力。优化金融环境，对战略性新兴产业给予支持性产业政策，但要让市场力量主导战略性新兴产业发展。第五，反垄断政策要从效率的视角审视新兴产业的市场结构。从产业组织的角度来说，战略性新兴产业市场集中度高并不一定会影响效率，所以在反垄断法的实施过程中要注重新兴产业市场垄断结构的效率分析，对于"本身违法原则"要慎用。

曹虹剑

2016 年 8 月

目　录

第 *1* 章

绪　　论

1.1

研究背景与意义

1.1.1　研究背景

21世纪初，在信息经济迅猛发展，经济全球化深入发展的背景下，新一轮科技革命和产业变革正在兴起，新兴产业的发展速度正以工业经济时代传统产业数十倍，甚至上百倍的速度在增长。无论是发展中大国，还是发达国家都在大力发展知识技术密集，资源消耗少，且成长潜力巨大的新兴产业，以提高其经济的全球竞争力。与此同时，在2008年国际金融危机之后，全球经济形势复杂多变，中国面临着推进经济结构调整与转变经济发展方式的挑战。近年来，不但出口贸易与国内需求拉动经济增长的动力不足，而且投资驱动的滞后负面影响逐渐显现。在产业方面，钢铁、水泥、煤化工等传统产业，以及多晶硅、风电设备等新兴产业都存在产能过剩的问题。同时，传统经济发展模式下的资源消耗巨大，环境污染严重。为了克服这些困难，中国必须走上创新驱动发展的道路。在此背景下，中国决定加快培育、发展战略性新兴产业，抢占全球科技、经济竞争的制高点,并使其成为先导产业和支柱产业。培育和发展战略性新兴产业是中国政府着眼于全球复杂的经济格局和国内未来的可持续发展而做出的立足当前,考虑长远的重大战略决策(王礼恒等,2015)①。

2010 年 10 月《国务院关于加快培育和发展战略性新兴产业的决定》明确了七大战略性新兴产业:节能环保产业、新一代信息技术产业、生物产业、高端装备制造产业、新能源产业、新材料产业与新能源汽车产业②。2012 年 7 月,国务院印发《"十二五"国家战略性新兴产业发展规划》(以下简称《规划》),《规划》详细列出了七大战略性新兴产业的重点发展方向、主要任务及重大工程,为其发展指明了道路③。发展战略性新兴产业不仅能发挥科技创新的引领作用,促进经济结构调整,而且能使中国社会经济走上可持续的发展道路(薛澜,周源,李应博等,2015)④。

今天,中国进入了经济发展的"新常态":经济增长从高速增长向中高速增长转变,经济结构正在调整、优化,传统的要素驱动正向创新驱动的发展模式转变(易纲,2014)⑤。在经济发展进入新常态的背景下,2015 年 5 月中国政府提出了《中国制造 2025》这一重大发展战略,根据这一发展战略,中国将通过"三步走"

---

① 王礼恒. 战略性新兴产业培育与发展战略研究综合报告 [M]. 北京科学出版社,2015:1.

② 中华人民共和国国务院. 国务院关于加快培育和发展战略性新兴产业的决定(国发〔2010〕32 号)[DB/OL]. 中央政府门户网站,http://www. gov. cn/zwgk/2010 - 10/18/content_1724848. htm,2010 - 10 - 18.

③ 中华人民共和国国务院. 国务院关于印发"十二五"国家战略性新兴产业发展规划的通知(国发〔2012〕28 号)[DB/OL]. 中央政府门户网站,http://www. gov. cn/zwgk/2012 - 07/20/content_2187770. htm,2012 - 07 - 20.

④ 薛澜,周源,李应博等. 战略性新兴产业创新规律与产业政策研究 [M]. 北京:科学出版社,2015:1 - 10.

⑤ 易纲. 深刻认识我国经济发展新趋势 [N]. 人民日报,2014 - 11 - 03 (007).

实现制造强国的战略目标①。《中国制造 2025》还指出了制造业创新中心（工业技术研究基地）建设工程等"五大工程"，以及新一代信息技术产业等"十大重点领域"。《中国制造 2025》是对加快培育和发展战略性新兴产业重大战略的进一步发展、升华。

发展战略性新兴产业和先进制造业是中华民族伟大复兴的必然选择。在第一次工业革命前的上千年时间里，中国曾引领全球的科技与经济发展。发端于 18 世纪中叶的第一次工业革命使人类开始进入蒸汽机时代，也使英国引领西方世界逾百年。而 19 世纪下半叶到 20 世纪初的第二次工业革命使人类进入电气时代，同时使德国、美国等欧美国家成为了全球经济的领导者。今天在信息技术的推动下，以信息技术和先进制造业为代表的第三次工业革命深入发展，在此背景下中国如何选择一条工业化发展道路？这将影响到这个有悠久文明的国家重塑辉煌的历史进程。

第三次工业革命深入发展的背景下，人类的经济组织也在发生深刻的变化。以智能化、信息化发展为基础，以现代科学技术对大规模流水线与制造系统的柔性化、网络化改造为主要内容，以可重构的生产组织，以及大规模定制为特征的第三次工业革命是一场嵌入在技术和组织系统中的技术经济范式的深刻变革（黄群慧，贺俊，2013）②。第三次工业革命引起经济组织模式由金字塔型转变为扁平化、网络化结构，深刻反映了经济权力关系的动态变迁。第一次工业革命和第二次工业革命的经济组织采用的都是纵向一体化的科层结构，倾向于集权的金字塔型的组织体制。第三次工业革命的经济组织模式出现了横向一体化与网络化的基本特征，使全球的大、中、小型企业在全球生产网络共同发挥着作用（杰里米·里

---

① 中华人民共和国国务院．国务院关于印发《中国制造 2025》的通知（国发〔2015〕28 号）〔DB/OL〕．中央政府门户网站，http://www.gov.cn/zhengce/content/2015 − 05/19/content_9784.htm，2015 − 05 − 19.

② 黄群慧，贺俊．"第三次工业革命"与中国经济发展战略调整——技术经济范式转变的视角〔J〕．中国工业经济，2013，（1）：5 − 18.

夫金，2013）[1]。

在第三次工业革命发展的背景下，模块化（modularization/modularity）成为了战略性新兴产业发展的主导产业组织模式之一。美国新兴产业的聚集地——硅谷实际上就是模块集群，模块化是硅谷产业组织的本质（青木昌彦，2001）[2]。模块是半自律性的子系统，它可以和其他子系统按照一定规则构成更加复杂的系统或过程。模块化可以简化复杂系统的控制。诺贝尔经济学奖得主西蒙（Simon，1981）[3] 曾指出，科层（hierarchy）是一种复杂系统的组织原则，科层的层级系统与可分解性（decomposability）特征使其进行模块化运作成为可能。青木昌彦指出了模块化两个信息处理方面的主要特征：系统信息同化（assimilation）与个体信息包裹化（encapsulation）（青木昌彦，安藤晴彦，2003）[4]。系统信息被鲍德温和克拉克（Baldwin，Clark，2006）称为看得见的信息（visible information），而个体信息或私人信息被他们称为看不见的信息（invisible information）[5]。模块化生产的发展经历了工艺设计模块化——产品模块化——企业组织模块化——产业组织模块化这样的一个演进过程。在今天全球产品内分工的背景下，通过模块化分解与统一系统联系规则的建立，一个复杂的产品系统分散在全球进行研发、生产、营销，各国和地区的企业通过模块化组成全球化网络组织。怎样利用模块化这种新兴的产业组织模式使中国战略性新兴产业占领全球价值链的高端，进而带动产业优化升级与经济结构调

① 杰里米·里夫金. 第三次工业革命 [J]. 人民文摘，2013，(5)：24 - 25.

② 青木昌彦. 比较制度分析 [M]. 上海：上海远东出版社，2001.

③ Simon, H. A. The sciences of the Artificial (2nd ed.) [M]. Cambridge：MIT Press，1981.

④ 青木昌彦，安藤晴彦. 模块时代：新产业结构的本质 [M]. 上海：上海远东出版社，2003.

⑤ 鲍德温，克拉克. 设计规则：模块化的力量（第1卷）[M]. 北京：中信出版社，2006.

整，以及创新驱动发展战略的实现，这是本书要研究的主要目的。

综上所述，在经济全球化深入发展的背景下，新一轮科技和产业革命正在酝酿、兴起。与此同时，中国已经进入经济发展"新常态"，中国政府正在努力推动战略性新兴产业实现创新驱动发展。以新一代信息技术等产业为代表的战略性新兴产业属于知识集聚、技术密集、资源消耗少，且成长潜力巨大的新兴产业。重点发展战略性新兴产业是中国转变经济发展方式的必然选择，也是中国迎接第三次工业革命面临的挑战，以及实现中华民族伟大复兴的需要。在第三次工业革命深入发展的背景下，人类的经济组织模式由金字塔型的纵向一体化，向扁平化、网络化的横向一体化组织模式转变（曹虹剑，2015）①，在这一经济组织大转型过程中，模块化组织模式成为了美国硅谷以及其他国家和地区新兴产业发展的主导模式。从组织模块化视角研究战略性新兴产业发展具有重要的现实与理论意义。

1.1.2 研究意义

从实践的角度来看，本书将通过实证研究、问卷调查与案例研究，从微观、中观、宏观等多个层次审视中国战略性新兴产业的组织效率，并为其发展提供新的思路。在第三次工业革命兴起的背景下，战略性新兴产业将引领新一轮科技革命与产业变革，而模块化就是战略性新兴产业组织发展的新方向。本书将从产业组织的视角，为中国战略性新兴产业占领全球产业及科技的高端提供新思路。在经济发展进入"新常态"的背景下，本书将为战略性新兴产业中大、中、小型企业在全球价值网络中分工、定位，自主创新能力的提升，以及国际竞争力的提升提供新的思路。此外，本书还

---

① 曹虹剑. 中国战略性新兴产业组织创新：异质性与复杂性的视角 [J]. 社会科学，2015，(7)：60 - 67.

将为战略性新兴产业内部企业之间、产业之间，新兴产业与传统产业之间，以及不同区域产业之间的协同创新提供思路。

从理论的角度来看，本书从企业组织、产业组织和产业集群等视角，利用调查问卷数据和官方公布的数据进行实证研究，同时辅以案例研究，以及理论方面的规范研究，以期为战略性新兴产业组织模块化的实证与理论研究提供一个较系统的分析框架。熊彼特（Schumpeter）的经典理论曾揭示了创新的内涵并指出了创新的五种情况①。熊彼特的思想对本书研究仍有重要指导意义。以往有关战略性新兴产业或新兴产业创新的研究通常集中于技术创新、产品创新与市场创新等方面，本书将从组织创新这一新的视角研究战略性新兴产业，并为战略性新兴产业发展提供产业组织方面的对策与建议。本书将在讨论不同时代经济组织演进的基础之上，指出战略性新兴产业组织演进的路径与创新的方向。主流企业理论主要研究企业内部的委托——代理关系，以及物质资本主导下的剩余权利配置问题；而主流产业组织理论的研究对象是纵向一体化的产业组织，关注重点是合谋或策略性行为等问题；本书将把微观的企业治理理论拓展到中观的产业组织层面——网络组织治理，适当拓展产业组织理论的研究范围，研究有利于解决市场效率提高的合作问题。本书从模块化网络组织的契约性质，模块化网络组织产权治理的对象，产权治理理念，以及产权治理机制等方面建立起了模块化网络组织产权治理的新范式。而且，传统产权治理理论只涉及企业层面的分析，但模块化网络组织产权治理涉及产业组织层面的分析，本书将围绕以上三个方面建立模块化网络组织产权治理的新范式。在本书看来，竞争与合作是人类经济社会演化过程中不可或缺的两个特征，合作和竞争的演进会导致经济组织结构演进。在实证研究中本书还提出了两个重要理论假说：其一，产业组织模块化在发展初期有一定的初始成本（这些初始成本来自系统的模块化分

---

① 熊彼特. 经济发展理论［M］. 北京：商务印书馆，1991：64－105.

解、试错及协调成本），这些成本可能会在短期内给创新与技术进步带来负面的影响，当模块化发展到一定阶段，模块化整合的成本降低，模块化组织将有利于提高生产率与创新效率；其二，模块化产业组织的效率受公共品产业标准和非公共品产业标准的影响。这些假说及其理论分析丰富了当前的模块化理论。此外，本书还在理论上指出了模块化融合是新兴产业组织的本质。

1.2

研究思路与方法

研究思路与方法：将按照理论研究→实证研究与案例研究→对策与建议的思路展开研究；从演化视角，结合交易费用理论与产业经济学理论进行规范研究，同时结合计量经济学模型、结构方程模型进行实证研究，并进行典型案例研究。本书主体部分的研究思路与方法介绍如下。本书的研究思路与方法见图1-1。

第一，从理论上厘清工业经济时代——信息经济时代的产业组织演进脉络，阐明为什么模块化产业组织是中国战略性新兴产业组织发展的趋势与方向。这一部分主要从演化的视角，结合不同经济时代需求与供给的演变，运用分工理论、交易费用经济学与产业经济学等理论对不同时代主导产业组织模式的特征、治理机制进行对比分析，指出战略性新兴产业组织发展趋势及演进方向。

第二，为了深入研究模块化网络组织的本质，探讨其与工业经济时代纵向一体化产业组织的区别，我们运用交易费用经济学与产权经济学等理论工具，从模块化网络组织的契约性质、产权治理对象、治理理念、治理机制等方面讨论了模块化网络组织产权治理的主要特征，阐明了模块化网络组织的产权治理是一种产权治理的新范式。

第三，从企业视角，对中国战略性新兴产业内的企业进行问卷

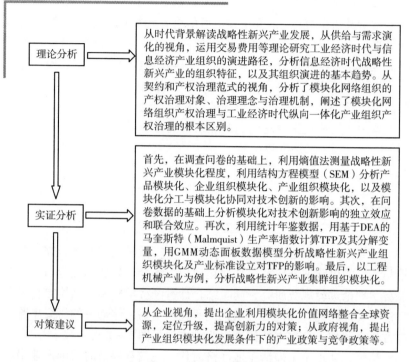

图1-1　研究思路与方法

资料来源：作者整理。

调查，以便分析模块化与技术创新的关系。我们将重点利用结构方程模型（Structural Equation Modeling，SEM）进行数据分析，SEM的突出优势是：它可以同时处理多个变量，还可以对无法直接进行观测的潜变量进行分析。调查问卷数据来源于课题组对近20个省市的战略性新兴企业进行调查得到的600多份有效问卷，主要利用AMOS软件进行分析。在调查问卷中，我们首先根据模块化的作用机制将模块化分为模块化分工与模块化协同，考察模块化分工与协同对战略性新兴产业技术创新的影响。其次，根据模块化的发展历程，将模块化分为产品模块化、企业组织模块化及产业组织模块化，并从整体上分析三种模块化对技术创新的影响，以及模块化分工与协同对技术创新的影响。在分析了模块化整体影响之后，我们接着分析三种不同类型的模块化对七个细分战略性新兴产业技术创新的影响，我们把模块化对战略性新兴细分产业技术创新的影响分为：一种模块化产生的独立效应，以及两种模块化同时发生作用的联合效应。

第四，从产业视角，研究战略性新兴产业组织模块化对全要素生产率（TFP）的影响。因为产业组织模块化的关键问题之一是产业标准设立的问题，因此除了模块化程度之外，我们将考察公共品性质与非公共品性质的产业标准设立对战略性新兴产业的全要素生产率的影响；此外，战略性新兴产业 TFP 可能受到其他产业环境因素的影响，在考虑重要性及数据可获得性之后，本书把市场势力、产权结构、对外开放、政府支持、金融环境、R&D 人力与资本投入、市场竞争等产业环境因素作为控制变量。用基于数据包络分析（Data Envelopment Analysis，即 DEA）的马奎斯特（Malmquist）指数对战略性新兴产业 TFP 及其分解变量——技术进步、技术效率及规模效率进行测算，通过构建广义矩估计（Generalized Method of Moments，即 GMM）动态面板数据模型，实证研究产业组织模块化，产业标准与产业环境因素对战略性新兴产业 TFP 及其分解变量的影响。本书使用 DEAP 软件计算战略性新兴产业及细分产业的 TFP 及其分解变量，利用 Stata 软件进行实证研究。

第五，从产业集群视角，对战略性新兴产业组织模块化发展进行典型案例分析。产业集群是战略性新兴产业的重要组织形式，战略性新兴产业集群的发展直接影响到创新驱动发展战略的成败。工程机械是高端装备制造业的重要组成部分，湖南工程机械产业集群不仅是湖南战略性新兴产业的排头兵，而且是我国中西部具有较强国际竞争力的产业集群代表。因此，我们将以湖南省工程机械产业集群为例，探讨我国战略性新兴产业集群产业组织模块化的发展现状、障碍及对策。

第六，在前面理论与实证研究的基础之上，从多个维度分析产业组织模块化条件下的企业竞争策略，政府的产业政策，以及其他相关的政府层面的政策。

1.3

研究内容与主要观点

1.3.1 主要研究内容

本书的主要研究内容与框架安排如下。

第1章 绪论。主要内容包括：（1）研究的时代背景，包括国内外经济、科技环境，培育和发展战略性新兴产业这一重大战略提出的背景，以及这一战略提出的必要性与意义；（2）研究的理论意义与实践意义；（3）研究的思路与方法；（4）研究的主要内容与框架；（5）研究的创新与不足之处。

第2章 文献综述。从战略性新兴产业的内涵与发展环境，战略性新兴产业的选择与发展政策，战略性新兴产业与技术创新，模块化与战略性新兴产业发展，产业链视角下战略性新兴产业发展，产业集群视角下战略性新兴产业发展，产业视角下战略性新兴产业发展，区域视角下战略性新兴产业发展，以及全球战略性新兴产业的发展等角度对战略性新兴产业进行文献综述，总结学者们的观点，指出已有研究的价值和尚未研究的课题，找出本书的研究意义。①

第3章 信息经济时代战略性新兴产业组织的演进。这部分的研究内容主要包括：①需求视角下不同经济时代的产业组织演进。自工业革命以来，人类消费需求经历了追求数量消费→质量消费→

---

① 模块化与产业链密切相关，但为了突出课题的主题，我们把模块化与战略性新兴产业的相关研究单独作为一节，而不是把模块化的研究放在产业链的相关研究里面。

个性化消费这样一个由低级到高级转变的过程。本书将从主要产品类型、产品价值来源、产业发展的驱动因素、产业组织的特征、经济学的哲学基础等方面来讨论工业经济时代与信息经济时代产业组织的差异。②供给视角下不同经济时代的产业组织演进。战略性新兴产业是在信息经济和经济全球化深入发展的背景下成长的，此时的分工已经由产业间分工、产业内分工、发展到了产品内分工，产品价值链或产业链在全球布局，产品生产的复杂程度已经远远超过工业经济时代。本书将从产品特征、主导生产要素、分工的本质、国际分工形式、企业发展战略、产业组织模式、经济组织治理机制、市场结构等方面，对比工业经济时代与信息经济时代在不同需求条件下的产业组织演进。③战略性新兴产业组织演进的方向。战略性新兴产业的发展面临着需求异质性与个性化、生产的复杂性与不确定性等两个主要环境因素，本书指出了战略性新兴产业组织创新的方向：通过组织模块化使产业系统实现自组织；打破地域和产业界限以在全球整合资源；基于知识分工且协调成本低的网络组织；在产业组织系统内形成由人力资本主导的网络组织多边共同治理机制。

第 4 章 模块化网络组织的产权治理新范式。经济组织的治理本质上是其产权治理与权利配置。在工业经济时代漫长的发展过程中，主导产业组织形式——纵向一体化虽可在一定程度上解决威廉姆森（Williamson）所谓的"敲竹竿"（hold-up）与"锁定"（lock-in）等问题，但同时也带来了占用资源多、信息流动慢、缺少灵活性等问题。在经济全球化深入发展的后危机时代，各国战略性产业或新兴产业发展需要一种节约交易费用、资源占用的产业组织形式。在这样的背景下，模块化网络组织成为了理想的产业组织模式。模块化网络组织的契约性质与产权治理范式与传统科层制（hierarchy）企业的契约性质与产权治理范式有很大的不同。本书从模块化网络组织的契约性质，模块化网络组织产权治理的对象，产权治理理念，以及产权治理机制等方面探讨模块化网络组织的契约性质与产权治理新范式。而且，传统产权治理理论只涉及企业层面的分析，但模块化网络组织产权治理涉及产业组织层面的分析，下面我们将围绕以上三个方面建立模块化网络组织产权治理的分析范式。

第5章 模块化对战略性新兴产业创新影响的分工与协同效应。本书从模块化分工与模块化协同，产品模块化、企业组织模块化、产业组织模块化，以及技术创新等模块设计了调查问卷，回收了有效问卷613份，在此基础上，利用结构方程模型（SEM）考察战略性新兴产业模块化发展程度，以及模块化对技术创新的影响。从以下两点分析模块化对技术创新的影响。其一，基于问卷调查，采用熵值法分析七大类战略性新兴产业的模块化生产程度；其二，从整体层面，利用结构方程模型分析战略性新兴产业模块化分工与模块化协同对技术创新的影响，以及产品模块化、企业组织模块化与产业组织模块化在整体上对技术创新的影响。

第6章 模块化对战略性新兴产业技术创新影响的独立与联合效应。从七个战略性新兴产业的细分产业视角，研究产品模块化、企业组织模块化、产业组织模块化等三类模块化对技术创新影响的独立效应与联合效应。这一部分将主要从模块化对技术创新影响的视角，对新一代信息技术等七个战略性新兴细分产业的影响差异进行比较分析，揭示各类模块化对各个战略性新兴细分产业技术创新影响的差异，以及各类模块化对技术创新影响的内在联系。

第7章 模块化与战略性新兴产业全要素生产率。本书的主要研究内容包括：①从理论上阐述模块化融合是新兴产业组织的本质，从分工与交易费用的视角，提出本书的一个基本假设：产业组织模块化有初始协调成本，随着模块化发展，模块化的协调成本会降低，从而提高TFP。②TFP能体现经济增长中科技进步、组织创新、生产创新、专业化与规模经济等无形要素的影响，能深刻反映创新驱动发展的内涵。本书将实证研究产业组织模块化对战略性新兴产业 TFP 当期和滞后期的影响。模块化程度我们用增加值法来衡量，因为模块化产业组织效率受产业标准带来的协调成本的影响，因此我们将考虑公共品性质的产业标准和非公共品性质的产业标准对战略性新兴产业 TFP 的影响。除此之外，本书把市场势力、产权结构、对外开放、政府支持、金融环境、R&D 人力与资本投入等产业环境因素作为控制变量。③研究模块化、产业标准及其他的产业环境控制变量对战略性新兴产业 TFP 分解变量——技术效率、规模效率及技术变化的影响。④模块化、产业标准及其他的产业环境控制变量对战略性新兴产业的细分产业 TFP 的影响。⑤以移动通讯技术标准 1G－3G 为例，研究模块化与产业标准对战略性新兴产业中相关产业 TFP 的影响。

第 8 章 战略性新兴产业集群模块化发展的案例分析。本书我们将以中国中西部发展较为成熟，具有一定国际竞争力的战略性新兴产业集群——湖南省工程机械产业集群为例，探讨我国战略性新兴产业集群组织模块化的发展现状、障碍及对策。主要研究内容包括：①湖南战略性新兴产业集群发展的现状。对湖南主要战略性新兴产业集群，以及湖南与相关省市的战略性新兴产业集群进行对比分析。②湖南工程机械产业集群模块化发展现状，对湖南工程机械产业集群模块化组织结构、模块化分工现状进行分析，并对集群中龙头企业与国内外龙头企业进行对比分析。③湖南省工程机械产业集群模块化升级障碍。对自主创新与协同创新能力不强，产品同质化严重，配套能力弱，服务能力发展滞后等问题进行分析。④湖南工程机械产业集群模块化升级思路。从升级研发设计模块，提升协同创新能力；调整主要模块产品结构，实现全面优化升级；扶持配套模块企业，加快相关产业融合；建立模块化信息网络平台，提升资源整合能力等视角进行分析。

第 9 章 结论与政策建议。在总结全文主要发现与观点的基础之上，从宏观、中观、微观，或者说政府、产业与企业等多个视角，对中国战略性新兴产业发展，传统制造业优化升级提出组织方面的政策建议。

1.3.2 主要观点

第一，战略性新兴产业将引领新一轮产业革命，其发展需要新兴的模块化产业组织，经济组织的模块化融合是战略性新兴产业未来组织创新的主要特征。如果说分工是工业经济时代经济组织的本质特征，那么知识与信息经济时代经济组织的本质特征是融合。工业经济时代的纵向一体化产业组织不适合战略性新兴产业发展，战略性新兴产业需要对市场反应迅速、创新能力强、能整合全球资源、生产成本与交易费用低的模块化产业组织。在分工深化的同时，加速经济组织的模块化融合是战略性新兴产业未来组织创新的主要特征。产业组织模块化不仅使分工深化，而且实现了生产要素跨企业、跨产业、跨地域的融合。

第二，信息经济时代的经济学要实现科学主义与人文主义的融合；经济组织治理理论要重视以人力资本为主导，分享合作剩余的多边治理机制。从本质上来讲，主流经济学是基于工业经济时代的同质化经济学，其理论根基是基于现代性的科学主义。信息经济与全球化时代的人类已经从物质和机器的主宰中走了出来，此时的经济学应该重视异质性，其哲学基础应该重视后现代的人文主义，实现人文主义与科学主义的融合。同时，对于产业组织理论来讲，在淡化基于同质性、价格或产量竞争，以及合谋问题的基础上，要更加关注基于异质性、互补性、具有高效率的合作行为。而对于经济组织治理理论来讲，以物质资本垄断剩余权利的单边治理机制要向以人力资本为主导、合作剩余分享的多边治理机制转变。

第三，模块化产业组织是产品契约与要素契约融合的动态契约网络。产业组织模块化使相关产业间形成一个个模块化网络组织。模块化网络组织是指在产品系统模块化分解基础上，将中间产品环节分配于不同企业生产，然后再集成整个过程所形成的企业间网络组织。模块化网络组织是对不同生产要素，尤其是生产知识的分割、重组与融合，这种融合不是简单的联合，而是组织间的生产要素与资源相互渗透，相互交融，使企业和产业的边界模糊化，自发地涌现新的组织结构并带来报酬递增。而且，模块化网络组织的契约网络动态融合了每个企业内部的要素契约，以及分布于不同企业之间的中间产品/服务契约。

第四，模块化网络组织的产权治理范式与传统企业产权治理范式有很大的不同。无论是科斯、张五常，还是威廉姆森的传统产权治理的治理对象是企业的要素契约（factor contract）；而模块化网络组织是中间产品契约对要素契约的替代，其产权治理对象是中间产品的件工契约网络（piece - work contract network）。传统企业产权治理理论强调物质资本所有者至上的单边治理，其治理理念是将负的外部性内部化；而模块化网络组织的产权治理强调人力资本或知识资本所有者的权威，是规则设计者主导的多方共同治理，其治理理念强调将正的内部性外部化。因为偷懒或卸责（shirking）等问题存在，所以传统企业产权治理理论注重分析企业内的委托——代理关系，强调剩余权利（residual rights）归资产所有者；在模块化网络组织中，因为有统一的界面，所以对个体的贡献容易定价（pricing），因而偷懒问题并不是治理关注的重点，在网络市场化条件下，企业的剩余权利治理机制被模块化网络组织合作剩余分享机制所替代。

第五，产品模块化、企业组织模块化、产业组织模块化对战略性新兴产业技术创新有显著的影响。战略性新兴产业组织已经呈现出模块化发展趋势，产品模块化、企业组织模块化、产业组织模块化等变量对技术创新都具有显著正向影响。在模块化对技术创新的影响关系中，产业组织模块化对技术创新的影响最大，企业组织模块化的影响次之，产品模块化对技术创新的影响相对较小。

第六，模块化对战略性新兴产业技术创新的影响呈现出显著的分工效应与协同效应，以及明显的独立效应和联合效应。战略性新兴产业模块化分工对技术创新的影响力大，比较而言，模块化协同对战略性新兴产业技术创新的影响相对较小。模块化对高端装备制造产业技术创新影响的独立效应最大，模块化对生物医药和新能源汽车产业技术创新影响的独立效应相对较小。不同种类模块化同时对战略性新兴产业各个细分产业的技术创新产生正向影响的联合效应也比较显著。

第七，模块化产业组织的组织效率与产业标准密切相关，产业标准包括公共品性质的产业标准，俱乐部物品性质的产业标准与私有品性质的产业标准。影响模块化产业组织内部协调成本或交易费用高低的关键因素是产业标准的选择。模块化产业组织内的标准可以分为三类：在使用时具有非竞争性与非排他性的公共品性质的产业标准；在相关企业间（类似俱乐部）可以免费使用的俱乐部物品性质的产业标准；以及在除自己之外使用时收费的私有品性质的产业标准。最优的产业标准治理结构是使公共品、俱乐部物品及私有品性质的产业标准带来的交易费用之和最小。

第八，模块化在初期有初始融合成本，会对 TFP 产生负面影响，但在滞后期会提高 TFP；公共品性质的产业标准对 TFP 有正向影响，但非公共品性质的产业标准对战略性新兴产业的 TFP 有负向影响，这是本书实证研究的重要发现。此外，市场竞争激烈程度的提升不一定会提高战略性新兴产业 TFP，R&D 人力投入增加不会促进战略性新兴产业 TFP 提高，政府支持与金融支持对战略性新兴产业影响不显著。市场势力过高会对滞后期 TFP 的提高产生负面影响；R&D 资本投入对 TFP 的影响为正；对外开放度提高对 TFP 及分解变量的影响并不确定。模块化程度对技术效率的正向影响较显著，对技术变化有一定的负向影响。

第九，中国创新驱动发展战略的实施需要模块化产业组织整合全球生产要素，提高自主创新能力，占领全球产业链的高端。政府可利用公共品性质的模块化产业标准减少潜在竞争者的进入壁垒与在位者的退出障碍。为了尽可能减少组织模块化早期带来的成本，在主要依靠市场力量的基础上，可以适当借用行业组织与政府的力量，减少产业组织模块化的试错和协调成本。鼓励中国企业更多地参与专利池或国际产业标准的制定，在继续保持专利申请数增长的基础上提高专利申请质量。在利用产业组织模块化提高技术效率和规模效率的基础上，注意专利保护宽度和时间，防止非公共品产业标准对 TFP，尤其是对技术变化的负面影响。

第十，在利用模块化价值网络整合全球生产要素的基础上，进一步打造完善国内价值链，并营造战略性新兴产业发展的良好环境。在继续利用 R&D 资本投入效率的基础上，提升 R&D 人力投入的质量。在消除市场势力对 TFP 不利影响的基础上，提升大企业的自主创新能力及全球资源整合能力，同时利用中小企业完善战略性新兴产业国内价值链，提高国内配套能力。进一步推进战略性新兴产业的混合所有制改革，充分调动、激发民间创新活力。优化金融环境，对战略性新兴产业给予支持性产业政策，但不要让行政力量完全支配战略性新兴产业发展。

第十一，组织模块化可以使产业集群打破地域和产业的约束与界限，形成一个跨产业、跨地域的低交易费用、高创新能力的模块化网络组织。一些战略性新兴产业集群存在协同创新能力差、同质化竞争严重、配套能力弱、服务模块发展滞后等发展障碍。需要升级研发设计模块，提升协同创新能力；调整主机模块产品结构，实现全面优化升级；扶持配套模块发展，加速相关产业融合；建立模块化信息网络平台，提升资源整合能力。

1.4

创新、不足与展望

本书可能的创新之处可以归纳如下。以往有关战略性新兴产业创新的研究通常集中于技术创新、产品创新与市场创新等方面，本书则是从组织创新和模块化的视角研究战略性新兴产业发展，同时为传统产业优化升级，创新驱动发展战略的实施提供了新的视角与思路。从模块化网络组织的契约性质，模块化网络组织产权治理的对象，产权治理理念，以及产权治理机制等方面建立了模块化网络组织产权治理的范式。而且，传统产权治理理论只涉及企业层面的分析，但本书的模块化网络组织产权治理涉及产业组织层面的分析。利用问卷调查及其数据分析、实证研究与案例研究等多种方法为战略性新兴产业组织模块化发展提供了一个较系统的研究框架。利用官方公布的数据与问卷调查数据，从企业组织、产业组织与产业集群等多层次视角研究了战略性新兴产业组织模块化发展现状与问题。在实证研究中找到了一个将模块化、产业标准与产业环境相融合的方法，弥补了以往实证研究模块化缺少考虑产业标准这一重要变量的不足。更重要的是，在实证研究中提出并证明了两个重要理论假设：产业组织模块化在发展初期有一定的初始成本，当模块化发展到一定阶段，模块化整合的成本降低，模块化组织将有利于创新；在产业组织模块化条件下，公共品和非公共品性质的产业标准将会影响生产率的提高。通过实证研究，还探究了产品模块化、企业组织模块化与产业组织模块化对技术创新的影响。同时还研究了模块化对技术创新影响的分工效应与协同效应，以及独立效应与联合效应。以上这些都丰富了模块化、战略性新兴产业等研究领域的理论与实证研究。

简而言之，本书的理论贡献在于把微观的企业治理理论拓展到中观层面——网络组织治理；阐明了信息与知识经济时代新兴产业组织的本质特征——模块化融合；剖析了模块化网络组织契约性质，指出了其中间产品件工契约网络的本质，在此基础上建立起了一种有别于科斯、威廉姆森和张五常等人理论的模块化网络组织的产权治理范式。同时，将公共品和非公共品性质的产业标准纳入到了模块化的理论与实证研究之中；并实证研究了产品模块化、企业组织模块化和产业组织模块化对技术创新的影响。以上这些都丰富了模块化与战略性新兴产业的理论与实证研究。

　　本书研究的主要难处在于缺乏全部战略性新兴产业的官方数据，这给实证研究增加了难度，本书只能利用《中国高技术产业统计年鉴》《中国统计年鉴》，国家发改委高技术产业司网站公布的数据，以及课题组自己的调查问卷数据进行实证研究。这导致实证研究难以全面反映中国战略性新兴产业发展现状，以及产业组织模块化发展中的问题。尤其是调查问卷的主观性等一些固有缺陷可能会导致脱离实际情况等现象的发生，这可能会使政策建议的有效性降低。以往的研究很少从组织的视角把模块化和战略性新兴产业结合起来，而模块化程度的衡量方法等也是少有学者尝试，也没有公认的实证研究方法度量模块化程度及其影响，所以本书对于模块化及其影响的实证研究只是尝试性的工作，或者说本书的研究只是抛砖引玉之作，旨在为模块化与战略性新兴产业的研究提供一些新思路。本书的理论研究与实证研究还可以结合得更好，因为数据缺乏，一些重要的理论分析并没有被实证研究所证实，这是未来需要进一步解决的问题。

　　此外，模块化融合是一个怎样演化的动态过程？模块化对战略性新兴产业与传统制造业的影响是相同的吗？模块化在提升战略性新兴产业创新能力的同时，是否带动了传统产业的优化升级，促进了经济发展方式的转型？这些都是有重要现实意义，且需要进一步研究的问题。也希望各位师友、同行不吝赐教。

第 2 章

文献综述

学者们对战略性产业和新兴产业早有研究，波特（Poter，1990，1996）[1][2] 认为技术创新、成本变动、新需求等因素导致了新兴产业出现。阿格沃和贝耶斯（Agalwar，Bayus，2004）[3] 分析了新兴产业产生、发展、成熟的不同阶段所面临的有利条件与挑战。马丁和森利（Martin，Sunley，2003）[4] 分析了新兴产业集群的内涵与特征，以及新兴产业集群的发展路径。斯潘塞（Spencer）、布兰德（Brander）和克鲁格曼（Krugman）等人的战略性贸易政策认为，在不完全竞争与规模经济条件下，政府可以通过补贴或保护等政策扶持本国战略性产业成长（Spencer，Brander，

---

① Porter, M. E. The Competitive Advantage of Nations [M]. New York: Free Press, 1990.

② Poter, M. E. Competitive advantage, agglomeration economies, and regional policy [J]. International science review, 1996, 19 (1): 85 – 90.

③ Agarwal, R. and Bayus, . B. L. Creating and surviving in new industries [J]. Advances in strategic management, 2004, 21 (1): 107 – 130.

④ Martin, R. and Sunley, P. Deconstructing Clusters: Chaotic Concept or Policy Panacea [J]. Journal of Economic Geography, 2002, 3 (1): 5 – 35.

2008)①。在国内, 王小强 (1995)②、芮明杰 (1999)③、吕政 (2004)④ 等人较早研究了中国战略性产业问题。中国的战略性产业发展与新兴产业发展既有联系又有区别, 因为还有 "战略性" 的问题。而罗斯托 (Rostow)、赫希曼 (Hirschman) 等人的主导产业与战略性新兴产业也有相近之处。总的来看, 学者们对于战略性新兴产业的相关研究主要包括以下内容。

2.1

战略性新兴产业的内涵与发展环境

2.1.1　战略性新兴产业的内涵

万钢 (2010)⑤ 认为战略性新兴产业具有提高国家综合实力, 使国家在核心领域居于具有国际竞争优势的战略性地位, 代表了整个国民经济的未来发展前景。战略性新兴产业的形成有两种途径: 一种是传统产业通过应用高新技术和知识创新等手段对传统产业结构不断改造升级而衍生出新产业; 另一种是通过将研究成果产业化

---

① Spencer, B., Brander, J. A. Strategic Trade Policy [A]. in The New Palgrave Dictionary of Economics [C]. ed. by Durlauf, S. N. and Blume, L. E., Basingstoke, Hampshire: Palgrave Macmillan, 2008.

② 王小强. 信息革命与全球化背景下的中国战略产业重组 [J]. 战略与管理, 1997, (5): 38 – 45.

③ 芮明杰, 赵春明. 战略性产业与国有战略控股公司模式 [J]. 财经研究, 1999, (9): 35 – 39.

④ 吕政. 对 "十一五" 时期我国工业发展若干问题的探讨 [J]. 中国工业经济, 2004, (11): 5 – 10.

⑤ 万钢. 把握全球产业调整机遇 培育和发展战略性新兴产业 [J]. 中国科技产业, 2010, (1): 28 – 30.

而形成的全新产业（肖兴志，2011）①。贺正楚和张蜜（2011）②分析比较战略性新兴产业与支柱产业、主导产业、高新技术产业的异同。孙国民（2013）③ 则将战略性新兴产业分解为战略性和新兴产业，从战略性与新兴产业两个角度分析了两者的内涵。

2.1.2 战略性新兴产业的发展环境

李晓华和吕铁（2010）④ 指出：战略性新兴产业的培育、发展处于全球技术经济新范式转换，以知识和技术创新为驱动力，以广泛形成的全球创新网络和生产网络为信息桥梁的经济全球化深入发展的背景之下。朱瑞博（2010）⑤ 认为中国战略性新兴产业的培育与发展正处于第五次技术革命即信息技术革命进程中。

从需求与供给的视角来看，需求的异质性与个性化、生产的复杂性与不确定性是战略性新兴产业发展环境的两个显著特征（曹虹剑，2015）⑥。熊勇清（2015）⑦ 等也认为我国战略性新兴产业培育与发展的环境具有显著异质性特征，在国际与国内两大市场上都面临严峻挑战。

战略性新兴产业的发展环境对企业进入有很大的影响。郭晓丹

① 肖兴志. 中国战略性新兴产业发展研究［M］. 北京：科学出版社，2011.
② 贺正楚，张蜜. 战略性新兴产业的评价指标体系研究——基于几类产业内涵和特征比较的视角［J］. 学海，2011，（6）：70 - 75.
③ 孙国民. 警惕战略性新兴产业的误区［J］. 中国经济问题，2013，（3）：45 - 50.
④ 李晓华，吕铁. 战略性新兴产业的特征与政策导向研究［J］. 宏观经济研究，2010，（9）：20 - 26.
⑤ 朱瑞博. 中国战略性新兴产业培育及其政策取向［J］. 改革，2010，（3）：19 - 28.
⑥ 曹虹剑. 中国战略性新兴产业组织创新：异质性与复杂性的视角［J］. 社会科学，2015，（7）：60 - 67.
⑦ 熊勇清，李鑫，黄健柏，贺正楚. 战略性新兴产业市场需求的培育方向：国际市场抑或国内市场——基于"现实环境"与"实际贡献"双视角分析［J］. 中国软科学，2015，（5）：129 - 138.

和宋维佳（2011）[①] 的研究发现，战略性新兴产业的发展环境越不稳定，发展前景越好，企业就越容易选择领军进入从而获得先动优势。李晓华和刘峰（2013）[②] 强调产业生态系统中的各种要素的共同作用对战略性新兴产业的发展的影响力。程贵孙、孙正星和乔巍然（2015）[③] 认为，行业发展环境对我国民营资本进入战略性新兴产业的影响并不大，而企业技术创新能力才是影响民营资本进入战略性新兴产业的关键因素。

2.1.3 战略性新兴产业的发展条件

学者们分析了要素条件、需求条件、制度条件以及企业主体条件等对战略性新兴产业培育与发展的影响。陈秀珍（2013）[④] 构建了研究战略性新兴产业发展条件的 FIDI 模型，指出战略性新兴产业的培育与发展离不开要素条件、创新条件、需求条件和制度条件的支撑。陈衍泰、程鹏和梁正（2012）[⑤] 分析了新技术、市场需求、产业生态系统主体与制度环境等因素对战略性新兴产业的影响。

战略性新兴产业的产业升级状况与企业突破性创新存在负相关关系，与企业增量性创新存在正相关关系（杨以文、郑江淮和黄

---

① 郭晓丹，何文韬. 战略性新兴产业政府 R&D 补贴信号效应的动态分析［J］. 经济学动态，2011，(9)：88－93.

② 李晓华，刘峰. 产业生态系统与战略性新兴产业发展［J］. 中国工业经济，2013，(3)：20－32.

③ 程贵孙，孙正星，乔巍然. 我国民营资本进入战略性新兴产业的决定因素［J］. 华东师范大学学报（哲学社会科学版），2015，(1)：132－156.

④ 陈秀珍. 战略性新兴产业的发展条件［M］. 北京：中国经济出版社，2013：1－223.

⑤ 陈衍泰，程鹏，梁正. 影响战略性新兴产业演化的四维度因素分析——以中国风机制造业为例的研究［J］. 科学学研究，2012，(8)：1187－1197.

永春，2012）①。薛澜、周源和李应博（2015）② 分析了我国战略性新兴产业中创新的特点与规律，即一次创新与二次创新，突破性创新与渐进性创新，颠覆性创新与持续性创新，商业模式创新与技术创新的特点与规律。

战略性新兴产业的培育应该积极发挥企业主体的能动性。企业的研发能力、市场能力与运营能力会影响战略性新兴产业企业的持续生存时间（肖兴志，何文韬，郭晓丹，2014）③。肖兴志和姜晓婧（2013）④ 将战略性新兴产业中的企业区分为传统转型企业和新生企业，通过运用自举检验（Bootstrap Test）方法，发现企业进入时机对两类企业的影响存在显著差异，但企业规模对两类企业的影响并不存在显著差异。培育和发展战略性新兴产业关键在于政府应加快在宏微观两个层面上的制度改革与制度创新（朱瑞博，刘芸，2011；宋歌，2011；刘志彪，陈柳，2014）⑤⑥⑦。

① 杨以文，郑江淮，黄永春. 传统产业升级与战略性新兴产业发展——基于昆山制造企业的经验数据分析［J］. 财经科学，2012，（2）：71 – 77.

② 薛澜，周源，李应博. 战略性新兴产业创新规律与产业政策研究［M］. 北京：科学出版社，2015：1 – 164.

③ 肖兴志，何文韬，郭晓丹. 能力积累、扩张行为与企业持续生存时间——基于我国战略性新兴产业的企业生存研究［J］. 管理世界，2014，（2）：77 – 89.

④ 肖兴志，姜晓婧. 战略性新兴产业政府创新基金投向：传统转型企业还是新生企业［J］. 中国工业经济，2013，（1）：128 – 140.

⑤ 朱瑞博，刘芸. 战略性新兴产业机制培育条件下的政府定位找寻［J］. 改革，2011，（6）：84 – 92.

⑥ 宋歌. 河南省战略性新兴产业发展的现状分析与策略选择［J］. 企业经济，2011，（10）：15 – 19.

⑦ 刘志彪，陈柳. 政策标准、路径与措施：经济转型升级的进一步思考［J］. 南京大学学报，2014，（5）：48 – 56.

2. 2

战略性新兴产业的选择与发展政策

2. 2. 1　战略性新兴产业的选择

学者们从定性和定量两个角度对战略性新兴产业进行了选择与评价。

一个特定区域会结合自身的资源禀赋与发展条件来选择战略性新兴产业（宋泓，2013）[①]，如上海在选择战略性新兴产业时考虑能源效率与环境政策因素（芮明杰，刘明宇，胡军，2014）[②]。一项较为具体的战略性新兴产业共性技术开发项目则可以从"个体因素"维度与"关系因素"维度来确定合作企业（熊勇清，白云，陈晓红，2014）[③]。战略性新兴产业的评价，如企业业绩的评价可以考虑财务业绩、战略性、新兴性与循环经济性等指标（张蕊，2014）[④]。郭、惠和王（Guo, Hui and Wang, 2013）[⑤] 认为现有的区域战略性新兴产业的选择与评价方法缺乏系统性、动态性，所以他们提出基于投入—产出表的新方法可以实现区域战略性新兴产业选择与评价的系统性与动态性。

[①]　宋泓. 战略性新兴产业的发展［M］. 北京：中国社会科学出版社，2013：1 – 191.

[②]　芮明杰，刘明宇，胡军. 产业发展与结构转型研究（第三卷）——战略性新兴产业［M］. 上海：上海财经大学出版社，2014：1 – 288.

[③]　熊勇清，白云，陈晓红. 战略性新兴产业共性技术开发的合作企业评价—双维两阶段筛选模型的构建与应用［J］. 科研管理，2014，（8）：68 – 74.

[④]　张蕊. 战略性新兴产业企业业绩评价问题研究［J］. 会计研究，2014，（8）：41 – 44.

[⑤]　Xiuying Guo, Xiaofeng Hui, Junxiang Wang. An Evaluative Study on the Choice of Regional Strategic Emerging Industry Based on DEMATEL：Heilongjiang Province as an Example［J］. Mathematical Problems in Engineering, 2013, （16）：1962 – 1965.

战略性新兴产业的选择与评价可以通过建立包含产业全局性、先导性、关联性与动态性等特征的评价指标体系、综合多个评价指标的威弗——托马斯（Weaver-Thomas）模型、因子分析方法、层次分析方法与模糊综合评价法相结合进行实证研究（贺正楚，吴艳，2011）①。还有一些学者对战略性新兴产业的技术特性与产业安全性进行了评价（黄鲁成，王亢抗，吴菲菲，苗红，娄岩，2012）②。

2.2.2　战略性新兴产业的发展政策

刘刚（2012）③提出我国战略性新兴产业从生产网络到创新网络的发展路径。黄永春（2012）④等认为后发地区应根据自身技术条件和授权专利占比来选择赶超的阶段，以及从路径跟随策略、路径跳跃策略与路径创造策略三种路径策略中选择一种最适宜的赶超路径。柳卸林和何郁冰（2011）⑤则强调基础研究对我国战略性新兴产业培育与发展的作用。战略性新兴产业的发展有三种模式即嫁接模式、裂变模式与融合模式（刘刚，荣欣，2013）⑥。

---

①　贺正楚，吴艳. 战略性新兴产业评价与选择 [J]. 科学学研究，2011，（5）：678 - 683.

②　黄鲁成，王亢抗，吴菲菲，苗红，娄岩. 战略性新兴产业技术特性评价指标与标准 [J]. 科学学与科学技术管理，2012，（7）：103 - 108.

③　刘刚. 战略性新兴产业发展的机制和路径：价值网络的视角 [M]. 北京：中国财政经济出版社，2012：1 - 382.

④　黄永春，郑江淮，谭洪波，杨以文. 后发地区发展战略性新兴产业的时机选择与赶超路径——以平板显示技术的赶超实践为例 [J]. 科学学研究，2012，（7）：1031 - 1038.

⑤　柳卸林，何郁冰. 基础研究是中国产业核心技术创新的源泉 [J]. 中国软科学，2011，（4）：104 - 117.

⑥　刘刚，荣欣. 新产业产品研发的组织模式选择——以中国新能源汽车产业为例 [J]. 南京社会科学，2013，（11）：7 - 14.

刘刚（2011）[①] 认为在中国经济的二次转型过程中，培育和发展战略性新兴产业是经济增长模式转变的关键。体制机制的创新是中国培育和发展战略性新兴产业的重要保障，政府在企业的投融资、创新激励、中介服务、技术转移、完善创新环境以及创新资源协同创新等方面要积极发挥引导作用，建立和完善相关体制机制（朱瑞博，2010）[②]。

战略性新兴产业的培育与发展过程中存在多方利益相关者的利益不一致的情况，所以必须协调各方利益。在战略性新兴产业培育与发展过程中，政府的主要职责是提高企业的自主创新能力和降低企业技术创新的风险性。（朱瑞博，刘芸，2011）[③]。

很多学者对战略性新兴产业培育中政府补贴的效果以及影响因素等方面进行了研究。政府补贴不当是现阶段战略性新兴产业培育与发展中一个主要特征，这会影响企业的自主创新能力的提升（肖兴志，王伊攀，2014）[④]。周亚虹、蒲余路和陈诗一等人（2015）[⑤] 的研究发现，目前我国新能源技术薄弱，研发成本较高的主要原因是企业选择保留补助资金或加大现有产能规模的收益要大于加大研发的创新收益，所以新能源企业常常享受政府补贴扶持而不增加研发支出。王宇和刘志彪（2013）[⑥] 的研究发现，生产补

①　刘刚. 经济增长的新来源与中国经济的第二次转型 [J]. 南开大学学报（社会科学版），2011，(5)：97－106.

②　朱瑞博. 中国战略性新兴产业培育及其政策取向 [J]. 改革，2010，(3)：19－28.

③　朱瑞博，刘芸. 战略性新兴产业机制培育条件下的政府定位找寻 [J]. 改革，2011，(6)：84－92.

④　肖兴志，王伊攀. 政府补贴与企业社会资本投资决策——来自战略性新兴产业的经验数据 [J]. 中国工业经济，2014，(9)：148－160.

⑤　周亚虹，蒲余路，陈诗一，方芳. 政府扶持与新兴产业发展——以新能源为例 [J]. 经济研究，2015，(6)：147－161.

⑥　王宇，刘志彪. 补贴方式与均衡发展：战略性新兴产业成长与传统产业调整 [J]. 中国工业经济，2013，(8)：57－69.

贴对战略性新兴产业的短期影响是正面的，但对其长期发展的负面影响可能会抵消其短期作用，政府的补贴应着重于 R&D 开发补贴，但现阶段政府对战略性新兴产业的 R&D 补贴并没有产生应有的信号效应。

政府对战略性新兴产业的补贴受多种因素的影响，政府创新补贴对企业产出绩效和外溢效应都是显著的，但是外溢效应的产出绩效远大于企业的产出绩效；公司治理与财务风险状况对政府创新补贴绩效有较显著影响，其中资产负债率对政府创新补贴的影响最大，第一大股东持股比例的影响最小（陆国庆、王舟和张春宇，2014）[①]；政府的 R&D 补贴与企业研发支出并不存在正向相关关系；政府的 R&D 补贴与外部投资者存在正向相关关系，但对机构投资者并不产生显著影响（郭晓丹，何文韬，2011）[②]。

市场总体需求规模对战略性新兴产业的拉动作用并不明显，只有有效需求规模与需求结构才能显著影响战略性新兴产业的培育与成长，我国应加快扩大内需和优化需求结构以拉动战略性新兴产业的培育与发展（熊勇清等，2015）[③]。杨以文、郑江淮和黄永春（2012）[④] 以长三角战略性新兴产业为例的实证研究发现，战略性新兴产业创新产品的市场需求，创新产品渠道商的运作效率与渠道商对市场的控制势力的大小都会正向影响战略性新兴产业的创新水平，进而影响战略性新兴产业的培育与成长以及产业结构的变迁。

---

① 陆国庆，王舟，张春宇. 中国战略性新兴产业政府创新补贴的绩效研究 [J]. 经济研究，2014，(7)：44 – 55.

② 郭晓丹，何文韬. 战略性新兴产业政府 R&D 补贴信号效应的动态分析 [J]. 经济学动态，2011，(9)：88 – 93.

③ 熊勇清，李鑫，黄健柏，贺正楚. 战略性新兴产业市场需求的培育方向：国际市场抑或国内市场——基于"现实环境"与"实际贡献"双视角分析 [J]. 中国软科学，2015，(5)：129 – 138.

④ 杨以文，郑江淮，黄永春. 需求规模、渠道控制与战略性新兴产业发展——基于长三角企业调研数据的实证分析 [J]. 南方经济，2012，(7)：78 – 86.

2.3

战略性新兴产业与技术创新

战略性新兴产业技术创新的显著特征是高度不确定性与外部性；与传统产业相比，战略性新兴产业的技术范式呈现了高技术机会和低技术进步累积性等特征（吕铁，贺俊，2013)[①]。李煜华、王月明和胡瑶瑛（2015)[②] 的研究发现，企业协同创新，产业内组织单元的关键资源、政府干预，以及高校与科研机构的参与将对战略性新兴产业的技术创新产生比较显著影响，这种影响比中介机构对战略性新兴产业技术创新的影响要大很多。黄永春、郑江淮和张二震（2014)[③] 认为，战略性新兴产业应借助于基于扩大内需的国内价值链（National Value Chain，即 NVC），通过产、学、研与政府的协同创新进行技术突破性创新，通过扩散效应带动相关配套产业进行技术创新。

战略性新兴产业的技术创新能力、R&D 经费投入与财政政策三者之间存在相关关系；企业的 R&D 经费投入能显著正向影响企业的技术创新能力，但只有当企业的技术创新能力提高到一定水平，企业的技术创新能力才能正向影响企业的 R&D 经费投入。而财政政策只有在一定的阈值内才能正向影响企业的技术创新能力与

---

① 吕铁，贺俊. 技术经济范式协同转变与战略性新兴产业政策重构 [J]. 学术月刊，2013，(7)：78 - 89.

② 李煜华，王月明，胡瑶瑛. 基于结构方程模型的战略性新兴产业技术创新影响因素分析 [J]. 科研管理，2015，(8)：10 - 17.

③ 黄永春，郑江淮，张二震. 依托于 NVC 的新兴产业开放互补式技术突破路径——来自昆山新兴产业与传统产业的比较分析 [J]. 科学学研究，2014，(4)：519 - 530.

企业的 R&D 经费投入（李苗苗，肖洪钧和傅吉新，2014）①。

　　从我国战略性新兴产业技术创新的效率来看，我国战略性新兴产业的技术创新效率普遍较低，且区域之间差异较大，北京和广州的创新效率水平相对较高，中部和东南沿海次之，西部地区最低；而且，与规模效率相比综合效率和纯技术效率又相对较高（刘晖等，2015）②。我国战略性新兴产业的科技资源配置效率在不同产业间及同一产业内部呈现出不同的效率水平，且战略性新兴产业的科技资源配置效率与技术创新效率存在显著相关关系（黄海霞，张治河，2015）③。刘艳梅（2014）④ 等利用专利产出指标来衡量七大战略性新兴产业的技术创新效率以及我国与其他发达国家专利产出的差别。

　　吕铁和贺俊（2013）⑤ 指出，从战略性新兴产业的技术经济特征出发，中国应该促进产业结构政策重点从调整结构向提升能力转变，产业科技政策重点从塑造精英向形成系统转变，产业组织政策从促进集中向培育生态转变，区域政策从激励投资向完善环境转变，开放政策从驱动增长向整合资源转变。新的技术经济范式的转化能推动技术变革与新兴产业的产生，技术经济范式的转化分为三个阶段即导入期、构建期与常规期，技术变革的演化分为三个时期即初始优化期、渐近创新期与成熟期，新生产业的动态可分为三个时期即萌芽期、成长期与成熟期（佩雷斯，2007；张国胜，

---

　　① 李苗苗，肖洪钧，傅吉新. 财政政策、企业 R&D 投入与技术创新能力——基于战略性新兴产业上市公司的实证研究 [J]. 管理评论，2014，(8)：135 – 144.

　　② 刘晖，刘轶芳，乔晗，胡毅. 我国战略性新兴产业技术创新效率研究 [J]. 系统工程理论与实践，2015，(9)：2296 – 2303.

　　③ 黄海霞，张治河. 基于 DEA 模型的我国战略性新兴产业科技资源配置效率研究 [J]. 中国软科学，2015，(1)：150 – 159.

　　④ 刘艳梅，余江，张越，陈凯华. 七大战略性新兴产业技术创新态势的国际比较 [J]. 中国科技论坛，2014，(12)：68 – 74.

　　⑤ 吕铁，贺俊. 技术经济范式协同转变与战略性新兴产业政策重构 [J]. 学术月刊，2013，(7)：78 – 89.

2012)①②。张国胜 (2012)③ 指出与处于初始优化期的技术变革相对应,我国战略性新兴产业整体上暂处于萌芽期与形成期,但新一代信息技术,高端装备制造业从整体上已进入成长期。吕铁 (2014)④ 认为技术经济范式协同转变会影响战略性新兴产业发展的技术演进路径与技术标准并共同影响战略性新兴产业的发展。

2.4
模块化与战略性新兴产业发展⑤

只有少数学者把模块化与战略性新兴产业结合起来进行了研究,主要研究了模块化对战略性新兴产业技术创新的影响,以及组织模块化下的信息治理机制以及模块化嵌入模式。

从信息治理的角度来说,模块化产业组织系统存在个人信息包裹与系统信息同化,战略性新兴企业可以根据内外部环境选择相适应的信息处理模式 (曹虹剑,罗能生,2010;曹虹剑,邓国琳,刘丹,2012)⑥⑦。曹虹剑、张建英和刘丹 (2015)⑧ 测度了战略性

---

① 卡萝塔. 佩雷斯. 技术革命与金融资本 [M]. 北京:中国人民大学出版社,2007:1 – 187.

②③ 张国胜. 技术变革、范式转换与战略性新兴产业发展:一个演化经济学视角的研究 [J]. 产业经济研究,2012,(6):26 – 32.

④ 吕铁. 技术经济范式协同转变与战略性新兴产业发展 [M]. 北京:中国社会科学出版社,2014:1 – 283.

⑤ 因为在后面的几章中还会在引言与研究假设中对模块化理论进行综述,所以这里只进行与战略性新兴产业相关的模块化文献综述。

⑥ 曹虹剑,罗能生. 高新技术产业组织模块化及其对中国的启示 [J]. 自然辩证法研究,2010,(4):51 – 55.

⑦ 曹虹剑,邓国琳,刘丹. 战略性新兴产业组织模块化及其系统性质 [J]. 产业组织评论,2012,(2):85 – 95.

⑧ 曹虹剑,张建英,刘丹. 模块化分工、协同与技术创新——基于战略性新兴产业的研究 [J]. 中国软科学,2015,(7):100 – 110.

新兴产业及其细分产业的模块化程度，并进一步研究了产品模块化、企业组织模块化、产业组织模块化，以及模块化分工与协同如何交叉影响战略性新兴产业的技术创新。模块化对战略性新兴产业突破性技术创新既可能有正向促进作用，也可能有负向制约作用。战略性新兴产业突破性技术创新有四条路径：外围模块的高端渗透路径、关键模块的重点突破路径、架构规则的颠覆与重构路径，以及模块架构耦合升级（武建龙，王宏起，2014）①。我国战略性新兴产业模块化嵌入发展应当实现以下四个转变：从点嵌入（低端）转变为系统嵌入（高端），实现网络化动态嵌入式发展，从单方向参与国际分工（被动）转变为双方向的嵌入式发展（主动），从后发嵌入式发展转向先发嵌入式发展（张鹏，2013）②。从价值分配的视角来看，规则设计商、系统集成商、模块制造商在战略性新兴产业链上的价值分配存在差异，在产业层面上，规则设计商在价值分配中处于最有利地位，系统集成商在价值分配比重次之，模块制造商价值分配比重最低；在企业层面上，三类企业的价值分配范式存在差异，规则制造商实施人力资本主导的分配范式，系统集成商实施人力资本与物质资本共同主导的分配范式，而模块制造商实施的是物质资本主导的分配范式（肖曙光，2011）③。

2.5

产业链视角下战略性新兴产业发展

战略性新兴产业可以看作是新技术与新产业的深度融合，新兴

---

① 武建龙，王宏起. 战略性新兴产业突破性技术创新路径研究——基于模块化视角 [J]. 科学学研究，2014，(4)：508－518.

② 张鹏. 模块化全球生产网络与我国战略性新兴产业嵌入发展 [J]. 技术经济，2013，(7)：47－52.

③ 肖曙光. 战略性新兴产业组织的劳资分配 [J]. 中国工业经济，2011，(2)：100－109.

技术链是战略性新兴产业发展的内核，而新兴产业链是其产业组织实现形式，我国战略性新兴产业摆脱低端制造环节应该从技术链和产业链两个方面出发，用基于专利与标准战略构建新兴技术链，利用商业模式创新整合新兴产业链，以实现两者的协同发展（岳中刚，2014）①。

有一些学者研究了特定战略性新兴产业的产业链，如袁艳平（2012）② 从横向与纵向两个方面构建与整合视角研究了光伏产业链。于立宏、郁义鸿（2012）③ 认为，从产业链来看，我国激励政策存在不平衡，上、中游的激励政策过度而导致产能过剩，下游的激励政策不足而导致光伏产品的有效供给严重不足，"两头在外"的节能减排格局不利于我国光伏产业的可持续发展。陈扬和王学锋（2014）④ 研究了我国新能源汽车产业链的发展瓶颈。还有一些学者从国内价值链和全球价值链的视角研究了战略性新兴产业。任保全和王亮亮（2014）⑤ 的研究表明，战略性新兴产业的技术进步率和纯技术效率的恶化是导致全要素生产率出现下降的主要原因，重规模扩张而轻技术创新的低端发展趋势导致了战略性新兴产业突破全球价值链的低端锁定，阻碍了其向高端升级。对此，刘志彪（2012）⑥ 指出，我国应从产业链、价值链、服务链三大环节来实

①　岳中刚. 战略性新兴产业技术链与产业链协同发展研究［J］. 科学学与科学技术管理，2014，(2)：154－161.

②　袁艳平. 战略性新兴产业链构建整合研究——基于光伏产业的分析［D］. 成都：西南财经大学，2012，1－252.

③　于立宏，郁义鸿. 光伏产业政策体系评估：多层次抑或多元化［J］. 改革，2012，(8)：114－122.

④　陈扬，王学锋. 产业链视角下的中国新能源汽车发展策略与瓶颈分析［J］. 兰州学刊，2014，(8)：164－169.

⑤　任保全，王亮亮. 战略性新兴产业高端化了吗?［J］. 数量经济技术经济研究，2014，(3)：38－55.

⑥　刘志彪. 战略性新兴产业的高端化：基于"链"的经济分析［J］. 产业经济研究，2012，(3)：9－17.

现战略性新兴产业的高端发展。

产学研视角下战略性新兴产业发展是学者们关注的研究主题之一。战略性新兴产业技术路线的选择是政府、企业、高校和科研机构、中介组织等四类主体基于各自利益目标合作博弈的结果（周绍东，王昌盛，2014）①。费钟琳（2013）②认为，产学研合作、高科技园区、科技企业孵化器、产业园区在培育战略性新兴产业中发挥着重要的作用。还有一些学者力图通过产学研合作的高端发展来实现战略性新兴产业关键核心技术的突破。万钢（2011）③认为，战略性新兴产业的培育发展应该建立以企业为主体，以市场为导向，实现产、学、研紧密合作的技术创新体系。赵长轶、曾婷和顾新（2013）④认为，应从知识生产阶段，知识发展阶段，知识商业化阶段及知识反馈阶段入手推动我国战略性新兴产业产学研联盟建设。易高峰和邹晓东（2012）⑤构建了基于战略性新兴产业的高端产学研用合作组织模式：以产业共性关键技术和前沿性技术突破为主体，以技术创新平台和创新团队为两翼的新型合作组织模式。

2. 6

产业集群视角下战略性新兴产业发展

产业集群是战略性新兴产业培育、发展的重要组织模式。李扬

---

① 周绍东，王昌盛. 基于合作博弈的战略性新兴产业技术路线选择研究 [J]. 科技管理研究，2014，(24)：90 - 95.

② 费钟琳. 战略性新兴产业培育与集群发展的机制路径——基于江苏实践的研究 [M]. 北京：经济管理社，2013，1 - 128.

③ 万钢. 全面推动产学研合作 加快发展战略性新兴产业 [J]. 中国科技产业，2011，(2)：10 - 12.

④ 赵长轶，曾婷，顾新. 产学研联盟推动我国战略性新兴产业技术创新的作用机制研究 [J]. 四川大学学报（哲学社会科学版），2013，(3)：47 - 52.

⑤ 易高峰，邹晓东. 面向战略性新兴产业的高端产学研用合作平台研究 [J]. 科技进步与对策，2012，(11)：79 - 83.

和沈志渔（2010）① 指出，战略性新兴产业集群是指产业链上下游的所有企业与相关机构在地域范围内的高度集聚，集群内所有企业共享区域内研发机构、基础设施，以及在技术，知识，产品，市场需求等方面高度互动合作；此外，他们分析了战略性新兴产业集群的技术创新及其发展规律，并对新材料等三种典型的战略性新兴产业集群进行比较。刘大勇（2013）② 基于国外产业集群的相关理论，提出战略性新产业集群的内涵与特征。费钟琳（2013）③ 指出，我国战略性新兴产业培育与集群发展的机制与路径具有本国特色。我国战略性新兴产业集群协同发展以价值链、知识链、物联网为媒介的三种发展路径，以及单核、多核、星形等三种发展模式（喻登科，涂国平和陈华，2012）④。

2. 7

产业视角下战略性新兴产业发展⑤

战略性新兴产业细分产业的发展成了国内学者热衷研究的新领域，国内学者从多个角度对战略性新兴产业细分产业不断地进行深入研究。

---

① 李杨，沈志渔．战略性新兴产业集群的创新发展规律研究［J］．经济与管理研究，2010，（10）：29 - 34.

② 刘大勇．战略性新兴产业集群发展研究：以河南省为例［M］．北京：中国经济出版社，2013：1 - 243.

③ 费钟琳．战略性新兴产业培育与集群发展的机制路径——基于江苏实践的研究［M］．北京：经济管理出版社，2013：1 - 128.

④ 喻登科，涂国平，陈华．战略性新兴产业集群协同发展的路径与模式研究［J］．科学学与科学技术管理，2012，（4）：114 - 119.

⑤ 因为关于战略性新兴产业细分产业的研究很多，本书没有进行详细的归纳、总结。

（2）新材料产业的发展

关键材料在其他战略性新兴产业中具有基础作用（钟永恒，江洪，叶茂，2012)[①]，而商业模式创新则是我国新材料产业实现技术产业化的突破点（涂宗华，2015)[②]。陈建勋（2009)[③] 从理论和实证两大视角，深入分析了我国新材料产业的市场结构与产业组织、价值链与产业链等方面的特征。新材料产业的发展应重点突出特种金属材料、高端金属结构材料、先进高分子材料、新型无机非金属材料、高性能复合材料的发展（罗贞礼，2013)[④]。李鹏飞（2013)[⑤] 等以供应风险，环境影响，供应受限为衡量指标，发现我国六大类 22 种稀有矿产资源在战略性新兴产业的战略性存在差异，其中铂族金属的战略性最高，铯族金属的战略性最低。

（3）生物医药产业的发展

我国生物医药产业的共性技术服务效率会对生物医药产业的发展产生显著影响，且共性技术效率随着阶段的演进而提高，在共性技术的研发供给阶段，共性技术服务效率偏低，在应用共享阶段，服务效率较高（贺正楚，张蜜，陈一鸣，邓小云，2012；贺正楚，

---

① 钟永恒，江洪，叶茂. 战略性新兴产业新材料报告 [M]. 北京：科学出版社，2012：1 - 198.

② 涂宗华. 两岸新材料产业商业模式的比较与启示 [J]. 产业经济评论，2015，(5)：101 - 112.

③ 陈建勋. 中国新材料产业成长与发展研究 [M]. 上海：上海人民出版社，2009：1 - 160.

④ 罗贞礼. 新材料产业发展分析及策略研究 [M]. 北京：科学出版社，2013：1 - 343.

⑤ 李鹏飞，杨丹辉，渠慎宁，张艳芳. 稀有资源的战略性评估——基于战略性新兴产业发展的视角 [J]. 中国工业经济，2014，(7)：44 - 57.

张蜜，吴艳，阳立高，2014)①②。江彩霞（2013)③ 建立基于熵技术法和因子分析法的评价体系对广州生物医药产业企业经营绩效进行了评价，并对广州生物医药产业的发展提供了政策建议。

（4）节能环保产业的发展

黄民生（2014)④ 认为，节能环保产业重点领域的发展现状、技术现状与发展前景的分析应考虑技术性、经济性与社会性等多个指标。刘利、伍健东和党志（2014)⑤ 从政府政策角度，迟远英、杨正东和胡涵清（2015)⑥ 从区域角度研究了节能环保产业的发展。邱新国和谭靖磊（2015)⑦ 基于的实证研究发现，我国第一、二、三产业结构调整对节能减排具有显著正向影响，但不同产业的发展对节能减排的影响存在显著差异，其中第三产业的发展对节能减排的影响最大，以及财政政策与金融政策也对节能减排产生显著的正向影响。

（5）新一代信息技术产业的发展

一些学者的研究强调了财政资金在培育与发展新一代信息技术产业，优化新一代信息技术产业发展环境，实现科技创新规律与市

---

① 贺正楚，张蜜，陈一鸣，邓小云. 生物医药产业共性技术路线图研究［J］. 中国软科学，2012，(07)：49 - 60.

② 贺正楚，张蜜，吴艳，阳立高. 生物医药产业共性技术服务效率研究［J］. 中国软科学，2014，(2)：130 - 139.

③ 江海霞. 广州生物医药产业发展与企业绩效评价研究［M］. 广州：暨南大学出版社，2013：1 - 304.

④ 黄民生. 节能环保产业［M］. 上海：上海科学技术文献出版社，2014：1 - 181.

⑤ 刘利，伍健东，党志. 广东节能环保产业及促进政策研究［M］. 广州：华南理工大学出版社，2014：1 - 268.

⑥ 迟远英，杨正东，胡涵清. 节能环保技术现状与应用前景［M］. 广州：广东经济出版社，2015：1 - 177.

⑦ 邱新国，谭靖磊. 产业结构调整对节能减排的影响研究——基于中国 247 个地级及以上城市数据的实证分析［J］. 科技管理研究，2015，(10)：239 - 254.

场需求规律的有效融合的引领作用（张明火，2013）①。也有学者强调应充分发挥政府、企业、科研机构和大学等主体的作用以及实现创新系统多要素的有效联动带动新一代信息技术的发展（卢涛，周寄中，2011）②。中国电子信息产业发展研究院（2014）③ 深入分析了新一代信息技术在工业化和信息化的深度融合中的作用路径，新一代信息技术在典型行业和典型领域的应用与发展。

（6）高端装备制造产业的发展

李坤、于渤和李清均（2014）④ 研究了中国战略性新兴产业中的高端装备制造产业由低端制造向高端制造转型过程中的问题；其研究发现，国家制造由"躯干国家"制造向"头脑国家"的演化需要国家制造创新能力支撑；高端装备制造产业是中国制造业整体升级的关键内生影响因素；在依靠本土力量实现技术跨越的基础上，哈电集团以"市场换技术"的经验值得其他高端装备制造企业学习。雷宗友（2014）⑤ 研究了我国高端装备制造产业的重点领域的发展情况，技术现状与前景以及产业分支等问题。贺正楚等（2013）⑥ 分析了高端装备制造企业的典型发展模式，并从多方面探讨了高端装备企业发展模式的变革趋势。邱城（2014）⑦ 以高端

① 张明火．福建省新一代信息技术产业发展仿真研究［J］．科技管理研究，2013，(2)：162 – 165.

② 卢涛，周寄中．我国物联网产业的创新系统多要素联动研究［J］．中国软科学，2011，(3)：33 – 45.

③ 中国电子信息产业发展研究院，北京赛迪信息工程设计有限公司．新一代信息技术在两化深度融合中的应用［M］．北京：电子工业出版社，2014：1 – 244.

④ 李坤，于渤，李清均．"躯干国家"制造向"头脑国家"制造转型的路径选择——基于高端装备制造产业成长路径选择的视角［J］．管理世界，2014，(7)：1 – 11.

⑤ 雷宗友．高端装备制造产业［M］．上海：上海科学技术文献出版社，2014：1 – 212.

⑥ 贺正楚，潘红玉，寻舸，吴艳．高端装备制造企业发展模式变革趋势研究［J］．管理世界，2013，(10)：178 – 179.

⑦ 邱城．高端制造装备创新与产业推进——提高高档数控机床与基础制造装备创新能力的途径［M］．北京：机械工业出版社，2014：1 – 231.

数控机床与基础制造装备为例，从战略性新兴产业的需求视角出发，研究了实现我国高端装备制造业技术突破与产业升级的路径。王玉荣、高菲和张皓博（2015）[①] 研究了高端装备制造产业 R&D 投入与创新绩效间的关系，实证结果表明，两者呈倒 U 型关系；技术选择对创新绩效没直接影响，但技术选择对研发投入与创新绩效间的关系具有调节效应。

（7）新能源汽车产业

一些国内学者对比分析国内外新能源汽车产业发展现状、技术发展趋势、商业模式特点、发展趋势、市场需求前景以及国外新能源汽车产业的能源战略选择，提出我国新能源汽车产业战略性发展方向和政策建议（付于武，2013；周树远，2015；曾耀明和史忠良，2011）[②][③][④]

2.7.2　战略性新兴产业发展与相关产业的关系

传统产业升级与战略性新兴产业发展是基于比较优势的螺旋式上升的互动过程（孙军，高彦彦，2012）[⑤]。传统产业升级与战略性新兴产业发展需要产业要素、结构、布局以及制度等方面的耦合，这种耦合可以分为由低至高的四个发展阶段，而中国还处在从第一阶段到第二阶段的过渡阶段。在传统产业与新兴产业融合的初

---

① 王玉荣，高菲，张皓博. 高端装备制造产业研发投入与创新绩效的实证研究[J]. 统计与决策，2015，(10)：135－137.

② 付于武. 中国战略性新兴产业研究与发展新能源汽车 [M]. 北京：机械工业出版社，2013：1－609.

③ 周树远. 新能源汽车产业现状与发展前景 [M]. 广州：广东经济出版社，2015：1－154.

④ 曾耀明，史忠良. 中外新能源汽车产业政策对比分析 [J]. 企业经济，2011，(2)：107－109.

⑤ 孙军，高彦彦. 产业结构演变的逻辑及其比较优势——基于传统产业升级与战略性新兴产业互动的视角 [J]. 经济学动态，2012，(7)：70－76.

级阶段，金融发挥着政策性引导功能（陆立军和于斌斌，2012；熊勇清和李世才，2010；王卉彤，刘靖，雷丹，2014）①②③。熊、李和冯（Xiong，Li，and Feng，2013）④ 对中国战略性新兴产业和传统产业的耦合及可持续发展作出了客观的评价。传统产业与战略性新兴产业之间存在两种匹配对接模式和四种对接路径（熊勇清，余意，2013）⑤。

　　战略性新兴产业与生产性服务业是一个动态融合的发展过程（杨以文，2014）⑥。在战略性新兴产业驱动生产性服务业发展的阶段，战略性新兴产业是处于相关产业链的中心位置，也就是说生产性服务业完全依赖战略性新兴产业的发展，处于被动融合的地位。我国战略性新兴产业与生产性服务业的互动、融合程度存在明显不足的情况，为了提高两者之间的融合程度，我国应该以生产性服务业为驱动力，这样可以使战略性新兴产业与生产性服务业从价值链的低端升级到价值链的高端（贺正楚等，2012；贺正楚等，2013）⑦⑧。

---

　　① 王卉彤，刘靖，雷丹．新旧两类产业耦合发展过程中的科技金融功能定位研究[J]．管理世界，2014，（2）：178－179.
　　② 陆立军，于斌斌．传统产业与战略性新兴产业的融合演化及政府行为：理论与实证[J]．中国软科学，2012，（5）：28－39.
　　③ 熊勇清，李世才．战略性新兴产业与传统产业耦合发展的过程及作用机制探讨[J]．科学学与科学技术管理，2010，（11）：84－87.
　　④ Xiong Yongqing, Li Shicai, Feng Yunwen. Research on the Logical Structure and Evaluation Model of Coupling Development between Strategic Emerging and Traditional Industries [J]. International Journal of Entrepreneurship & Innovation Management, 2013, 17（4）: 251－270.
　　⑤ 熊勇清，余意．传统产业与战略性新兴产业对接路径与模型[J]．科学学与科学技术管理，2013，（9）：107－115.
　　⑥ 杨以文．生产性服务业对战略性新兴产业发展的作用机制研究[D]．南京：南京大学，2014.
　　⑦ 贺正楚，吴艳，张蜜，文先明．我国生产服务业与战略性新兴产业融合问题研究[J]．管理世界，2012，（1）：177－178.
　　⑧ 贺正楚，吴艳，蒋佳林，陈一鸣．生产性服务业与战略性新兴产业互动与融合关系的推演、评价及测度[J]．中国软科学，2013，（5）：129－143.

2. 8

区域视角下战略性新兴产业发展

战略性新兴产业占我国 GDP 的比重在不断增长。从区域视角看，我国战略性新兴产业的发展非常不平衡。从产业发展的规模来看，东部地区最高，中西部地区次之，东北地区最低；从发展程度来看，东部地区发展程度较高，具有相对优势，西部地区次之，而中部与东北的发展相对较差（周晶，2012）[①]。

自主创新不足，地区间的恶性竞争以及发达国家的战略遏制等因素是导致我国地区战略性新兴产业发展呈现出全球价值链低端环节锁定，科技成果转化率低，产能过剩严重等发展陷阱特征的原因（胡汉辉，周海波，2014）[②]，低技术能力是我国中西部地区战略性新兴产业发展滞后的重要原因，而模仿创新是战略性新兴产业发展的有效路径（安果，2013）[③]。

很多学者对中国东部、中部、西部和东北部的各个省市的战略性新兴产业进行了研究。例如，刘长庚、许明和刘一蓓（2015）[④]从资产专用性程度、研究开发密集度与有形资本密集度三个角度对湖南战略性新兴产业投融资模式的选择进行了分析，并研究了不同程度的资产专用性、研究开发密集度、有形资本密集度应选择相对

[①] 周晶. 战略性新兴产业的发展现状与地区分布 [J]. 统计研究，2012，（9）：24－30.

[②] 胡汉辉，周海波. 战略性新兴产业发展陷阱：表现、成因及预防 [J]. 科技进步与对策，2014，（2）：61－66.

[③] 安果. 西部战略性新兴产业技术路经研究 [M]. 北京：中国经济出版社，2013：1－213.

[④] 刘长庚，许明，刘一蓓. 湖南战略性新兴产业发展的投融资模式选择——基于一个三维立体空间分析范式的构建 [J]. 中南大学学报（社会科学版），2015，（2）：98－103.

应的投融资模式。吴德进（2013）① 等研究了福建战略性新兴产业的发展现状、路径、空间布局以及发展方向。江西省战略性新兴产业发展报告课题组（2015）② 研究了处于中部的江西省的基于比较优势的战略性新兴产业的发展思路。李敏娜和国胜铁（2014）③ 研究了东北传统老工业基地进行战略性新兴产业改造的策略。王文霞（2014）④ 从政府、企业、市场环境与人才培养等方面入手，分析了提升河南省战略性新兴产业的自主创新能力的策略。

2.9

全球战略性新兴产业的发展

国外的相关研究的主题多是用的"新兴产业"一词。国外学者对新兴产业的研究重点在技术创新、溢出效应、企业家精神与经济地理等视角。炳和玲（Binh，Linh，2013）⑤ 以越南为例进行了研究，其研究发现，以外商和国内企业为主导的供应商系统会对新兴产业中的跨国公司知识转移，以及新兴产业的持续发展产生重要

---

① 吴德进，张旭华，林昌华. 福建战略性新兴产业发展研究［M］. 北京：经济科学出版社，2013：1 - 288.
② 江西省战略性新兴产业发展报告课题组. 江西省战略性新兴产业发展报告（2013 - 2014）［M］. 北京：经济科学出版社，2015：1 - 207.
③ 李敏娜，国胜铁. 东北老工业基地战略性新兴产业改造研究［M］. 黑龙江：黑龙江大学出版社，2014：1 - 194.
④ 王文霞. 区域战略性新兴产业自主创新研究——以河南为例［M］. 北京：经济科学出版社，2014：1 - 158.
⑤ Binh, T. T. C., Linh, N. M. Supplier System and Knowledge Transfer Within the Production Networks of Electronics MNCs in Vietnam［J］. Asian Journal of Technology Innovation, 2013, 21（15）：119 - 138.

作用。马赛厄斯（Matthias 等，2013）[①] 以德国生物技术产业为例，发现企业家精神对传统产业转型升级和新兴产业培育与发展具有重要影响力。玛丽安（Maryann）和伊琳娜（Iryna，2010）[②] 认为产业和专利分类是研究新兴产业的一大障碍，用一种新的分类方法研究了美国光学学会的成员公司，其研究发现，美国光学产业的发明活动存在明显的地理集中现象，几乎一半的专利申请集中在少数一些大都市圈。威尔维奇（Wyrwich，2013）[③] 以德国为例进行了研究，发现区域条件，尤其是区域知识存量对新兴的知识密集型服务业的创业活动（KIBS）具有重要的影响，知识密集型服务业的创业活动通常容易出现在人口稠密和市场规模庞大的地区。坦纳（Tanner，2014）[④] 认为经济地理学的文献缺乏对新兴产业的关注，他研究了欧洲的新兴的燃料电池（fuel cell）产业，研究发现企业多元化决定了地区多元化，区域多元化的发展依赖于非生产部门如大学、科研机构的知识创造。

全球战略性新兴产业的发展呈现以下几个特征：以知识与技术创新为动力，以中小企业为主体，以新兴业态的发展模式为载体，以新兴经济体快速崛起的发展格局为特色，以应对经济危机和实现

① Matthias, B., Uwe, C., Holger, G., Jutta, G., Michael, S. Which Regions Benefit from Emerging Industries? [J]. European Planning Studies, 2013, 21 (11): 1703 –1707.

② Feldman Maryann, Lendel Iryna. Under the Lens: The Geography of Optical Science as an Emerging Industry [J]. Economic Geography, 2010, 86 (2): 147 –171.

③ Wyrwich, Michael. The Role of Regional Conditions for Newly Emerging KIBS Industries in the Face of Radical Institutional Change [J]. European Planning Studies, 2013, 21 (11): 1760 –1778.

④ Tanner Anne Nygaard. Regional Branching Reconsidered: Emergence of the Fuel Cell Industry in European Regions [J]. Economic Geography, 2014, 90 (4): 403 –427.

绿色经济为目标（薛澜等，2013）[①]。王少永等（2014）[②] 研究了美国和英国主导产业的变迁。贾根良（2012）[③] 基于演化的视角，以 19 世纪为时代背景，分析了美国钢铁业的成功发展经验，他认为我国战略性新兴产业应该借鉴美国钢铁产业的成功经验：巨大的国内需求，有利于创新的体制，高技术人才的高回报，合理的自然资源开发利用，发明和技术创新与资本深度融合。

2.10

简　评

国外学者主要以新兴产业为主题进行相关研究，他们的研究多集中在知识的溢出效应、技术创新、企业家精神与经济地理等视角。2010 年以前有少数国内学者研究了新兴产业与战略性产业。2010 年我国正式提出培育发展战略性新兴产业之后，对战略性新兴产业的研究开始多了起来，研究主要集中在如下领域：战略性新兴产业的内涵与发展环境，战略性新兴产业的产业选择，战略性新兴产业的发展政策，战略性新兴产业与技术创新，战略性新兴产业的产业链，模块化视角下的战略性新兴产业，战略性新兴产业集群，中国各地的战略性新兴产业发展，以及全球视角下战略性新兴产业发展等。这些研究从理论和实证上很好地总结了战略性新兴产业的内涵、发展现状、发展经验、发展方向与政策取向，为我国战略性新兴产业发展提供了很好的理论支持。

---

① 薛澜等. 世界战略性新兴产业发展趋势对我国的启示 [J]. 中国软科学，2013，(5)：18 - 26.

② 王少永，霍国庆，孙皓，杨阳. 战略性新兴产业的生命周期及其演化规律研究——基于英美主导产业回溯的案例研究 [J]. 科学学研究，2014，(11)：1630 - 1638.

③ 贾根良. 战略性新兴产业与美国经济的崛起——19 世纪下半叶美国钢铁业发展的历史经验及对我国的启示 [J]. 经济理论与经济管理，2012，(1)：97 - 110.

　　总的来看，从模块化或组织创新视角来研究战略性新兴产业的文献很少。把创新和战略性新兴产业结合起来的研究多集中在技术创新或产品创新的视角。技术创新与产品创新对战略性新兴产业发展固然重要，但如果没有高效的经济组织，中国很难高效利用全球的创新资源，所以组织创新对中国战略性新兴产业发展也很重要，可很少有学者从组织创新的视角研究战略性新兴产业的发展。与工业经济时代相比，信息经济与知识时代人类的经济组织更为复杂，分工更为细致，效率更高，因此经济组织问题更为重要。在新经济条件下，新兴产业应该有新的产业组织模式，以此提高创新能力并降低交易费用。美国新兴产业的聚集地——硅谷就是一个模块集群，著名学者青木昌彦教授甚至认为"模块化是新产业结构的本质"。本书将从组织创新的视角，从理论上探讨产业组织演进的路径，分析模块化产业组织的治理机制。在此基础上，通过课题组自己收集、整理的调研数据，实证研究产品模块化、企业组织模块化与产业组织模块化对战略性新兴产业技术创新的影响。同时，通过官方公布的数据实证研究模块化与产业标准对战略性新兴产业全要素生产率的影响。此外，通过实地调研与案头调研，对湖南省战略性新兴产业发展的排头兵——工程机械产业集群模块化发展现状、问题与障碍进行了深入分析。最后从产业组织视角得出一些中国战略性新兴产业发展的政策建议，应该说本研究与其他学者的研究有显著的区别，具有一定的理论与现实意义。

第 *3* 章

信息经济时代战略性新兴
产业组织的演进

3. 1

引　言

　　在亚当·斯密的古典经济学中，分工与经济组织是理解工业经济初始发展的关键词，但到了新古典经济学中，稀缺资源的配置问题成了经济学分析的新核心①。在全球化与信息化时代，国际分工已经从产业间分工、产业内分工，发展到了更为细致的产品内分工或价值链分工。与产业组织纵向一体化的工业经济时代相比，信息经济时代的产业组织呈现网络化的趋势，此时的生产专业化程度更高，知识分工逐步深入发展，此时，经济组织比工业经济时代更为重要，甚至应该成为经济学分析的中心问题之一。战略性新兴产业是中国转变经济发展方式，实现创新驱动发展的主要着力点与重要推动力。在知识与信息经济时代，以创新驱动为特征的新兴产业正成为各个国家经济发展的主要动力，而在证券市场中很多

---

　　①　杨小凯. 经济学：新兴古典与新古典框架［M］. 北京：社会科学文献出版社，2003：1-5.

新兴产业公司的市值正在超过传统公司的市值，比如谷歌的市值已经超过了埃克森美孚和沃尔玛的市值。在经济全球化和信息经济深入发展的背景下，战略性新兴产业的发展不仅要依靠技术创新与产品创新，而且要通过组织创新更好地整合和利用全球资源。在复杂的市场环境下，战略性新兴产业发展迫切需要一种能整合全球资源，创新能力强，交易费用与协调成本低的产业组织形式。战略性新兴产业发展面临两个主要环境因素：需求的异质性与个性化，以及生产的复杂性与不确定性。从演化视角来看，不同经济时代有不同的需求和供给特质，因此会演化出与时代特征相匹配的经济组织形式。

3. 2

需求视角下不同经济时代的产业组织演进

工业经济时代经济活动的一大特点是通过大规模生产来满足人类数量巨大的消费需求。很自然的，工业经济时代的经济学研究以生产为中心，而生产可以简化为在资源与生产要素约束条件下实现产出的最大化。具有科学主义特征的主流经济学的微观基础建立在同质性基础之上，企业与产品是同质的，消费者也是同质的。20世纪70年代前后人类开始逐步进入后工业经济时代，而信息化正在加速这一进程，简单的大规模的生产已经不能满足人类异质化、多层次的消费需求，此时人类社会开始进入一个异质性消费需求主导的时代。经济发展驱动力已经不是现有消费需求的满足，而是潜在消费需求的创造。在这样的背景下，我们更应该关注人类需求，研究人自身的问题。

确定性与经济规律是经济学研究的主线，异质性似乎是主流经济学很少讨论的问题。主流经济理论关于的消费者偏好有几个基本假设①：第一，偏好完全性：$\forall x, y \in X$，必有 $x \geq y$ 或 $y \geq x$ 成立，或同时成立（$x \sim y$），即消费者可以比较和排列所有商品。第二，偏好可传递性：$\forall x, y, z \in X$，若，$x \geq y$，$y \geq z$，则 $x \geq z$。第三，偏好自反性：$\forall x \in X$，有 $x \geq x$，即消费者不认为一个特定消费集比其自身差。第四，偏好连续性：$\forall y, \{x \mid x > y\}$，即如果消费者认为 $x \geq y$，那么与 x 非常近似的消费集也优于 y。

除此之外，还有以下几个假设。其一，局部非餍足性（local nonsatiation）：$\forall x \in X, \varepsilon > 0$，存在 $y \in X$，使 $|x - y| < \varepsilon$，且 $y > x$；局部非餍足性排除了餍足点的存在，说明消费者能从消费集中任何细微增量中获得效用。其二，单调性：如果 $x \geq y$，则 $x \geq y$，说明每种消费品对于消费者来说都是值得拥有的。其三，偏好是凸的：$\forall t \in [0, 1], \forall x, y, z \in X$，且 $x \geq z$，$y \geq z$，则 $tx + (1 - t)y \geq z$；说明消费者只喜欢平均的消费组合，而不喜欢个性化或极端消费组合；凸偏好还意味着商品 x 与 y 的无差异曲线会凸向原点，也就是说边际替代率（$|\Delta y / \Delta x|$）是递减的（Varian，1992；蒋殿春，2006）②③。

简单的说，根据现代经济学理论，偏好是外生的，效用是偏好的函数，用偏好定义人类的理性，只要满足完备性与传递性这两条最基本的假定（叶航，汪丁丁，罗卫东，2005）④。所谓理性人，简单说就是约束条件下最大化自身偏好的人。主流经济学理论假设人类消费需求是同质的，不强调个体之间的异质性与个性化。局部

---

① 先假定消费者可以选择 k 种商品，任意一种商品组合用 k 维向量 $X = (x_1, x_2, \cdots, x_k)$ 表示，即用 X 表示所有可选择的商品束的集合；符号 $\geq$ 表示不亚于，$>$ 表示优于；$x \sim y$ 表示 x 与 y 无差异。

② Varian H. Microeconomic Analysis ［M］. New York：W. W. Norton Company，1992：1 - 171.

③ 蒋殿春. 高级微观经济学 ［M］. 北京：北京大学出版社，2006：40 - 59.

④ 叶航，汪丁丁，罗卫东. 作为内生偏好的利他行为及其经济学意义 ［J］. 经济研究，2005，（8）：84 - 94.

非餍足性和无差异曲线凸性假设否定了个性化需求的可能，这有时是与现实情况相违背的。比如，我们上网通常只偏好某种浏览器或某种搜索引擎。而可传递性、单调性等假设认为偏好是不变的、线性化的。一些行为经济学家，比如诺奖得主卡尼曼（Kahneman），以及桑塔费学派（Santa Fe School）一些学者就证明偏好可能是情景依存性质的。主流经济学常通过短期或截面来观察人类经济活动，常常缺少历史和长期演化的视角。

主流经济学如此假定个体偏好可能有如下原因：其一，在奠定新古典经济学基础的工业经济时代，人类的需求长期处在追求同质产品消费数量的阶段，这样假设并无不妥；其二，主流经济学用数学处理同质化偏好是成功的，而个性化消费与异质性偏好既包含了理性成分，又包含了感性成分，这在数学处理上难很多；其三，经济学是讲究理性选择的科学，在某种程度上只适应于对同质性的分析，而现代主流经济学的哲学基础是现代性的科学主义，而异质性的哲学基础是后现代的人文主义（姜奇平，2009）①。

工业经济时代是以物质资本为主导的时代，人们的消费需求长期处在追求数量消费阶段，直到 20 世纪中叶一些国家的消费需求才逐渐向追求质量消费阶段过渡。总的来说，工业经济时代人类消费需求是同质的，而且对普通生活用品及耐用品的需求量巨大，在这样的背景下，注重标准化、流水线生产的科层企业无疑是成功的，因为大规模的生产可以使企业通过规模经济降低生产成本，同时也降低了消费成本，使汽车等耐用品得到了极大的普及。

20 世纪末人类开始进入信息与知识经济时代，推动经济发展的决定性要素逐渐由物质资本转变为知识与信息，人类逐渐开始从被机器和物质资本主宰的时代中走了出来。此时，消费需求的个性化、异质性趋势也越来越明显。人们会因为禀赋、认知、情感、品

① 姜奇平. 后现代经济：网络时代的个性化和多元化 [M]. 北京：中信出版社，2009：1-18.

味、消费习惯等方面的不同而在消费需求方面表现出差异性（贺京同，那艺，王晓岚，2007）①。需求与偏好受个体差异影响大，个体差异来自个体特质以及个体所处的社会环境等；而个体有限理性，再加上信息不完全，可能会导致个体需求与偏好分化；而世界发展动态性会导致个体偏好的适用性调整，因此偏好可能是有时间限制的。

　　表3－1是不同时代需求与产业组织的基本特征。总的来看，自工业革命以来，人类消费需求经历了追求数量消费→质量消费→个性化消费这样一个由低级到高级的过程。与工业经济时代相比，强调偏好异质性的信息经济时代，产品价值的实现也发生了变化（曹虹剑，罗能生，2007）②。在工业经济时代，产品的价值主要决定于产品的物理属性，比如产品的实用功能与品质，满足的是消费者较低层次需要。而到了信息经济时代，产品价值不仅决定于产品的物理属性，更决定于产品背后个性化的体验价值、信息价值与文化价值（胡晓鹏，2004；胡晓鹏，2009）③④。不同时代产业发展的驱动因素不同。工业经济时代产业发展驱动因素是现有需求的满足，通过大规模同质化地生产以满足大量的物质需求。信息经济时代物质产品已经极大丰富，产业发展驱动因素是潜在需求的创造，需要企业满足、引导、并创造异质化的需求。消费需求的变化会要求产业组织也有相应变化。在信息经济时代，由于消费者之间异质性的加深，需求变化的速度加快，也更加难以预测。此时，仅强调大规模生产的刚性组织形式不足以适应瞬息万变的市场和满足个性化的消费需求。企业为了赢得竞争优势必须深化市场细分，组织也必须加强灵活性。此时，具有组织柔性，能通过大规模定制满足多

样化需求的网络型产业组织逐渐成为了主导模式。在信息经济时代，差异化、定制化生产的成本显然要高于大规模生产。而且，价值链的全球化布局会因为迂回生产（roundaboutness）程度增加而使生产更加复杂，可能会增加经济组织的交易费用与协调成本。因此，战略性新兴产业应该选择一种既满足个性化、多样化需求，又节省交易费用与协调成本的产业组织模式。从不同时代经济学的哲学基础来看，工业经济时代经济学的哲学基础是强调同质性的科学主义（姜奇平，2009）[①]，而信息经济时代经济学的哲学基础是强调异质性的人文主义。

表 3 – 1　　　　　　　　不同时代的需求与产业组织

	工业经济时代	信息经济时代
主要产品类型	有形产品	无形产品 + 有形产品
产品价值来源	产品的物理属性	产品的信息价值与体验价值
主导消费需求	数量消费→质量消费	个性化消费
产业发展的驱动因素	现有需求的满足	潜在需求的满足与创造
产业组织的特征	刚性的大规模生产	柔性的大规模定制
经济学的哲学基础	强调同质性的科学主义	强调异质性的人文主义

资料来源：作者整理。

3.3

供给视角下不同经济时代的产业组织演进

战略性新兴产业是在信息经济和经济全球化深入发展的背景下成长的，此时的分工已经由产业间分工、产业内分工、发展到了产品内分工，产品价值链或产业链在全球布局，产品生产的复杂程度

[①]　姜奇平. 后现代经济：网络时代的个性化和多元化 [M]. 北京：中信出版社，2009：1 – 18.

已经远远超过工业经济时代。

表 3 - 2 是不同经济时代生产复杂程度与产业组织的主要特征。在工业经济时代，产品系统相对简单。此时主导的生产要素是机器、设备和厂房等物质资本。相比农业经济时代自给自足的自然经济状态，工业经济时代劳动分工已经逐步发展，专业化水平也有一定提高，但知识的分工并未深化。因为产品同质化程度高，所以企业发展战略主要涉及产量和价格方面，这时容易出现卡特尔等垄断组织，产生有损社会福利的垄断行为。产业内投入的生产要素的组分比较简单，因此纵向一体化可以降低交易费用，是主导产业组织形式。企业组织是科层制的，由物质资本所有者垄断企业剩余权利最有效率，这也是主流企业理论的基本结论。

表 3 - 2　　　　不同时代生产复杂程度与产业组织

	工业经济时代	信息经济时代
产品特征	简单产品	复杂产品系统
主导生产要素	物质资本	知识与人力资本
分工的本质	普通劳动分工	知识分工
分工形式	产业间分工→产业内分工	产品内分工
企业发展战略	同质化竞争	异质化竞争与合作
经济组织治理机制	物质资本所有者垄断剩余权利的单边治理机制	人力资本所有者主导，多方共享合作剩余的多边治理机制
产业组织形式	科层制、纵向一体化	网络化、模块化
市场结构	完全竞争或不可竞争性垄断结构	可竞争性垄断结构

资料来源：作者整理。

在信息经济时代，产品系统已经非常复杂。出现了产品的原料生产、研发、生产、销售及服务等价值链环节分离，在全球优化配置资源的情况（朱瑞博，刘芸，2011）[①]。此时的主导生产要素是

---

① 朱瑞博，刘芸. 我国战略性新兴产业发展的总体特征、制度障碍与机制创新 [J]. 社会科学，2011，(5)：62 - 72.

信息、知识与人力资本，人类经济发展已经从被物主宰的时代走了出来，知识分工开始深入发展。亚当·斯密在《国富论》开篇就指出了劳动分工的重要性。哈耶克（Hayek，1945）认为，知识分工与斯密所指出的劳动分工很相似，但知识分工是更为本质的问题，甚至应该成为经济学研究的核心问题①。但知识分工这一研究主题在经济学中并没有得到很好的发展②。在信息经济时代，知识分工深入发展，专业化程度不断提高，人类经济发展呈现出非线性发展态势，新兴产业中的企业，如谷歌、阿里巴巴正以工业经济时代企业十倍、甚至百倍的速度在发展。人类社会中组织是处理分工结构的有效形式，组织可以通过认知的分工在一定程度上克服个体认知与计算能力的局限性（汪丁丁，2003）③。因此组织形式对人类知识分工及经济效率有重要影响，对知识密集的战略性新兴产业发展尤为重要。

在信息经济时代，生产复杂性程度很高，生产要素组分复杂，市场细分程度高，以往企业间同质化竞争被基于互补的异质化合作策略所替代。由于主导生产要素的转换，信息经济时代应由人力资本所有者主导企业剩余权利的分配。但这种分配并非工业经济时代的单边垄断治理机制，而是一种利益相关者多方共同治理与合作剩余分享机制。由于价值链的分割与重组，产业组织呈现出网络化、模块化的态势。市场结构演变为细分市场或模块由寡头主导的模块化垄断结构，但这种垄断结构是由知识分工深化导致、创新驱动的；而且模块化使市场可细分性增加，市场可进入性、可竞争性（contestability）增强，此时的市场地位不是固定不变的，市场在位者随时可能被创新拔尖者所替代，如 PC 与手机的微处理器市场。

　　① Hayek F. A. The Use of Knowledge in Society［J］. American Economic Review，1945，35（4）：519 – 530.

　　② Becker，G. S.，Murphy，K. M. The Division of Labor，Coordination Costs，and Knowledge［J］. Quarterly Journal of Economics，1992，107（4）：1137 – 1160.

　　③ 汪丁丁. 知识印象［M］. 北京：中信出版社，2003.

在 20 世纪 PC 微处理器市场上，英特尔与 AMD 曾占据 99% 的份额，后来细分出一个规模庞大的智能手机微处理器市场，英特尔就没有垄断了，智能手机的领头羊变成了三星和联发科等企业。即使英特尔垄断 PC 微处理器时，摩尔定律从未失效，市场效率依然很高。

总体上来讲，主流经济学是基于同质化视角的工业经济时代的经济学。自亚当·斯密开创古典经济学之后，"李嘉图恶习"（Ricardian Vice）对之后主流经济学发展产生了深远影响，从此经济学变得更加抽象、形式化①。"李嘉图恶习"虽然简化了我们对经济现象的认知，但同时也过于简化了人类社会复杂的因果关系网络，在一定程度上使经济学陷入了还原论与机械决定论的泥沼。即使在今天，主流产业组织理论研究重点仍是基于工业经济同质化时代、价格或产量竞争视角下的企业策略性行为或企业间的合谋行为，这种"囚徒困境"式研究思路不能很好地解释信息经济与全球化时代广泛存在的跨地域、跨组织、互补性、高效率的经济合作。竞争只是人类经济行为的一面，合作是人类经济行为的另一面，所以，经济学也应该重视对异质化合作的研究。

3.4

战略性新兴产业组织演进的方向

战略性新兴产业发展面临两个主要环境因素：需求的异质性与个性化，以及生产的复杂性与不确定性。经济全球化使得各国经济

---

① 李嘉图把复杂经济现象高度抽象成极少变量，其经济学理论确定了演绎法在经济学中的地位。在李嘉图的著作中，制度、历史与事实这些原本在斯密著作中重要的东西都淡化为外在背景，经济学从此变得抽象了。熊彼特（Schumpeter）把这种将高度抽象理论应用于错综复杂现实世界的倾向称为"李嘉图恶习"。

相互影响程度提高，外生性风险越来越多，这加剧了复杂性与不确定性。考虑到以上影响因素，战略性新兴产业组织创新的主要发展方向如下。

3.4.1　通过组织模块化使产业系统走向自组织

信息在经济组织中非常重要。诺奖得主阿罗（Arrow）曾指出，信息在组织中是稀缺的资源，在价格体系不起作用的组织中信息结构关系到组织的效率（阿罗，2006）[①]。对于战略性新兴产业而言，组织内信息结构与信息处理方式直接关系到组织的绩效。模块化是简化复杂问题的基本方法。"模块"是半自律性的子系统，它可以通过和其他子系统按照一定的规则相互联系而构成更加复杂的系统或过程。模块化是指把一系统（包括产品、组织和过程等）进行模块分解与模块集中的动态整合过程。模块化产业组织系统内有其特有的信息治理机制：个体信息包裹（encapsulation）与系统信息同化（assimilation）并存。个体信息包裹是指个体的信息是被隐含于各子系统（模块）内部，不受其他个体干扰。系统信息同化是指子系统之间有统一联系规则，它包括结构、界面和标准等三方面的信息。这种信息处理方式可以使各子系统独立、平行地展开创新工作，并可以自行演化出复杂的多样性（Aoki，2001；鲍德温和克拉克，2006）[②③]。

追寻确定性是科学的使命。但普里戈金（Prigogine）指出：熵与不确定性在任何系统中都普遍存在。按照普里戈金的耗散结构理

---

①　肯尼斯·阿罗. 组织的极限 [M]. 北京：华夏出版社，2006：25 - 40.

②　Aoki Masahi ko. Toward a Comparative Institutional Analysis. Cambridge：MIT Press，2001.

③　鲍德温，克拉克. 设计规则：模块化的力量（第 1 卷）[M]. 北京：中信出版社，2006.

论①，模块化产业组织系统中的总熵变可以分为两类：产业组织系统内部产生的熵，以及通过产业组织系统边界传输的熵。模块化产业组织系统内的熵通常为正。开放性是系统自组织发生的必要条件之一，但这并非自组织产生的充分条件，只有当模块化产业组织系统从外部得到的负熵可以抵消系统内部熵增加时，总熵变小于0，系统才会出现自组织②。

模块化产业组织是一个适度开放，也适度封闭的非线性系统，能使战略性新兴产业在产品生产复杂性强、风险与不确定性高的条件下适应动态市场环境。模块化产业组织系统内个体信息包裹化对各子模块形成一种适度的隔离和保护机制，这是模块化系统自组织的必要条件。模块之间竞争和合作关系会导致新结构的出现，这是系统非线性发展的重要基础。只要确定了产业系统联系规则，产业组织中各个子系统便可以分散决策、自发地演进。模块化产业组织的自组织有几种表现形式。一是模块化产业组织的自创生。系统联系规则一旦确定，模块化系统便从无序走向有序。二是模块化产业组织的自生长。自生长是模块化系统不断完善的过程。统一系统规则与兼容性的存在，会使系统内出现一个优胜劣汰的演化过程。三是模块化产业组织的自适应。个体信息包裹化可以使系统内各模块能自主决策去适应市场环境；而统一联系规则保证了各子系统之间的自发演进与有序互动，这增加了整个系统的适应性。四是模块化产业组织的自复制③。在统一系统规则协调下，产业组织系统可以有序自我复制，自发地演进（曹虹剑，2008）④。

---

① 普里戈金. 从存在到演化 [M]. 北京：北京大学出版社，2007：45–88.

② 苗东升. 系统科学精要 [M]. 北京：中国人民大学出版社，2003：133–164.

③ 许国志，顾基发，车宏安. 系统科学 [M]. 上海：上海科技教育出版社，2000：173–201.

④ 曹虹剑. 网络经济时代模块化组织运行与治理机制研究 [D]. 湖南大学，2008.

3.4.2　打破地域和产业界限在全球整合资源

在经济全球化时代，全球产品内分工的条件下，战略性新兴产业组织应该是网络化、模块化的，相关产业按知识分工、整合，形成一个模块化的动态网络组织。这种网络组织不仅要打破地域的界限，而且要打破产业限制。战略性新兴产业及其相关产业链上的环节应该被拆分为模块，由创新能力最强的模块（企业）主导产业标准或联系规则的制定，由此将模块供应商联系起来（朱瑞博，2003）[①]，形成一个模块化网络组织。在模块化网络组织中，系统标准设计者占据核心地位，它们拥有技术领先的优势；其次是系统整合者，它们拥有品牌资本，以及生产与营销网络整合的优势。在系统规则的联系下，系统会衍生出众多的子模块供应商，子模块不仅包括研发、生产，也包括营销和服务环节。模块化网络组织是一个递归性质的系统，一旦联系规则确定，系统内部便可衍生出多层次的子模块化系统，使相关产业形成一个网络系统。

图 3 - 1 是模块化产业组织的网络结构，在图 3 - 1 中，一个模块化产业网络组织由 N 个模块组成，每个模块又有自己的子模块系统，如模块 A 拥有 $A_1, A_2, \cdots, A_n$，共 n 个子模块。同理，A_n 还可以有自己的子模块化系统。

模块化产业组织系统可以打破地域和产业的界限，跨产业整合全球的优势资源。一方面，模块化产业组织网络系统可以打破地域限制，在全球整合资源。对于一国产业来讲，产业集群是极具效率的产业组织形式。模块化网络组织的组织效率要高于传统产业集群，因为统一系统联系规则的存在，模块化网络组织可以实现组织接近代替地理接近，使产业集群可以打破空间限制，以

[①]　朱瑞博. 价值模块整合与产业融合 [J]. 中国工业经济，2003，(8)：24 - 31.

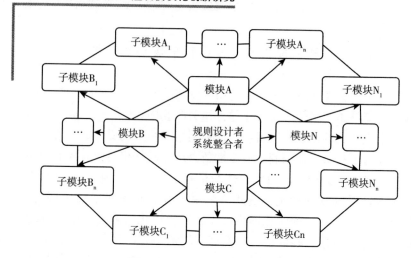

图 3 - 1 模块化产业组织的网络结构

资料来源：刘丹（2014）[1]。

虚拟群（Virtual Clusters）存在。模块化产业组织使纵向产业链演变成横向价值网络，以低交易费用在全球整合资源。传统产业集群发展主要依靠规模经济、要素集聚、低运输成本等优势。而模块化网络组织的优势来源于网络效应、低协调成本和高创新能力。

另一方面，产业组织模块化使各个产品环节或模块的可连接性增强，不仅使企业间的可连通性增强，而且可以增加相关产业的互补性与连通性，促进产业融合，使多个产业经济系统以一个动态的网络存在，使模块化经济系统演化出复杂的多样性。在经济组织模块化，以及互联网浪潮下，传统产业和新兴产业正在加速融合。例如，在移动互联网使消费领域融合的背景下，小米本属于智能手机产业，2014 年底它牵手美的电器，通过移动互联网进军智能家居产业。而阿里巴巴、腾讯和百度正在使互联网和众多传统产业产生

---

① 刘丹. 战略性新兴产业组织模块化对技术创新的影响研究 [D]. 长沙：湖南师范大学，2014.

一波又一波的新融合。

3.4.3　基于知识分工且协调成本低的网络组织

战略性新兴产业有一个很大的特点是高新技术、知识密集。选择一种有利于知识分工深化，且协调成本低的产业组织形式，才可能使战略性新兴产业发展壮大。模块化网络组织通过合理设计信息结构来协调各行为主体的行为，可以充分地利用分散的知识，也就是哈耶克所说的关于特定时间和环境的知识或局部知识（Local Knowledge）。因为人类认知对象的复杂性，再加上人类认知能力的有限性，每个个体都只能在较狭小的专业领域内获取人类知识极微小的一部分，因此模块化式的知识分工就让每个子模块在专业领域内获得了知识上的专业化优势。

协调成本及交易费用是阻碍分工深化的主要原因之一。模块化网络组织统一的联系规则和子模块之间标准化接口能减少系统协调成本与交易费用。当然，系统联系规则和产业标准也要随环境变化而演进。模块化产业组织使各子模块在较小的专业领域内进行专业化生产，以达到不断积累专业化人力资本的目的，以此带来报酬递增。即使所有模块生产者的特质事前相同，且存在学习成本，分工的深化、专业化水平的提高也能带来报酬递增（杨小凯，2003）[1]。

如何使系统规则或产业标准带来的知识分工的协调成本最小化，这是模块化网络组织取得最优效率的关键。系统规则既包括公共品性质的技术标准，也包括私有品性质的技术标准，最有效的系统规则应该是使两者带来的交易费用之和最小化。从全球实践来看，公共品性质的标准可以由政府或标准化组织实施，但要衡量干预市场的得失，美国联邦通讯委员会（Federal Communications

---

[1]　杨小凯. 经济学：新兴古典与新古典框架 [M]. 北京：社会科学文献出版社，2003：35 - 45.

Commission，简称 FCC）干预实施哥伦比亚广播公司（Columbia Broadcasting System，简称 CBS）彩色电视机标准①，还有日本通产省（Ministryof International Trade and Industry，简称 MITI）干预实施高清电视（HDTV）模拟标准（MUSE）的案例说明强制性产品技术标准可能会有损社会福利。

3.4.4 由人力资本主导的网络组织多边共同治理机制

在分工深化的同时加速协同与融合这是战略性新兴产业未来组织创新的主要特征之一。在知识经济时代，经济组织只有按知识分工协调才能获得竞争优势。从契约与交易费用的角度看，在纵向一体化的产业组织中，如果把战略性新兴产业中某个复杂产品所有工序与模块都集中在一个科层制企业内，生产组织者首先要搜寻要素所有者的信息，因为数量众多、异质性强，因此与所有要素者签约的成本很高（Williamson，2002）②。签约后知识分工的协调成本，以及监管的信息费用很高，也很难确定每一个要素所有者的贡献，因此不能进行有效激励。在产业组织模块化条件下，标准化界面有兼容性效果，可以减少信息搜寻费用，且签约后系统的协调成本较低。与以往产业组织不同，模块化产业中的网络组织是既包含中间产品契约，又包含要素契约的混合型经济组织。模块化网络组织是以中间产品契约联结的契约网络，同时每一个模块供应商内部又有要素契约，整个模块化产业组织系统可以通过中间产品契约和要素契约不同排列组合来选择最有效率的契约网络。这增加了相关产业资源及其使用上的可分性与连通性，也使系统能适应不确定性很强

---

① 1950 年 9 月，美国联邦通讯委员会（FCC）原则上认可了 CBS 开发的彩色机械电视系统，并成立全国电视标准委员会（NTSC）确定全美的彩色电视技术标准。

② Williamson, O. E. The Theory of the Firm as Governance Structure：From Choice to Contract［J］. Journal of Economic Perspectives, 2002, 16, (3)：171 – 195.

的市场环境。模块化产业组织不仅使分工深化，而且使各个经济主体走向合作与协同，并产生了融合。

模块化网络组织的治理既有市场治理与企业治理的特征，同时又有自己独特的地方（模块化网络组织与市场及企业治理机制的区别见表 3 - 3）。不能完全用科斯（Coase）、阿尔钦（Alchian）、威廉姆森（Williamson）、哈特（Hart）和张五常等人的企业理论来指导这种新兴产业组织治理的实践（Hart, Holmstrom, 2010）①。模块化网络组织以系统规则制定者为主进行协调，组织内的权威来自系统规则或产业标准制定者；因为标准化界面的存在，交易双方资产专用性较低；系统内交易频率比市场交易要高，但低于企业内交易频率；与科层制企业相比，交易的不确定性也较低。本质上模块化网络组织是一个中间产品契约网络，这一性质决定了模块化网络组织内各个行为主体贡献的可度量性较强，因此，传统企业理论的核心问题：偷懒或卸责（Shirking）、要素所有者贡献的定价问题并不是新经济条件下经济组织治理的核心问题。同时，模块化网络组织内部又有很多企业，每个企业都有自己的生产要素，在产业组织模块化条件下，企业的生产要素可以被分割、重组，这种重组是动态和跨组织的，可以实现模块化网络组织内部生产资源的动态优化，所以说模块化网络组织在契约性质上不是科斯所讲的一个契约对一系列契约的替代，也不完全是张五常所言的一系列契约代替了另一系列契约，而是实现了中间产品契约与要素契约的动态融合。模块化网络组织中最主要的问题是合作剩余的创造与分享。模块化网络组织是一种在人力资本（模块化产业标准或规则制定者）主导下，多边共同治理、共享合作剩余，按照贡献合理定价的组织形式。模块化网络组织治理的关键问题是系统规则或产业标准的选择问题。一般来说，市场竞争条件下产生的具有私有品性质的产业技

---

① Hart, O., Holmstrom, B. A. Theory of Firm Scope [J]. Quarterly Journal of Economics, 2010, 125 (2): 483 - 513.

术标准是有效率的，但对于具有公共品性质的系统界面或接口标准而言，由行业协会（标准化组织）或政府来主导标准或规则的制定可能是有效率的。

表 3 – 3　　　　　　　不同经济组织治理机制的比较

	市场	企业	模块化网络组织
权威/行动指南	价格	企业家	系统规则或标准制定者
资产专用性	低	高	低
交易频率	低	高	中等
不确定性	低	高	低
契约性质	短期的产品契约	长期的要素契约集合	中间产品契约与要素契约的动态组合
治理方式	第三方或古典契约协调	一体化治理与内部契约协调	关系契约与多方共同治理
治理问题的关键	价格机制	偷懒、监管与要素贡献的定价	系统规则制定与标准选择
剩余权利配置	交易后双方拥有完全剩余索取权	企业家拥有剩余索取权	人力资本主导下合作剩余由多方共享

资料来源：作者整理。

3.5

小　结

战略性新兴产业发展面临两个主要环境因素：需求的异质性，生产的复杂与不确定性。工业经济时代是以物质资本主导的时代，人类需求长期处在追求数量消费阶段，主导产业组织形式是注重大规模生产的刚性福特制。信息经济时代的主导生产要素是知识与信息，是讲究个性化消费的时代，主导产业组织形式是注重大规模定制的柔性后福特制（post-Fordism）。在工业经济时代，产品系统简单，产业组织往往是纵向一体化的。在信息经济时代，产品系统非常复杂，出现了产品研发、生产、销售及服务等价值链环节分离，在全球优化配置资源的网络化产业组织。在经济全球化条件下，战略性新兴产业组织创新应通过组织模块化，使产业组织系统走向自组织；以组织或价值接近代替地理接近，打破地域和产业界限在全球整合资源；建立基于知识分工合作，协调成本低的模块化网络组织；建立多边分享合作剩余，由人力资本主导的网络组织共同治理机制。在分工深化的同时，加速企业融合与产业融合这是战略性新兴产业未来组织创新的主要特征。

　　主流经济学理论不重视组织演进与结构变迁的作用。从本质上来讲，主流经济学是基于工业经济时代的同质化经济学，其理论根基是现代性的科学主义。信息经济与全球化时代的人类已经从物质和机器的主宰中走了出来，此时的经济学应该重视异质性，其哲学基础应该重视后现代的人文主义。只有这样我们才能摆脱见物不见人的旧理论体系，并建立起一个解释力更强的经济学理论新体系。当然，我们不是说经济学要彻底摆脱科学主义，而是说经济学应该重视人文主义，实现人文主义与科学主义的融合。同时对于产业组织理论来讲，在淡化基于同质性、纯价格竞争或合谋问题的基础上，要更加关注基于异质性、互补性、具有高效率的合作行为。对于经济组织治理理论来讲，以物质资本垄断剩余权利的单边治理机制要向以人力资本为主导、合作剩余分享的多边治理机制转变。

第 *4* 章

模块化网络组织的
产权治理新范式

4.1

引　言

　　上一章从供给和需求的视角分析了产业组织从工业经济时代到信息经济时代的演变，本章将在此基础上深入探讨信息经济时代的主导产业组织——模块化网络组织的治理机制的主要特征，及其与工业经济代经济组织治理的差别。经济组织的治理本质上就是其产权治理与权利配置。在工业经济时代漫长的发展过程中，主导产业组织形式——纵向一体化虽可在一定程度上解决威廉姆森（Williamson）所谓的"敲竹竿"（hold-up）与"锁定"（lock-in）等问题，但同时也带来了占用资源多、信息流动慢、缺少灵活性等问题。在知识经济与后危机时代，各国战略性产业或新兴产业发展需要一种节约交易费用、资源占用的产业组织形式。在这样的背景下，模块化网络组织成为了理想的产业组织形式。模块化网络组织是指在产品系统模块化分解基础上，将中间产品环节分配于不同企业生产，然后再集成整个过程所形成的企业间网络组织。

模块化网络组织的产权治理范式与传统企业产权治理范式有很大的不同。首先，无论是科斯（Coase）、张五常（Cheung），还是威廉姆森的传统产权治理的治理对象是企业的要素契约（factor contract）；而模块化网络组织是中间产品契约对要素契约的替代，其产权治理对象是中间产品的件工契约网络（piece-work contract network）。其次，传统企业产权治理理论强调物质资本所有者至上的单边治理，其治理理念是将负的外部性内部化；而模块化网络组织的产权治理强调人力资本或知识资本所有者的权威，是规则设计者主导的多方共同治理，其治理理念强调将正的内部性外部化。最后，因为偷懒或卸责（shirking）等问题存在，所以传统企业产权治理理论注重分析企业内的委托——代理关系，强调剩余权利（residual rights）归资产所有者；在模块化网络组织中，因为有统一的界面，所以对个体的贡献容易定价（pricing），因而偷懒问题并不是治理关注的重点，在网络市场化条件下，企业的剩余权利治理机制被模块化网络组织的合作剩余分享机制所替代。而且，传统产权治理理论只涉及企业层面的分析，但模块化网络组织产权治理涉及产业组织层面的分析，下面我们将围绕以上三个方面建立模块化网络组织产权治理的分析范式。

4.2

模块化网络组织的治理对象是中间产品契约网络

模块化网络组织本质上是一个中间产品的件工契约网络。容易定价、契约费用与协调费用低是模块化网络组织的效率来源。模块化柔性契约网络促进了生产要素在使用上的可分性，模块化在分工深化的同时促进了企业融合与产业融合，使模块化网络组织能以最少的生产要素与资源占用生产最终产品。以上这些特征都会影响模块化网络组织产权治理方式的选择。

4.2.1 模块化网络组织本质上是中间产品件工契约网络

从科斯、张五常的要素契约替代产品契约的企业理论，到阿尔钦、德姆塞茨的团队生产理论，威廉姆森的纵向一体化理论，再到哈特等人的不完全契约理论，他们所有的分析范式都是基于对工业经济时代纵向一体化式科层组织的分析，其产权治理所关注的对象无非是企业的要素契约治理。正如张五常（1983）所说的：企业的存在是要素契约对产品契约的替代，更准确地说是一系列契约代替了另一系列契约①。

在信息经济与全球化条件下，模块化网络组织的契约性质有了根本的改变，其产权治理的分析对象已由要素契约转变为中间产品契约网络。下面本书先深入分析模块化网络组织的中间产品件工契约网络的性质，这有助于我们了解其产权治理方式与治理的中心问题。

模块化网络组织是一个柔性的契约网络。模块化网络组织通常并不属于同一个法人，与张五常所讲的企业契约性质不同，模块化契约网络并不是要素契约对产品契约的替代，模块化契约网络主要是以中间产品契约联结而成的。模块化网络组织的契约性质是：一系列中间产品契约替代了一系列要素契约。这种中间产品契约有一个很重要的性质：它是"件工契约"，也就是说中间产品模块生产者是论中间产品数量取得报酬的。所以说模块化网络组织本质上是一个中间产品件工契约网络。模块化网络组织中间产品件工契约的性质直接决定了产权治理的方法，产权治理中心问题与企业产权治理完全不同，是一套全新的范式。

---

① Cheung, S. N. S. The Contractual Nature of the Firm [J]. Journal of Law and Economics, 1983, 26 (1)：1 - 21.

4.2.2　模块化网络组织交易费用低且贡献容易定价

为什么在产品内分工的条件下，中间产品契约比要素契约的效率要高呢？或者说，有了企业和市场，为什么模块化网络组织会存在呢？下面本书将从契约过程的角度对比一下科斯意义上企业契约费用与模块化网络组织契约费用的区别。

在企业签约前，要搜寻与甄别所有要素所有者的信息，选择要素所有者，并制定与要素所有者的契约。在经济全球化时代，企业必须在全球整合有利的生产要素或资源才能获得竞争优势。此时，如果把一个复杂产品的所有工序与模块都集中在一个企业内，考虑到人力资本或其他要素所有者的异质性，中心签约人要搜寻要素所有者的信息，因为数量众多，所以与所有要素者的签约成本很高。而且，在市场充满不确定性的条件下，如果把所有素所有者整合在一个企业内，也不便于企业对市场变化作适应性调节。

在模块化网络组织签约前，信息搜寻对象、选择签约的对象都是中间产品模块生产者。因为有统一的系统规则与界面，可以在一定程度上减少信息搜寻与甄别费用，所以模块化网络组织签约前的信息搜寻成本与各项签约准备费用会比较低。而且，对于单个中间模块生产企业来说，因为企业组织内部处理的知识与信息相近，以及契约要素所有者之间同质性相对较高，生产要素组分较少，所以签约的费用可能会比较低。

在签约后，企业的交易费用要远高于模块化网络组织。企业签约后的影响交易费用的因素很多，主要包括：因为存在偷懒以及其他的道德风险问题，所以在生产中对每位要素所有者的监管费用较高；因为是计时工资为主，所以企业家要衡量每位要素所有者的产出贡献，这会导致"定价"费用高的问题；另外还要考虑契约协调费用与调整费用。

在签约后，模块化网络组织比企业的交易费用低很多。因为中间产品件工契约性质，模块整合者并不需要在生产中监督各个子模块生产者是否存在偷懒或其他的道德风险问题。最为重要的是：因为是中间产品件工契约，对中间产品生产者贡献的"定价"在签约时就已经完成，这也是模块化网络组织交易费用降低的主要原因。而且，因为统一的系统界面，模块化网络组织中的网主企业调整中间产品契约，寻找新的替代者是相对容易的。在信息化与全球化条件下，系统整合者可以在全球范围内以较低交易费用整合模块化中间产品网络。

4.2.3 模块化柔性契约网络促进了分工深化与企业融合

模块化契约网络与企业契约相比，还有一个非常特别之处：中间产品生产企业既可用全部生产要素（生产能力），也可用部分生产要素来生产中间产品子模块。这使模块化网络组织就具有很强的柔性，既可以随环境变化而演进，也可以节约生产的资源占用。本书将用图清晰地表示模块化柔性契约网络的结构。

图 4-1 是模块化产业内的柔性契约网络。在图 4-1 中，实线表示企业的边界，灰色部分表示生产子模块所动用生产要素的集合，"虚线"表示模块生产要动用生产要素的边界；"箭头"表示缔约；E 表示企业（enterprise），M 表示中间产品模块（module）。我们假定某个模块化网络组织包括如下几个组成部分：1 个模块化网络组织的中心签约人或系统整合者，8 个中间产品模块供应商生产 5 个中间产品模块，这 1 个中心签约人和 8 个中间模块供应商可以位于不同的地区，也可以属于不同的产业。模块化网络组织整合者用 M_0 表示，E_0 则表示它也是一个企业。为生产最终产品，E_0 与 8 个中间产品模块供应商签约。模块 M_1 由企业 E_1 生产，E_1/M_1 表示企业 E_1 的边界与模块 M_1 生产使用的生产要素边界重合，即企业 E_1 用全部生产要素生产模块 M_1。假如把模块生产及企业看成生产要素的集合，那么有 $\{M_{ij}^1\} = \{E_{ij}^1\}$（$i = 1, \cdots, n; j = 1, \cdots, m$），

$\{M_{ij}^1\}$ 表示模块 M_1 生产所使用的生产要素集合，$\{E_{ij}^1\}$ 表示企业 E_1 所拥有的生产要素集合。模块 M_2 由企业 E_2 生产，但 E_2 并没有拿出全部生产要素与 M_0 签约，即 $\{M_{ij}^2\} \subset \{E_{ij}^2\}$，$E_2$ 还可以拿出除 $\{M_{ij}^2\}$ 外的生产要素自己生产或与其他企业合作生产。模块 M_3 由企业 E_3 和 E_4 共同生产，此时 E_3 和 E_4 还可以拿出除 $\{M_{ij}^3\}$ 外的生产要素生产其他中间产品。模块 M_4 分为 M_{4a} 与 M_{4b} 两个子模块，由企业 E_5 和 E_6 分别生产，E_5 和 E_6 都拿出了全部生产要素来生产模块 M_4，即 $\{M_{ij}^4\} = \{E_{ij}^5\} \cup \{E_{ij}^6\}$。模块 M_5 分为 M_{5a} 与 M_{5b} 两个子模块，由企业 E_7 与 E_8 分别生产，E_7 和 E_8 都只拿出了部分生产要素来生产 M_5，这两个企业还可以拿出剩余生产要素自己生产或与别的企业合作生产。

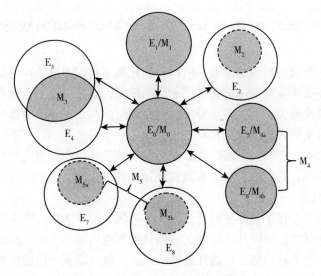

图 4 –1　模块化产业内的柔性契约网络

资料来源：作者绘制。

以上的分析包括了模块化网络组织中契约与生产要素分割与组合的几种基本类型。模块化网络组织的契约安排比科层企业的契约安排更加灵活，它可以通过对中间产品契约和要素契约不同的排列组合来选择最有效率的契约网络。模块化网络组织使各个中间产品模块生产企业在资源使用上具有很强的可分解性，这不仅使分工深化，而且使各个经济主体走向新的融合，以最少的生产要素与资源占用生产最终产品。分工是工业经济时代与农业经济时代经济组织方面最大的区别。而在知识经济时代，在分工不断深化的基础上，各经济主体的融合，以及融合带来的协同效果是经济组织最大的特征。以上特征会直接影响到模块化网络组织的产权治理理念与方式的选择。

4.3

内部性外部化与知识资本主导的共同治理方式

因为治理对象的改变，所以模块化网络组织产权治理的分析层面已经从企业层面拓展到了产业组织层面，这是以往的企业产权治理理论没有关注的。工业经济时代科层组织与知识经济时代的模块化网络组织产权治理方式有三大差别。

第一，在知识经济时代，经济发展的主导生产要素已经转变为知识资本，所以由物质资本强权到知识资本主导是组织产权治理的必由之路。

第二，在工业经济时代，因为主导的生产要素物质资本通常有负的外部性，所以其治理理念强调将外部性内部化，而在知识经济时代，因为知识资本正的外部性很强，所以，理想产权制度安排选择的是将各个企业内部知识所产生的效果外部化，使知识资本外溢效果扩大。

第三，在科层制企业中，产权治理方式通常是股东至上的单边治理方式，而模块化网络组织强调以最高层次知识资本所有者——系统规则制定者为主进行的共同治理。

4.3.1 从物质资本强权到知识资本主导的治理机制

在主流产权治理理论主要有两种方式：阿尔钦（Alchian）和德姆塞茨（Demsetz）的团队生产理论（Team Production Theory）分析范式（A-D 范式）；以及格罗斯曼（Grossman）、哈特（Hart）和穆尔（Moore）的不完全契约理论分析范式（Incomplete Contracting Theory 或 GHM 范式）①②。以上两种产权治理方式其实有内在一致的地方：它们的理论都是基于对工业经济时代科层企业的分析，强调物质资本所有者在企业剩余权利分配中的主导地位，其产权配置奉行的是股东至上理论（Shareholder Primacy Theory））的单边治理方式。而委托——代理理论，其实本质上也是奉行股东利益至上的单边治理方式。

在物质资本为主导的工业经济时代，强调物质资本的强权有其合理的一面。但模块化网络组织是在知识经济的时代背景下出现的。在这个时代，因为主导生产要素的改变，组织的产权治理自然不能以物质资本所有者为主导。因为人类的知识，如显性知识与隐性知识，或者说可编码知识与不可编码知识，以及人类学家格尔兹（Geertz）所提出的局部知识（只存在于特定情境下）等作为生产要素的重要组成，其使用不能脱离知识所有者——人这个主体③。特别是隐性知识或不可编码知识，以及局部知识只能严格依附于其所有者。在这样的条件下，只强调物质资本所有者的权益显然是不对的。如果经济组织在产权治理中不以知识资本为主导，那么依附于其所有者的知识资本就不可能被有效利用。从以上的分析中可以

---

① Hart, O. Moore, J. Foundations of Incomplete Contracts [J]. Review of Economic Studies, 1999, 66 (1): 115 – 138.

② Hart, O. Moore, J. Property Rights and the Nature of the Firm [J]. Journal of Political Economy, 1990, 98 (6): 1119 – 1158

③ 格尔兹. 文化的阐释 [M]. 上海：上海人民出版社, 1999.

看出，从物质资本强权到知识资本主导是知识经济时代组织产权治理的必由之路。

4.3.2 内部性外部化是模块化网络组织治理的核心理念

工业经济时代与知识经济时代组织产权治理理念最大的区别是：工业经济时代通常是将外部性内部化（internalization of external effects），而知识经济时代往往是将内部性外部化（externalization of internal effects）。工业经济时代与信息经济时代的主导资本不同，外部性所产生的范围与效果也不同，因而也导致对外部性治理方式的差异。在物质资本为主导的工业经济时代，因为物质资本的外部性多为负，所以，工业经济时代产权制度安排多是使负的外部性内部化，这在经济组织的形式上就表现出向上下游延伸的纵向一体化形态。按照威廉姆森的说法，纵向一体化可以减少因资产专用性引致的"锁定"与"敲竹竿"等问题，也就是说纵向一体化可以使负的外部性内部化，从而减少经济组织中的交易费用，提高运行效率。

在知识资本为主导的时代，因为知识资本的外部性很强，且多为正，所以，理想产权制度安排选择的是将内部知识所产生的效果外部化，使知识资本带来的协同效果与外溢效果扩大。这在经济组织形式上表现为网络状的横向一体化形态，因为扁平化、网络化的组织形式能更好地促进知识与信息的流动（刘茂松，曹虹剑，2005）①。模块化网络组织就是将知识资本内部性外部化的一种组织形态，其产权治理强调对知识资本（正的）内部性外部化行为的激励。为什么说模块化网络组织能将知识资本内部性外部化，其产权治理强调对知识资本（正的）内部性外部化行为的激励，这

---

① 刘茂松，曹虹剑. 信息经济时代产业组织模块化与垄断结构 [J]. 中国工业经济，2005，(8)：56-64.

还得从劳动分工与知识分工说起。

在工业经济时代，劳动分工促进了生产率的提升。正如杨小凯（2003）所提出的"内生比较优势"理论那样，即使行为者的能力事前相同，劳动分工与专业化的深化也会使经济效率提高①。但在知识经济时代，知识分工是比劳动分工更为根本的问题，哈耶克（Hayek，1945）早就在《经济学与知识》一文中提出过类似的观点②。在知识经济时代，因为人类认知对象更加复杂，再加上认知能力的有限性，个体只能在一定的专业领域内获取全部知识极小的一部分，因此知识的分工就让个体在自己的专业领域内获得了知识上的竞争优势。按照知识差异进行分工带来的生产效率提高比所谓的"内生比较优势"来得还要快。这是因为，如果考虑到行为主体事前知识与能力的差异，按知识与能力的差异进行分工能够使各个行为主体更好地在自己擅长的领域积累知识资本，从而提高生产效率。

但知识分工有一个很大的难题：协调成本问题。因为行为主体间知识是异质性的，因而分工后不同知识所有者之间的协调成本可能会很高。如果知识分工带来的协调成本很高，那么就可能抵消知识分工带来的报酬递增效应。模块化网络组织是处理知识分工结构的有效形式，它内部具有统一协调功能的系统规则（或标准）能大大降低知识分工中的协调成本。因为知识分工的协调成本很低，模块化网络组织组织可以通过知识分工克服个体注意力范围、理解能力、以及计算与推理能力的局限性。模块化网络组织可以充分地利用分散在各个企业的局部知识，也就是哈耶克所谓的"关于特定时间和环境的知识"。因此，系统规则或标准使各个中间产品子

① 杨小凯. 经济学：新兴古典与新古典框架 [M]. 北京：社会科学文献出版社，2003.

② Hayek F. A. The Use of Knowledge in Society [J]. American Economic Review，1945，(35)：519 – 530.

模块生产者分散的局部知识紧密地融合在一起，带来知识的外溢效果以及协同效应，也就是我们前面所讲的内部性外部化。为准确地理解模块化网络组织内知识分工的效益，下面对比一下科层企业与模块化网络组织知识分工与协调成本的区别。

如果高效的系统规则能带来较低的协调成本，那么就可以从企业组织模块化发展到整个产业组织模块化，典型的例子就是 PC 产业。产业组织模块化可以给整个产业内各个企业内部知识的效果外部化，进而促进整个产业的技术创新，并带来报酬递增的经济增长。因此，对模块化网络组织内规则或标准制定者进行产权激励，是模块化网络组织内产权治理的重要理念与目标。

4.3.3 模块化产业规则设计者主导的共同治理

传统企业产权治理理论强调物质资本所有者主导的单边治理——股东至上主义；而模块化网络组织治理是以系统规则设计者——知识资本所有者为主导的共同治理。在物质资本主导工业经济时代，强调物质资本主导的单边治理并无什么不妥。但在知识经济时代，只有以知识资本主导的共同治理才是组织产权治理的出路。这在模块化网络组织中就体现在：谁的知识资本最稀缺，层次最高，谁就能在产权治理中占据最有利的位置。为什么说模块化网络组织是共同治理呢？这要从以下两方面说明。

一方面，模块化网络组织不是科层组织，其内部除了要遵循统一的系统规则外，各个行为主体都拥有自己独立的生产决策权，其内部治理不是"股东——经理"，或"经理——员工"的关系，而是"规则设计者——系统整合者——中间产品模块生产者"的关系。因为同一最终产品生产的模块化网络组织内各个模块之间具有互补性，所以行为主体之间的关系实质是分工协作关系，它们在既定的系统规则协调下拥有自主决策权。而且，一旦系统规则确定，各行为主体不需事前集中就可自发地演进。

另一方面，从更广的空间角度来看，标准化的界面，使模块化网络组织形成超空间的全球布局——全球价值网络，其治理不是单个企业内部的委托——代理关系，而是整个全球价值网络内所有相关企业（模块）参与的共同治理。在全球价值网络内，单个企业能力边界的扩展是通过企业核心能力打造成价值模块，并融入全球价值网络来实现的。全球价值网络本身也是无数个价值模块的"独立联合体"，而不同的价值网络成员对自身核心能力有着完全的所有权（李海舰，原磊，2005）[①]。所以，全球价值网络的产权治理是所有拥有自身核心能力企业的共同治理。

那么，在产权共同治理中是以哪个行为主体为主导呢？下面本书将具体分析模块化网络组织中不同行为主体在产权治理中的地位与权威性。在模块化网络组织中不同的行为主体拥有不同的资源与竞争力，也属于不同的资源位，因而其在模块化生产网络中的权威性与地位也不同。

表4-1是模块化网络组织的行为主体及其资源位。在表4-1中，系统规则设计者通常是整个产业系统规则或标准的设计者（李海舰，魏恒，2007）[②]。它们是整个产业或市场上最关键、最核心技术知识的企业或企业联盟，其所处的资源位是产业层次的，因而其拥有最高的权威。对于整个产业来说，规则设计者包括下面两种类型。

第一，系统规则设计者可以是一些企业的联盟，这种联盟又可以分为两种情况。（1）制定具有公共产品性质规则或标准的企业联盟；比如，计算机行业的 USB 接口标准是在 1994 年底由英特尔、康柏、IBM、微软等几家行业巨头联合提出的，今天已成为PC 和智能设备的必配接口标准。USB 接口标准最早版本是 1994 年

---

① 李海舰，原磊. 论无边界企业 [J]. 中国工业经济，2005，(4)：94-102.

② 李海舰，魏恒. 新型产业组织分析范式构建研究——从 SCP 到 DIM [J]. 中国工业经济，2007，(7)：29-39.

表 4 - 1　　　　　模块化网络组织的行为主体及其资源位

行为主体	资源与竞争力所在	资源位层次	权威性
规则设计者	产业关键技术知识	产业	高
系统整合者	营销与系统整合知识、品牌	中间组织	中
模块生产者	非核心技术知识与生产要素	企业	低

资料来源：根据昝廷全（2004）[①]、李海舰和魏恒（2007）[②]等人及作者自己的观点整理而成。

发布的 USB0.7，之后 1996 年发布了 USB1.0 版本，2000 年发布了 USB2.0 版本，2008 年底发布了 USB3.0 版本，2013 年 1 月 USB 开发者论坛（USB Implementers Forum）向全球宣布将要正式推出全新的 USB3.1 版。2013 年 12 月，由英特尔、微软、惠普、德州仪器（TI）、NEC 等 IT 行业巨头组成的 USB 3.0 促进联盟（USB 3.0 Promoter Group）正式宣布 USB 3.1 诞生（资料来源：http：//www.usb.org）。（2）制定俱乐部物品的企业联盟，最常见的是专利联盟，专利联盟内通常实行相互许可（Cross Licensing）制度，只对俱乐部内部成员免费，而对外部使用者收费（Shy，2001）[③]。比如，DVD 产业内就有由日立、松下等企业组成的"6C"联盟，也有由索尼、菲利浦等组成的"3C"等联盟，我国企业每生产一台 DVD 机就要向这些专利联盟交纳约 26 美元左右的专利许可费。

第二，系统规则设计者是某个产业通用模块核心技术或标准的拥有者，它们通常是单个的企业。这些企业往往拥有整个产业内独一无二的知识诀窍与技术，拥有极强的创新与研发能力。比如微处理器市场的标准所有者——英特尔公司，又比如操作系统市场中的

[①]　昝廷全. 系统经济学探索 [M]. 北京：科学出版社，2004：1 - 178.

[②]　李海舰，魏恒. 新型产业组织分析范式构建研究——从 SCP 到 DIM [J]. 中国工业经济，2007，（7）：29 - 39.

[③]　Shy，O. The Economics of Network Industries [M]. New York：Cambridge University Press，2001.

标准所有者——微软公司；它们往往是产业内事实上的标准所有者，拥有极高的权威。

　　系统整合者负责各个子模块之间的协调与整合，它们往往是某个特定模块化最终产品生产系统的整合者，它们拥有营销与系统整合知识，以及最终产品的品牌。系统整合者所处资源位是产业内中间组织层次的，因而其在网络组织内权威性不及标准或规则制定者。比如，惠普与戴尔电脑等公司，它们拥有最终产品品牌与营销网络，但在网络组织中的地位不及微软等拥有产业资源位的公司。

　　中间产品模块的生产者负责生产具体的模块，它们拥有的是非核心技术知识与生产要素等，但其所处的资源位仅仅是企业层次的，因而在网络组织中权威性较低，远不及规则设计者，也不及系统整合者。[①]

　　总的来说：中间产品模块生产企业的资源位受模块化产业内中间组织资源位，以及模块生产企业所属产业资源位的影响。而模块化产业内中间组织的资源位受其所属产业资源位的影响。企业所能利用的资源要受其所在模块化网络拥有资源的影响。这有点象亚当·斯密所指出的：分工要受市场大小的限制。行为主体对应的资源位越高，说明它对系统资源的控制力和影响力越强。在模块化网络组织中，系统规则设计者拥有最高的资源位，而且是整个产业中最高层次的知识资本所有者，所以在网络组织内它的权威性最高，由它主导产权治理。

　　但值得指出的是：系统规则设计者、系统整合者和中间模块生产者的地位也不是固定不变的。如果你通过不断创新拥有了系统知识与诀窍，那么你在模块化网络产业的产权治理中地位就可能大大提升。比如华为通过多年的努力，现已成为多个移动通讯技术全球

---

　　① 有一种专业的模块集成商，它们不同于设计系统规则的整合者，它们只是受委托而集成模块系统。模块集成者实际上可以视为一个中间产品模块的提供者，只不过它提供的是模块系统集成服务。

产业标准的制定者之一，自 2008 年成为申请国际专利（PCT）最多的跨国公司之后，2014 年、2015 年华为又连续蝉联国际专利申请第一，其营业额已经名列全球电信设备供应商第一位。华为不仅在国际专利申请上遥遥领先于全球其他公司，而且在销售收入、营业利润等财务指标上遥遥领先于其他同行业的竞争对手。

表 4 - 2 是 2015 年国际专利申请排名。可以看出 2015 年华为技术的国际专利申请数已经开始大幅领先于其他公司，2015 年华为获得国际专利 3 898 件，高通获得 2 442 件，中兴通讯获得 2 155 件，三星电子获得 1 683 件，三菱电机获得 1 593 件，进入全球 50 强国际专利申请的中国公司还有：京东方 1 227 件，腾讯技术 981 件，华星光电技术 710 件，华为终端 442 件。中国公司近年来国际专利申请的强势崛起已经证明了在产业组织模块化条件下，后发地区也有赶超的机会。

表 4 - 2   **2015 年国际专利申请排名**

全球排名	公司名称	国际专利数	所属国家
1	华为技术（Huawei Technologies）	3 898 件	中国
2	高通（Qualcomm）	2 442 件	美国
3	中兴通讯（ZTE）	2 155 件	中国
4	三星电子（Samsung Electronics）	1 683 件	韩国
5	三菱电机（Mitsubishi Electric）	1 593 件	日本
14	京东方科技（BOE）	1 227 件	中国
20	腾讯技术（Tencent）	981 件	中国
27	华星光电技术（CSOT）	710 件	中国
39	华为终端（Huawei Consumer）	442 件	中国

资料来源：中国知识产权网（http://www.cnipr.com/PX/px2/201603/t20160318_195745.htm）

表 4 - 3 是 2011 ~ 2015 华为的主要财务指标。从华为近年来的财务报表来看，华为的营业收入、营业利润与营业利润率等财务指

标已经逐渐开始领先于爱立信、阿尔卡特—朗讯（Alcatel-Lucent）、诺基亚等竞争对手。

表4-3　　　　　　　　2011～2015年华为的主要财务指标

财务指标	2015 年		2014 年	2013 年	2012 年	2011 年
	亿美元	亿人民币	亿人民币	亿人民币	亿人民币	亿人民币
销售收入	608. 39	3 950. 09	2 881. 97	2 390. 25	2 201. 98	2 039. 29
营业利润	70. 52	457. 86	342. 05	291. 28	206. 58	187. 96
营业利润率	11. 6%	11. 6%	11. 9%	12. 2%	9. 4%	9. 2%
净利润	56. 85	369. 10	278. 66	210. 03	156. 24	116. 55
经营活动现金流	75. 95	493. 15	417. 55	225. 54	249. 69	178. 26
现金与短期投资	192. 84	1 252. 08	1 060. 36	819. 44	716. 49	623. 42
总资产	573. 19	3 721. 55	3 097. 73	2 440. 91	2 233. 48	1 938. 49
总借款	44. 64	289. 86	281. 08	230. 33	207. 54	203. 27
所有者权益	183. 39	1 190. 69	999. 85	826. 66	750. 24	662. 28
资产负债率	68. 0%	68. 0%	67. 7%	64. 7%	66. 4%	65. 8%

资料来源：华为公司官网（http：//www. huawei. com/cn/about-huawei/financial-high-lights）。

注：美元的折算采用的是2015年12月31日的汇率：1美元兑6.4927元人民币。

4. 4

网络市场化条件下分享合作剩余的治理机制

在以往主流企业理论中，阿尔钦和德姆塞茨（Alchian and Demsetz，即 A-D 范式）的理论认为所有者取得企业的剩余索取权可以监督管理者偷懒的问题；而罗斯曼、哈特和莫尔（Grossman, Hart and Moore，即 GHM 范式）的理论认为，剩余控制权直接来源于对物质资产的所有权，要把所有权安排给投资不可或缺的一方（杨瑞龙，聂辉华，2006）①。所以，主流企业产权治理机制强调的是 A-D 范式的剩余索取权问题，或者是 GHM 范式的剩余控制权问题。

模块化网络组织的产权治理机制与以往主流企业理论有很大的不同，这要从以下两方面说明。一方面，以往的主流企业理论是建立在负的外部性内部化基础之上的，系统（企业）规模越大，偷懒与机会主义行为越多，就会带来交易费用递增与系统规模效应递减的问题，所以要依靠剩余权利的配置来解决机会主义行为与高交易费用的问题。但在模块化网络组织中，系统内主体行为是建立在知识与能力互补基础之上的，其内部外部性为正，因此模块化网络组织内部会有 1 加 1 大于 2 的系统整合效应。这时，系统越大系统整合效应越明显，系统的合作剩余越大。另一方面，模块化网络组织中间产品"件工契约"的性质就决定了各个行为主体贡献的可度量性较强，偷懒问题并不是模块化网络组织治理研究的中心问题，所以剩余权利的配置并不重要。而且，因为模块化的网络产业组织内部有标准化的界面、统一的系统规则，所以生产特定最终产品的模块化网络组织内部是"铁打的营盘，流水的兵"，只有具有吸引力的合作剩余分享模式才能使网络组织的边界不断扩展。于是，在模块化网络组织中，剩余权利的配置已经被合作剩余分享机制所替代。

模块化网络组织中的合作剩余分配机制是怎样的呢？这与模块化网络市场化相关。在传统企业理论中，企业与市场是分割的，两者是相互替代关系。而在今天，企业与市场开始融合，市场中有企业，企业也有市场化趋势（李海舰，聂辉华，2004；李海舰，郭

---

① 杨瑞龙，聂辉华. 不完全契约理论：一个综述［J］. 经济研究，2006，（2）：104－115.

树民，2008）①②。其实，不仅企业中有市场，而且网络组织中也有市场。模块化网络组织中间产品件工契约的性质就决定了网络内存在各类行为主体的中间产品市场，交易者处于哪个市场就决定了其合作剩余分享的高低。而且，因为有统一的界面，所以网络中会自行演化出众多的模块供应者，在需要进行契约调整时，在市场上搜寻合作伙伴相对比较容易，这进一步推动了模块化网络的市场化。

　　表 4 - 4 是模块化网络组织内部市场分类。模块化网络组织内部存在四类市场：完全垄断市场、寡头垄断市场、垄断竞争市场与完全竞争市场。其中，寡头垄断与垄断竞争市场常见，而完全垄断与完全竞争非常罕见。四类市场中的行为主体是如何被决定的，其合作剩余收入又如何，下文将进一步分析。③

表 4 - 4　　　　　　　　模块化网络组织内部市场分类

市场类型	产品或模块	合作剩余份额	竞争优势来源	代表企业	市场份额	利润率
完全垄断市场	产业标准核心模块	非常高	超强创新能力、网络外部性	微软	极高	很高
				英特尔	极高	很高
寡头垄断市场	重要模块	比较高	创新能力、社会资本与品牌	惠普	高	较高
				三星	高	较高
垄断竞争市场	一般模块	一般偏低	普通技术、区位	鸿海	高	较低
完全竞争市场	低端模块	非常低	低劳动力成本	小企业	极低	极低

资料来源：作者整理。

注：微软的利润率为净利润率，而其他企业为运营利润率；三星市场占有率专指 PC 重要模块：液晶显示器的占有率。

---

① 李海舰，聂辉华．论企业与市场的相互融合 ［J］．中国工业经济，2004，（8）：26 - 35.

② 李海舰，郭树民．企业市场化研究：基于案例的视角 ［J］．中国工业经济，2008，（8）：120 - 131.

③ 模块化网络组织中不存在严格意义上的完全垄断与完全竞争市场。本书把单个企业占有全球绝大部分市场的情形称为完全垄断市场，即使是英特尔全球市场占有率也只有 80% 左右。而把单个企业市场占有率极低的市场称之为完全竞争市场。

4.4.1　完全垄断市场

在模块化网络组织中近似于完全垄断的市场是存在的。这类市场上往往是一个主导企业占据了绝大部分市场份额。这个主导者通常是制定产业标准，生产整个产业通用的核心模块，因为不可替代性，所以它享有整个网络中最高的合作剩余份额。完全垄断市场的主导者地位的形成一般有以下两个原因。

第一，因为企业积累了丰厚的知识资本，超强的创新能力导致了其遥遥领先于竞争对手。典型的例子如英特尔，英特尔使"摩尔定律"在过去数十年里展现出了惊人的准确性。图4－2是英特尔主要微处理器集成晶体管数量的演变。英特尔公司于1971年推出了第一款微处理器——4004，4004只包含2 300个晶体管，而2013年推出的酷睿i7 4960X，制作工艺仅22nm（纳米），晶体管数量却达到惊人的18.6亿。

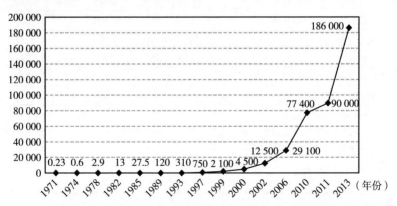

图4－2　英特尔主要微处理器集成晶体管数量的演变

资料来源：根据英特尔公司公布的数据绘制。

注：晶体管单位：万。

第二，网络外部性（network externality）的存在会使产品成为市场中事实上的标准。现实中,存在(正的)网络外部性或网络效应(network effects)的产品同样会随着时间推移而降价,如微软的 Windows 系列产品,这样就大大增加了网络外部性产品的收益,这可以用图来说明。图 4 – 3 是具有网络外部性的产业标准及收益。在图 4 – 3 中,U_i 为消费者或中间产品购买者 i 的效用水平。当购买网络外部性产品时,他的效用为 $U_i = u - p + \theta q$,u 是产品的基本效用,p 为价格,q 为购买该产品的消费者总数,$\theta(\theta > 0)$ 为网络外部性对消费者效用影响系数;MR 为该产品的边际收益曲线;MC 为该产品的边际成本曲线(Shy,2001)①。虽然产品的价格会随产量增加或潜在竞争者的出现而下降,但产品的边际成本也随之下降,产量越大,企业收益也就越大。尤其在过了产量点 q_1 之后,产品的边际收益高过边际成本,所以企业会持续扩大该产品的生产规模。从需求方来看,消费者也愿意选择该产品,因为越往后销量越大消费者的效用就越高。所以具有网络外部性的产业标准制定者可以享有最高的合作剩余。

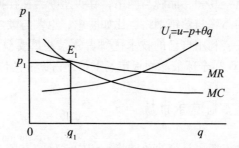

图 4 – 3 具有网络外部性的产业标准及收益

资料来源:作者绘制。

当然,企业成为完全垄断市场的主导者可能具备以上其中一个

---

① Shy O. The Economics of Network Industries [M]. New York: Cambridge University Press, 2001.

原因，也可能同时具备两个原因，比如微软，在 PC 时代微软操作系统全球市场占有率长期高达 90% 左右。但这种优势也是随时间演变而动态发展的，如智能手机操作系统，2015 年安卓（Android）操作系统占智能手机市场的 81.6%，苹果的 IOS 占 15.9%，两者合计已经高达 97.5%，而微软的操作系统在智能手机市场已经在很大程度上被边缘化了。

4.4.2　寡头垄断市场

寡头垄断市场是模块化网络组织中常见的市场之一。在信息经济时代，很多市场存在所谓的"三的法则"——由三五个寡头占据了主要的市场份额。最典型例子是个人电脑（PC）市场。寡头垄断市场提供的是整个产业重要的模块，这个模块既可以是有形的，也可以是无形的，比如品牌和商誉。寡头垄断市场内企业可以分享比较高的合作剩余份额。寡头垄断市场企业的竞争优势主要来源于以下两点：其一，品牌与网络，寡头垄断者往往拥有一个产业中最终产品的品牌与营销网络，比如联想、惠普与戴尔。其二，创新能力，寡头会利用自己的技术优势占领某些重要模块产品市场，比如三星与 LG 在全球液晶面板市场上长期占据前两位。

4.4.3　垄断竞争市场

垄断竞争市场也是模块化网络组织中常见的市场类型。垄断竞争市场中存在很多企业，企业都是生产技术与知识含量一般的模块。因为模块化网络组织信息处理包裹化，所以此市场内各个企业的产品不同质，但彼此间是非常接近的替代品。而且，因为进入壁垒与转换成本比较低，所以很多企业可以自由进入和退出这类市场。这类市场中企业的竞争优势来源于普通技术与区位优势，因而企业获得的合作剩余份额比较低。这类市场中也可能存在有一定市场地位的企业，有不错的市场占有率，但因为可替代性较强，市场进入与退出壁垒比较低，所以其获得的合作剩余不高，典型的例子是中国台湾的鸿海集团。鸿海集团是全球电子信息产业中最大的代工企业，其营业额虽高，但利润率远低于完全垄断与寡头垄断市场中的企业。

4.4.4　完全竞争市场①

在模块化网络组织中也有近似于完全竞争的市场。完全竞争市场中存在很多小企业，没有企业主导市场，企业生产的都是低端模块，当然也包括"组装"这样的环节。因为技术含量低，市场上基本上不存在进入与退出障碍，所以市场内各企业的产品基本同质，容易被竞争对手完全替代。这类市场中企业的竞争优势往往来源于低劳动力成本优势，一旦有更低劳动力成本生产者出现，产品立即会被他人替代。因为存在完全的可替代性，所以企业获得的合作剩余份额最低，一般是微利。典型的例子是处于模块化网络产业内发展中国家和地区的小企业，它们除了劳动力成本低之外，没有其他任何的竞争优势，所以它们的市场占有率很低，利润率也很低。

分析完模块化网络组织内四类市场及其合作剩余分享后，还存在两个问题：第一，模块化网络组织内的完全垄断和寡头垄断是有效率的吗？第二，企业及其所属市场地位是固定不变的还是演化的？或者说合作剩余分享份额较低的企业是否有提升空间？

对于第一个问题，可以用产业组织模块化条件下新的可竞争理论来回答。模块化网络内统一系统规则的存在降低了进入壁垒与退出障碍。一方面，共同系统界面的存在降低了各中间产品生产企业的资产专用性与转换成本；另一方面，产品系统模块化意味着产品

---

① 当然，现实中不存在严格意义上的完全垄断和完全竞争市场，模块化网络组织中的这两类市场只是近似于传统意义上的完全垄断和完全竞争市场。

与市场进一步细分的可能，市场细分也会导致进入与退出壁垒的减少。由于以上原因，即使是垄断结构的市场，实际上也会有潜在竞争者。而且，组织模块化条件下企业想长期独占市场是很难的，因为在长期竞争中，如果在位者不进行创新，那么潜在进入者也能够通过差异化的创新策略分享边际收益递增带来的回报。在利润稍纵即逝的组织模块化条件下，哪怕是独家垄断者也可能受到竞争对手的威胁，最好的例子是微软的 IE 浏览器与谷歌酷容（Chrome）浏览器竞争地位的演变。IE 浏览器在 2000 年前后曾经一度占有全球95% 的市场，因此浏览器市场一度被认为是其他企业不可能进入的市场。但到 2010 年初 IE 浏览器全球市场份额已经跌破了 60%，到2015 年底 IE 的市场份额已经跌到 45% 左右。全球市场占有率第二的酷容（Chrome）浏览器（称酷容浏览器，谷歌 2008 年 9 月推出）在 2010 年占有率只有 7% 左右，到 2015 年底其市场占有率已经达到 36.5%①。而全球市场份额第三的火狐（Firefox）在 2015年底的市场份额也有 11.5% 左右。

对于第二个问题的回答是：模块化网络组织内企业及其所属市场地位不是固定不变的，企业可以通过努力使自己跨越到另一个市场。市场的跨越主要有以下两种途径。

第一，通过创新实力提升使企业跨越到更高合作剩余分享的市场，比如网络融合时代的领导者——华为。根据华为公司官网、爱立信公司官网、世界知识产权组织（World Intellectual Property Organization，WIPO）和专利合作协定（Patent Cooperation Treaty，PCT）官网的资料，2015 年华为国际专利申请数位居全球第一，华为产品和解决方案已经应用于全球 100 多个国家，覆盖全球运营商 50 强中的绝大部分。2012 年华为全球销售收入达 2 202 亿元，同比增长 8%，净利润 154 亿元，同比增长 33%。2012 年华为营业收入已经很接近爱立信，但净利润已经反超爱立信。2013 年华为

---

① 根据市场研究公司 "Net Applications" 公布的数据整理。

的营业额和净利润开始全面超过爱立信，2015 年这种趋势有加速之势。根据华为公司公布的数据，2015 年华为全年销售收入约 3 950 亿元（约合 608 亿美元），同比增长约 37%，净利润 369 亿元，同比增长 33%。2015 年华为仅消费者业务的销售收入就超过 200 亿美元，同比增长近 70%，智能手机年度出货量更是超过了 1 亿台。2015 年华为的研发支出超过 500 亿元。根据高德纳（Gartner）等公司的估计，华为的最大对手爱立信 2015 全年销售额同比增长 8%，达到 2 469 亿瑞典克朗（约合 289 亿美元），净利润 137 亿瑞典克朗，同比增 23%。[①]

　　第二，通过进一步市场细分，或通过市场创新使企业成为分享更高合作剩余的市场领导者。通过市场细分，或者通过产业融合条件下的市场创新，可以使企业寻找到潜力巨大的市场空间，可以打破原有产业领导者的垄断地位。互联网视频是个有巨大增长潜力的新兴市场，横跨电视、电影、娱乐、体育、新闻等多个产业。根据乐视公司官网（www.le.com）的介绍，成立不过短短十余年的乐视公司致力于打造"平台 + 内容 + 终端 + 应用"的完整生态系统，创造了独特的"乐视模式"。乐视旗下的公司包括：乐视网、乐视影业、乐视体育、乐视致新、乐视移动、乐视控股等。乐视公司的产业链涵盖互联网视频、影视制作与发行、智能终端、应用市场、电子商务，甚至互联网智能电动汽车[②]。2014 年乐视集团的营业收入将近 100 亿元，2015 年，仅乐视网的营业收入就高达 130 亿元（www.le.com，2016 – 06 – 26）[③]。乐视的跨产业融合虽然面临很多

---

　　① 数据来源于华为公司与爱立信公司的网站，以及华为历年的财务报告。
　　② 2014 年底，乐视宣布乐视"SEE 计划"：打造超级汽车以及汽车互联网电动生态系统。2016 年 2 月，乐视宣布与享誉全球的著名跑车品牌——阿斯顿·马丁成立电动汽车合资公司，向特斯拉等公司发出了挑战。2015 年 4 月，乐视推出超级智能手机，至 2015 年底销量达 400 万台；2016 年 6 月，乐视官方宣布成为智能手机厂商——酷派的第一大股东。
　　③ 乐视网. 公司简介 [DB/OL]. http://aboutus.le.com/index.html, 2016 – 06 – 26.

的风险和挑战，尤其是多元化和资金链的风险，但"互联网＋"条件下产业融合发展的趋势是非常明显的。

4.5

小　结

模块化网络组织治理分析范式不同于科斯、张五常、威廉姆森、阿尔钦或哈特等人的企业治理范式。①模块化网络组织产权治理的对象是中间产品件工契约网络。模块化网络组织是中间产品契约对要素契约的替代，它是以中间产品件工契约联结而成的；模块化网络组织交易费用低且行为主体的贡献容易定价；模块化柔性契约网络促进了分工深化与企业融合，增强了各企业在生产要素使用价值与使用方向上的可分解性，提高了资源使用效率。②因为治理对象的改变，所以模块化网络组织产权治理的分析层面已经从企业层面拓展到了产业组织层面。模块化网络组织可以充分地利用分散在各个企业的局部知识，带来知识外溢效果和协同效应，其产权治理强调对知识资本（正的）内部性外部化行为的激励。③在模块化网络组织中，系统规则设计者拥有最高的资源位，是整个产业中最高层次的知识资本所有者，在网络组织内由它主导产权治理；同时，标准化的界面使组织形成超空间的全球布局——全球价值网络，其治理不是单个企业内部的委托——代理关系，而是整个全球价值网络内所有相关企业参与的共同治理。④模块化网络组织中间产品"件工契约"的性质就决定了各个行为主体贡献的可度量性较强，偷懒问题并不是模块化网络组织治理机制的中心问题，所以单边垄断的剩余权利配置已经被合作剩余分享机制所替代。在网络市场化条件下，模块化网络组织内部的企业大致可划分为四类市场：完全垄断市场、寡头垄断市场、垄断竞争市场与完全竞争市场，企业所处的资源位，拥有的竞争优势决定了其所处的市场，也就决定了其合作剩余分享的高低。⑤模块化网络组织共同系统界面的存在降低了各中间产品生产企业的资产专用性与转换成本；产品系统模块化意味着产品与市场进一步细分的可能，市场细分也会导致进入与退出壁垒的减少；因此模块化网络组织内可竞争性是很强的。而且，模块化网络组织内企业及其所属市场地位不是固定不变的，企业可以通过努力使自己跨越到另一个更高合作剩余份额的市场。

通过对模块化网络组织契约与产权治理的分析，可以为中国产业或企业发展提供几点政策启示。①通过产业内生产要素与资源的模块化分解与整合是提高企业或产业资源使用效率，实现产业与企业可持续发展的有效方法。②因为模块化契约网络使生产要素和中间产品契约呈现极具效率的排列组合，所以企业要利用柔性契约网络寻求组织合作的扩展，以组织或契约接近在全球整合资源。③在企业参与全球价值链分工时，可以拿出自己的生产要素参与一个或多个最终产品生产的模块化网络；而在国际并购时，也可以并购对方企业的部分生产要素、或生产环节；或者说模块化环节的定位比企业整体定位更为重要。④参与全球产品内分工的企业要找准自己在模块化网络组织中的定位；有社会资本优势或技术优势的企业要力争成为系统规则设计者或产业标准制造者；具有一定实力的中小企业也要在专业化的基础上向模块化价值链更高的环节升级，增加不可替代性。⑤因为模块化产业中标准制定者的特殊地位，政府应重点扶持拥有私人物品性质产业标准的企业，也要鼓励企业更多地参与俱乐部式的国际专利联盟，同时要鼓励企业利用共公品性质的标准参与全球分工。⑥在产业组织不断模块化的背景下，发展现代服务业外包可以进一步分解全球产业或产品价值链，使竞争对手原有优势弱化，并分享模块化价值链更多价值环节的利润。

第5章

模块化对战略性新兴产业创新影响的分工与协同效应

5.1

引 言

中国已经进入经济发展的"新常态":经济增长变为中高速,传统的生产要素驱动正在让位于创新驱动,创新正在成为经济发展的主要驱动力。从国际环境来看,后金融危机时代全球经济增长面临的威胁仍不断涌现。同时,信息化与经济全球化正在不断深化,新一轮科技革命正在酝酿。在此背景下,转变经济发展方式,实现创新驱动发展是中国经济发展的重要战略。战略性新兴产业是我国转变经济发展方式,实现创新驱动发展的引领者(薛澜等,2013)①。2010年国务院正式确定七大产业为战略性新兴产业之后,2012年国务院出台了《"十二五"国家战略性新兴产业发展规划》,确定了中长期发展目标,以及重点领域与重大工程。在中国经济发展步入"新常态"条件下,提高战略性新兴产业自主创新

---

① 薛澜等. 世界战略性新兴产业的发展趋势对我国的启示 [J]. 中国软科学,2013,(5): 18 – 26.

能力，对中国转变经济发展方式具有重要意义。

中国战略性新兴产业发展不仅要依靠技术创新与产品创新，而且要通过组织创新优化利用全球资源，占领全球价值链的高端。从高新技术产业国际分工来看，已经从产业内分工发展为更为细致的产品内分工：一个产品分为多个模块与环节，这些模块与环节在全球布局，在统一系统规则的联系下，整个产品的研发、生产、营销与服务等环节形成一个模块化价值网络。在工业经济时代，分工深化与专业化水平的提高是经济组织方面的主要特征。在信息经济条件下，模块化是新兴产业组织的本质，模块化在分工的同时提升了组织间的协同效应，促进了企业融合与产业融合。分工和专业化是通过专业知识积累与"干中学"带来报酬递增，而企业融合与产业融合是在专业化基础上通过知识与生产要素的互补、协同带来报酬递增。模块化生产方式遵循着工艺与产品模块化→企业组织模块化→产业组织模块化的路径演进（曹虹剑，2006）[①]。

本章从分工与协同的视角，在问卷调查的基础上，利用熵值法分析七大战略性新兴产业模块化生产程度，利用结构方程模型（SEM）分析战略性新兴产业产品模块化、企业组织模块化与产业组织模块化，以及模块化分工与协同对技术创新的影响。

5.2

研究假设

5.2.1　产品与组织模块化

模块化生产最初作为一种工艺设计方法被运用到钟表制造业，

---

① 曹虹剑. 模块化组织及其竞争优势 [J]. 湖南师范大学社会科学学报，2006，(5)：78 – 81.

随后被运用到船舶制造、汽车制造、计算机制造等产业。诺奖得主西蒙（Simon，1962）认为科层制的复杂系统具有可分解性（decomposability），这一特征使模块化管理复杂系统成为可能①。青木昌彦（2003）给模块下了被广泛接受的定义：模块是具有某种特定独立功能的半自律性的子系统，这些子系统可以通过标准化的界面与其他半自律性子系统按照一定的规则相互联系而构成更加复杂的系统或过程（胡晓鹏，2007）②。模块化有"模块分解化"和"模块集中化"两个过程。模块化系统内部的信息分为两类：所有个体都可以看到的系统信息（visible information），以及包含在子系统（模块）内部，其他主体看不见的私人信息（invisible information）。系统联系规则一旦确定，各个子模块系统便可以自发地演进（青木昌彦，安藤晴彦，2003）③。

根据演进过程可以将模块化分为三种类型：产品模块化、企业组织模块化和产业组织模块化。模块化生产是一种结构事实（structural fact），如果某一产品结构是嵌套层级体系，其内部各单元间联系密切，但又独立于其他单元，且整个系统以统一协调的方式运行，那么这就是模块化。产品模块化生产有 6 种操作符（operator）：分割（splitting）、替代（substitution）、扩展（augmenting）、排除（exclusion）、归纳（inverting）与移植（porting），有了这 6 种模块化操作符就可以组合出各种各样的产品

---

① Simon，H. A. The Architecture of Complexity ［J］. Proceedings of the American Philosophical Society，1962，106（6）：467–482.

② 胡晓鹏. 产品模块化：动因、机理与系统创新 ［J］. 中国工业经济，2007，（12）：94–101.

③ 青木昌彦，安藤晴彦. 模块时代——新产业结构的本质 ［M］. 上海：远东出版社，2003：3–9.

（Baldwin，Clark，2000；刘继云，史忠良，2008）①②。在产品模块化条件下，规模经济是通过模块化部件获得的，范围经济则是通过在不同产品中使用模块化部件获得的。产品模块化能满足市场个性化的需求，促进产品动态更新（Pine II，1992；Brusoni，Prencipe，2011）③④。

朗格卢瓦（Langlois，2002）结合企业产权理论总结了"模块化的企业理论"⑤。随着市场环境越来越复杂，以及信息技术的发展，很多企业按照任务、项目、功能及部门进行模块化分工，各模块在统一系统规则联系下能独立自主地决策（郝斌，任浩，Guerin，2007）⑥。企业组织模块化过程也是企业不断分权与扁平化的过程。企业组织模块化最大优点是对市场环境变化反应迅速（王相林，2007）⑦。

产业组织模块化是指在产品内分工的条件下，产业内的企业按照标准制定者、模块整合者、模块供应商等角色进行分工，形成一个扁平化的模块化网络组织。电子信息产业、机械制造等产业已经出现了产业组织模块化发展趋势。产业组织模块化的主要特点是网络效应及分工经济。基于以上分析，提出假设：

H1：产品模块化对模块化整体程度具有正向影响。

---

① 朱瑞博. 模块生产网络价值创新的整合架构研究 [J]. 中国工业经济，2006，(1)：98 - 105.

② 余东华，芮明杰. 基于模块化网络组织的价值流动与创新 [J]. 中国工业经济，2008，(12)：48 - 59.

③ Pine II B. J. Mass Customization：The New Frontier in Business Competition [M]. Boston：Harvard Business School Press，1992，1 - 264.

④ Brusoni，S.，Prencipe，A. Patterns of Modularization：The Dynamics of Product Architecture in Complex Systems [J]. European Management Review，2011，8 (2)：67 - 80.

⑤ Langlois，R. N. Modularity in Technology and Organization [J]. Journal of Economic Behavior & Organization，2002，49 (1)：19 - 37.

⑥ 郝斌，任浩，Anne-Marie Guerin. 组织模块化设计：基本原理与理论架构 [J]. 中国工业经济，2007，(6)：80 - 87.

⑦ 王相林. 企业组织模块化的经济分析 [D]. 厦门：厦门大学，2007，19 - 56.

H2：企业组织模块化对模块化整体程度具有正向影响。

H3：产业组织模块化对模块化整体程度具有正向影响。

Crémer（1990）比较了信息同化（information assimilation）与信息异化（Information alienation）型的模块产品系统的信息效率①。模块化产品系统的一个典型特征是个体信息包裹化（encapsulation）与系统信息同化（assimilation）并存。青木昌彦（2001）提出了产品模块集中的两种模式：模块化之间联系规则被事先设定的"A"模式，例如 IBM 的 360 电脑，以及模块联系规则可以不断改进的"J"模式，例如丰田汽车②。霍特科尔（Hoetker）（2006）建立了一个因果模型（causal model）实证检验产品模块化与组织模块化的关系，发现模块化是一个内涵丰富的概念，当产品模块化程度提高时会提升企业组织的可重构性，但产品模块化并非组织模块化最重要的前提条件③。随着企业产品与业务越来越复杂，加上信息化的驱使，很多企业组织也呈现网络化与模块化趋势（Brusoni，Prencipe，2001）④。在产品模块化和企业组织模块化的基础上，通过标准化的接口，企业可以将没有竞争优势的模块或环节外包，从而达到利用外部资源，形成新竞争优势的目的。在产品模块化及企业组织模块化的基础上，产业组织逐渐模块化，整个产业交织成一张模块化网络。于是提出假设：

H4：产品模块化与企业组织模块化具有正相关关系。

H5：产品模块化与产业组织模块化具有正相关关系。

① Crémer J. Common Knowledge and the Co-ordination of Economic Activities [A]. Aoki M., Gustafsson B., Williamson O. E. (eds). The Firm as a Nexus of Treaties [C]. London：Sage, 1990, 53 – 76.

② 青木昌彦. 比较制度分析 [M]. 上海：上海远东出版社, 2001.

③ Hoetker G. Do Modular Products Lead to Modular Organizations [J]. Strategic Management Journal, 2006, 27 (6)：501 – 518.

④ Brusoni S., Prencipe A. Unpacking the Black Box of Modularity：Technologies, Products and Organizations [J]. Industrial and Corporate Change, 2001, 10 (1)：179 – 205.

H6：企业组织模块化与产业组织模块化具有正相关关系。

5.2.2　模块化与技术创新

模块化系统内系统信息同化和个体信息包裹化有利于技术创新。模块化系统内各子模块之间"背靠背"（back to back）竞争通常具有"锦标赛"式的激励效果；在产业组织模块化的硅谷内常常是数十家企业同时为研究类似技术展开竞争，只有成功者才能上市或被收购，这对创新的激励非常大（青木昌彦，2001）①。内部信息包裹化使子模块内创新项目免受外部干扰，同时使模块整合者有多个备选创新项目以对付不确定性（张伟，2007）②。由于统一的系统规则，模块化产品创新系统可以自行演化而不需事先的集中（青木昌彦，安藤晴彦，2003；Caminati，2006）③④。在实证研究方面，刘、严和唐（Lau，Yam and Tang 等人，2011）对中国香港地区电子行业的实证分析表明：产品模块化与产品创新呈现倒 U 型关系⑤。程文和张建华（2013）通过对中国的数据分析，验证了模块化技术对企业产品创新具有重要影响⑥。在模块化生产发展的高级阶段——组织模块化条件下，技术创新会自发地涌现。于是我们

---

① 青木昌彦. 比较制度分析 ［M］. 上海：上海远东出版社，2001.

② 张伟. 模块化组织的形成、演进及运行机理研究 ［D］. 广州：暨南大学，2007.

③ 青木昌彦，安藤晴彦. 模块时代——新产业结构的本质 ［M］. 上海：远东出版社，2003：3 - 9.

④ Caminati M. Knowledge Growth, Complexity and the Returns to R&D ［J］. Journal of Evolutionary Economics，2006，16（1）：207 - 229.

⑤ Lau A K W，Yam R，Tang E. The Impact of Product Modularity on New Product Performance：Mediation by Innovativeness ［J］. Product Innovation Management，2011，28（2）：270 - 284.

⑥ 程文，张建华. 中国模块化技术发展与企业产品创新——对 Hausmann-Klinger 模型的扩展及实证研究 ［J］. 管理评论，2013，（1）：34 - 43.

提出假设：

H7：产品模块化对技术创新具有正向影响。

H8：企业组织模块化对技术创新具有正向影响。

H9：产业组织模块化对技术创新具有正向影响。

5.2.3　模块化分工与协同

产业组织模块化是产品内分工深入发展的结果。胡晓鹏（2004）从主导资源要素变动的角度比较了分工与模块化的差异，他认为模块化是与分工经济相联系的经济现象，经济系统遵循着规模经济→分工经济→模块化的基本路径在演进①。模块化能促进分工的深化与专业化水平的提升，使企业在专业性极强的领域内积累人力资本实现报酬递增。

模块化能降低组织的协调成本。桑切斯和马奥尼（Sanchez，Mahoney，1996）基于标准化构件与组织接口提出了产品与组织设计模块化的概念，他们认为产品模块化有利于组织模块化的形成，模块化产品构架会产生一种新信息结构，这种信息结构使模块化组织各组成部分之间有一种"粘性"②。蒂马纳（Timana，2008）发现很多企业与其他企业进行了有效的联盟，但却没有进行广泛而正式的控制，其原因是这些企业可以通过模块化降低过程控制成本，提高联盟绩效③。模块化产业组织内的协同效应能带来收益递增的

---

① 胡晓鹏. 从分工到模块化：经济系统演进的思考 [J]. 中国工业经济，2004，（9）：5 – 11.

② Sanchez, R., Mahoney J. T. Modularity, Flexibility, and Knowledge Management in Product and Organization Design [J]. Strategic Management Journal, 1996, 17 (S1): 63 – 76.

③ Timana, A. Does Technological Modularity Substitute for Control? A Study of Alliance Performance in Software Outsourcing [J]. Strategic Management Journal, 2008, 29 (7): 769 – 780.

效果（Ethiraj，Levinthal，2010）①。

　　模块化能提升协同创新水平。林（Lin，2004）在分析美国制造网络时发现模块化的柔性制造能够加强网络创新的灵活性，而跨功能整合的品牌是模块化带来的协同创新②。模块化生产网络内适应性主体通过专业化分工合作，以实现模块化价值创新（朱瑞博，2006；余东华，芮明杰，2008）③④。随着人类经济社会的发展，生产知识体系极度复杂，分工是信息经济条件下经济组织的一个侧面，协同与融合是经济组织的另一面。在系统模块化分解的基础上，各模块按照要素或知识的比较优势进行分工，一方面，个体信息包裹化使整个系统可以演化出复杂的多样性。另一方面，统一联系规则增强了产业内外生产要素的可分割性和可重组性，所以模块化不仅促进了分工深化而且还促进了企业融合与产业融合，以实现协同创新发展。因此，我们提出假设：

　　H10：模块化分工与模块化协同具有正相关关系。

　　H11：模块化分工对技术创新具有正向影响。

　　H12：模块化协同对技术创新具有正向影响。

　　① Ethiraj S. K. & Levinthal D. Modularity and Innovation in Complex Systems［J］. Management Science，2010，50（2）：160 - 171.

　　② Lin B. W. Original Equipment Manufacturers（OEM）Manufacturing Strategy for Network Innovation Agility：the Case of Taiwanese Manufacturing Networks［J］. International Journal of Production Research，2004，42（5）：943 - 957.

　　③ 朱瑞博. 模块生产网络价值创新的整合架构研究［J］. 中国工业经济，2006，（1）：98 - 105.

　　④ 余东华，芮明杰. 基于模块化网络组织的价值流动与创新［J］. 中国工业经济，2008，（12）：48 - 59.

5.3

研究方法与数据

5.3.1 研究方法

问卷调查法。课题组针对中国战略性新兴产业的模块化发展现状和受访者的背景资料设计问卷。选择问卷调查法的原因主要有两点：一是，中国政府 2010 年正式宣布战略性新兴产业发展规划，所以难以找到与本研究目标相匹配的官方统计数据进行实证研究。二是，通过调查得到的微观数据产业分类合理、针对性强。问卷调查法的具体做法是，在文献研究的基础上，针对本书论题，设计问题项，经过反复修改后，有针对性地投放、回收、整理出有效的样本数据。

结构方程模型（SEM）的优点在于不仅可以同时处理多个变量，而且还可以对无法直接进行观测的潜变量进行分析。在得出模型结果之前，可以根据拟合情况对模型进行修正，直到通过拟合度检验。

5.3.2 指标体系

本书设计了李克特（Likert）五级量表式调查问卷。问卷包括模块化程度和受访者的背景资料两部分内容。受访者的背景资料将在样本的特征描述中体现，而模块化程度与技术创新的测度主要从四个方面提取指标。表 5 - 1 是模块化分工、协同与技术创新的指标体系结构。

表 5 – 1　　模块化分工、协同与技术创新的指标体系

	潜变量	显变量	测度指标
模块化 整体程度 M	产品模块化 P	产品生产分工 P1	模块分工程度 X1
			产品多样化 X2
			模块自主权 X3
		产品生产协同 P2	中间产品标准化 X4
			接口统一 X5
			组装灵活 X6
	企业组织模块化 F	企业组织分工 F1	授权程度 X7
			相互干扰小 X8
			部门自治 X9
		企业组织协同 F2	部门专业化程度 X10
			规则主导 X11
			部门间协作 X12
	产业组织模块化 I	产业组织分工 I1	全球化程度 X13
			外包程度 X14
			独立并行 X15
		产业组织协同 I2	产业标准主导 X16
			寡头主导网络 X17
			沟通平台 X18
			战略联盟 X19
技术创新 T		技术创新 T1	企业拥有专利数量 X20
			科研机构数量 X21
			研发投入比重 X22
		协同创新 T2	共同研发 X23
			专利联盟 X24
		创新激励 T3	企业创新激励强度 X25
			产业创新赢者通吃 X26

资料来源：作者整理。

产品模块化会受到分工程度、产品多样性、模块自主权、中间产品标准化、接口统一、组装灵活等因素的影响（谢卫红等，2014）[1][2]。企业组织模块化主要影响因素有：授权程度、模块之间相互干扰程度、部门自治程度、部门专业化程度、企业内统一规则主导、部门之间协作程度等（陈劲，桂彬旺，2007）[3]。产业组织模块化主要受全球化程度、产业标准主导、寡头控制营销网络、信息沟通平台、模块化外包程度、模块之间的独立并行、战略联盟等因素的影响。技术创新受专利数量、研发投入、研发机构数量、专利联盟、研发合作、企业内创新激励强度、产业内创新激励强度等因素的影响（刘丹，2014）[4]。

5.3.3　数据收集

战略性新兴产业模块化对技术创新影响分析的数据来源于问卷调查。问卷调查随机抽样的范围涉及广东省、湖南省、湖北省、浙江省、北京市与上海市等十多个省或直辖市的战略性新兴企业。此次共发放问卷 876 份，回收问卷 668 份，有效问卷 613 份，其中，剔除了存在漏答的问卷 3 份，各题答案一致的问卷 6 份，答案过于集中的问卷 10 份和产业类型不符合调查范围的问卷 35 份。问卷的有效率达 91.77%。

首先，对样本数据进行信度和效度检验。在数据通过检验之

---

① Ulrich, K. The Role of Product Architecture in the Manufacturing Firm ［J］. Research Policy, 1995, 24 （3）：419-440.

② 谢卫红，屈喜凤，李忠顺，王田绘. 产品模块化对技术创新的影响机理研究：基于组织结构的中介效应 ［J］. 科技管理研究，2014, （16）：1-7.

③ 陈劲，桂彬旺. 模块化创新：复杂产品系统创新机理与路径研究 ［M］. 北京：知识产权出版社，2007.

④ 刘丹. 战略性新兴产业组织模块化对技术创新的影响研究 ［D］. 长沙：湖南师范大学，2014.

后，使用熵值法求变量的权重，再采用加权平均法求得模块化程度的综合评价值。最后，运用 AMOS 软件最大似然估计的协方差分析法对模块化与技术创新的结构方程模型进行分析。其中显变量是通过测度指标的因子分析提取的主成分；9 个显变量和 7 个潜变量共同构成结构方程模型的变量结构。通过软件计算得出结果可以分析变量间的路径关系，并且对提出的假设逐一进行验证。

5.3.4　样本分析

按照调查对象所在产业、部门和职务的不同分别对 613 份有效问卷进行分类汇总，表 5 - 2 是样本的基本特征。如表 5 - 2 所示，根据产业分布情况，调查范围在七大产业均有涉及而且分布相对分散。具体来说，新一代信息技术产业的样本数据最多，而新能源汽车产业的样本数据最少。样本的分布情况符合中国战略性新兴产业发展的实际情况，这也与我们重点发放企业相关，因为信息技术产业模块化发展较早，因此重点向一些国内及全球领先的电信设备供应商发放了问卷。此外，因为估计到新能源汽车产业样本相对较少，因此重点选择了国内领先的新能源汽车企业投放了问卷。

表 5 - 2　　　　　　　　　　样本的基本特征

标准	类别	样本数	%	标准	类别	样本数	%
产业	新能源产业	90	15	部门	生产部门	81	13
	新一代信息技术产业	172	28		管理部门	193	31
	新材料产业	91	15		销售部门	121	20
	生物医药产业	89	15		采购部门	50	8
	新能源汽车产业	42	7		设计部门	48	8
	高端装备制造产业	66	11		技术部门	103	17
	节能环保产业	63	10		其他部门	17	3
	总计	613	100		总计	613	100

标准	类别	样本数	%	标准	类别	样本数	%
职务	一般员工	215	35	职务	中层管理人员	129	21
	基层管理人员	244	40		高层管理人员	25	4
	总计	613	100		——		

资料来源：作者整理。

　　从企业部门分类来看，管理部门、销售部门和技术部门人员样本量都在 100 以上。这符合战略性新兴产业发展的实际情况，研发与技术创新能力、组织与管理能力及营销能力是战略性新兴产业价值创造最主要的来源。此外，战略性新兴产业绝大多数属于制造业，所以生产人员样本也达到了 81 个。这都说明抽样调查得到的数据符合战略性新兴产业的部门特征。在受访者所担任的职务类型中，基层管理人员的样本量最大，而高层管理人员的样本量最小。这也符合企业职务设置呈金字塔分布的特征。

　　表 5 – 3 是样本的描述性统计。在表 5 – 3 中，A1 至 D6 依次代表 5 – 1 中的 26 个指标，对应着调查问卷中的 26 道问题。样本统计量为 613 份，全部有效。首先，看样本的集中趋势。这 26 个指标的均值统计量都在 4 左右波动，正对应着问卷中五级李克特量表的中间项。其次，看样本的离散趋势。这 26 个指标的标准差统计量均接近 0.8，但都小于 1，说明指标的变动呈现出一定的规律性。最后，看样本的形状特征。克兰（Kline，1998）指出，当反映形状分布情况的偏度和峰度这两个的绝对值分别小于 3 和 10 时，就说明样本大体上服从正态分布[1]。而这 26 个指标的偏度统计量接近 – 0.6，其绝对值小于 1；偏度统计量有正有负，但绝对值都小于 1.5。这就说明样本与正态分布的偏差在可接受的范围之内，近

---

　　[1]　Kline R B. Software Review：Software Programs for Structural Equation Modeling：Amos, EQS, and LISREL［J］. Journal of Psycho-educational Assessment，1998（4）：343 – 364.

似服从正态分布。

表 5 - 3   样本的描述性统计

	N	均值	标准差	偏度		峰度	
	统计量	统计量	统计量	统计量	标准误	统计量	标准误
A1	613	3.84	0.837	-0.623	0.099	0.502	0.197
A2	613	3.95	0.801	-0.625	0.099	0.468	0.197
A3	613	4.03	0.802	-0.555	0.099	-0.114	0.197
A4	613	4.00	0.781	-0.649	0.099	0.418	0.197
A5	613	3.78	0.897	-0.637	0.099	0.306	0.197
A6	613	3.99	0.793	-0.630	0.099	0.405	0.197
B1	613	3.77	0.862	-0.562	0.099	0.295	0.197
B2	613	3.95	0.826	-0.878	0.099	1.284	0.197
B3	613	3.83	0.814	-0.527	0.099	0.327	0.197
B4	613	3.93	0.803	-0.640	0.099	0.502	0.197
B5	613	3.90	0.773	-0.650	0.099	0.966	0.197
B6	613	3.83	0.839	-0.750	0.099	1.002	0.197
C1	613	3.76	0.867	-0.483	0.099	0.232	0.197
C2	613	3.78	0.840	-0.440	0.099	0.123	0.197
C3	613	3.92	0.842	-0.680	0.099	0.573	0.197
C4	613	3.76	0.846	-0.476	0.099	0.205	0.197
C5	613	3.87	0.828	-0.480	0.099	0.145	0.197
C6	613	3.88	0.779	-0.448	0.099	0.294	0.197
C7	613	3.86	0.836	-0.612	0.099	0.496	0.197
C8	613	3.81	0.838	-0.506	0.099	0.308	0.197
D1	613	3.91	0.815	-0.570	0.099	0.377	0.197
D2	613	3.85	0.819	-0.631	0.099	0.473	0.197
D3	613	3.85	0.830	-0.688	0.099	0.577	0.197
D4	613	3.85	0.798	-0.642	0.099	0.729	0.197
D5	613	3.79	0.838	-0.596	0.099	0.514	0.197
D6	613	3.96	0.808	-0.596	0.099	0.345	0.197

资料来源：作者计算得出。

5.3.5　信度与效度检验

（1）信度检验

在实证分析之前，我们先要对模型中的样本数据进行信度分析，也就是检验多次测量结果的稳定性，与其他学者一样我们也采用 α 信度系数模型来检验。克朗巴哈 α 系数的取值一般在 0 到 1 之间，且越接近 1，说明指标内部的一致性越高。表 5-4 是样本的可靠性统计检验。量表整体的克朗巴哈 α 系数值为 0.957，表明量表的整体一致性通过检验。同理，量表各部分的克朗巴哈 α 系数值如表 5-4 所示，其一致性也通过了检验。

表 5-4　　　　　　　　样本的可靠性统计检验

检测项目		克朗巴哈 α 系数		项数		参考值	检验
量表整体		0.957		26		0.7	通过
模块化整体程度 M	产品模块化 P	0.943 (M)	0.873	19	6		
	企业组织模块化 F		0.863		6		
	产业组织模块化 I		0.869		7		
	模块化分工 D		0.810		3		
	模块化协同 S		0.772		3		
技术创新 T		0.891		7			

资料来源：作者计算得出。

（2）效度检验

本书运用衡量样本充足度的 KMO（Kaiser-Meyer-Olkin）检验及巴特利球形检验（Bartlett's Test of Sphericity）对问卷样本进行效度检验。表 5-5 是样本的 KMO 检验和巴特利检验。KMO 指标测量值为 0.969，因子值的显著性概率小于 0.001，说明数据非常适合做因子分析。

表 5 – 5　　　　　　　样本的 KMO 检验和巴特利检验

取样足够度的 KMO 检验		0.969
巴特利球形检验	近似方差	9120.417
	自由度 df.	325
	显著性概率 Sig.	0.000

资料来源：作者计算得出。

在对样本进行效度分析时，通常认为因子负载大于 0.5 就是有效的。表 5 – 6 是显变量的因子负载。从表 5 – 6 中可以看到，因子负载最小的测度指标 X8 在因子 F1 的载荷为 0.741，远大于参考值 0.5，表明从各个变量中提取出的因子是有效的。

表 5 – 6　　　　　　　　显变量的因子负载

显变量	所含指标	因子负载	显变量	所含指标	因子负载
产品生产分工 P1	X1	0.834	企业组织协同 F2	X11	0.902
	X2	0.849		X12	0.902
	X3	0.851	产业组织协同 I2	X16	0.761
产品生产协同 P2	X4	0.830		X17	0.804
	X5	0.862		X18	0.795
	X6	0.820		X19	0.793
企业组织分工 F1	X7	0.794	研发创新 T1	X20	0.859
	X8	0.741		X21	0.889
	X9	0.816		X22	0.837
	X10	0.816	协同创新 T2	X23	0.863
产业组织分工 I1	X13	0.810		X24	0.863
	X14	0.823	创新激励 T3	X25	0.880
	X15	0.803		X26	0.880

资料来源：作者计算得出。

能源汽车和新一代信息技术产业。

在战略性新兴产业中，企业组织模块化程度和模块化协同程度相近。在新能源产业中，企业组织模块化程度最高，产品模块化程度最低。在新一代信息技术产业中，产品模块化程度最高，模块化协同程度次之，产品模块化、产业组织模块化和模块化分工程度相近。在新材料产业中，模块化协同程度最高，模块化分工程度最小，其余的评价值相近。在生物医药产业中，企业组织模块化和模块化协同程度较高，产业组织模块化和模块化分工程度相当。在新能源汽车产业中，产品模块化的程度最高，且明显大于模块化协同程度和其余的评价值。在高端装备制造产业中，企业组织模块化和产品模块化程度居前，产业组织模块化的程度相对较低。在节能环保产业中，模块化协同和企业组织模块化程度相对较高。

5.5

结构方程分析

5.5.1 模块化与技术创新的结构方程分析

运用 AMOS 软件对战略性新兴产业的样本数据进行结构方程模型分析和假设检验。修正后的模型如图 5 - 2 所示。产品模块化、企业组织模块化和产业组织模块化对模块化整体程度影响的路径系数分别为 0.424、0.371 和 0.265，表明产品模块化水平对模块化整体程度的影响关系显著性最高。在相关性分析中，产业组织模块化与企业组织模块化的相关关系最显著，其相关系数为 0.890；产品模块化与企业组织模块化的相关性次之，其相关系数为 0.815；产业组织模块化与产品模块化的相关性相对较小，其相关系数为 0.798。以上结果表明在战略性新兴产业内各模块化组成部分相互影响，关系密切。在模块化对技术创新的影响关系中，产业组织模块化对技术创新的影响最大，其路径系数为 0.423；企业组织模块化的影响次之，其路径系数为 0.370；产品模块化的影响最小，其路径系数为 0.264。

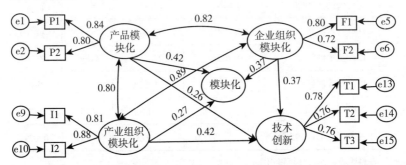

图 5 - 2　模块化对技术创新影响的修正模型

资料来源：作者计算得出。

假设检验和模型的拟合度检验的结果如表 5 - 7 所示。修正模型的拟合指标显示：CMIN 和 df 的测量数值都大于 0；P 值小于 0.05；IFI 和 GFI 的值分别为 0.973 和 0.969，均大于参考值 0.9；而 RMR 的值为 0.021，小于参考值 0.05。所有显变量与潜变量之间的路径系数均在 0.5～0.95 的有效范围内，且临界比 C. R. 的测量值也都大于 1.96，且在 0.05 显著性水平上统计显著。

表 5 - 7　　模块化对技术创新影响的修正模型分析结果

因子←指标	标准化估计值	临界比 C. R.	P 值	结果
P1←产品模块化	0.839	23.093	***	符合
P2←产品模块化	0.805	21.884	***	符合
F1←企业组织模块化	0.804	21.742	***	符合
F2←企业组织模块化	0.715	18.683	***	符合

续表

因子←指标	标准化估计值	临界比 C. R.	P 值	结果
I1←产业组织模块化	0.812	22.854	***	符合
I2←产业组织模块化	0.876	25.489	***	符合
T1←技术创新	0.784	22.877	***	符合
T2←技术创新	0.765	22.041	***	符合
T3←技术创新	0.760	21.818	***	符合

拟合指标	CMIN	df	P 值	IFI	GFI	RMR
数值	110.195	24	0.000	0.973	0.969	0.021

资料来源：作者计算得出。

注：*** 表示 P < 0.001。

另外在潜变量与显变量之间的关系中，产品模块化代表了产品生产的分工程度和协同程度的 83.9% 和 80.5%，说明战略性新兴产业下产品模块的分工程度占比跟协同程度比较接近。企业组织模块代表了企业组织的分工程度与协同程度的 80.4% 和 71.5%，说明战略性新兴产业下企业组织的分工程度占比明显大于协同程度。产业组织模块化代表了产业组织的分工程度的 81.2% 和协同程度的 87.6%，说明战略性新兴产业下产业组织模块化的分工程度占比略小于协同程度。因此，产业融合相比企业融合和产品融合可能发展得更好一些。技术创新代表了研发创新程度、协同创新程度和创新激励程度的 78.4%、76.5% 和 76%，说明协同创新程度占比要小于研发创新占比，创新激励所占比重最小。这也反映了创新激励机制的完善程度还可以提高。

在图 5 - 2 的结构方程模型中，共构建了 9 个研究假设，从路径分析的验证结果来看，假设全部通过验证。表 5 - 8 是模块化与技术创新模型假设验证的结果。

表 5 – 8　　　　　　　模块化与技术创新模型的假设验证

假设	路径关系	标准化估计值	P 值	验证
H1	产品模块化→模块化	0.421	***	通过
H2	企业组织模块化→模块化	0.368	***	通过
H3	产业组织模块化→模块化	0.263	***	通过
H4	产品模块化↔企业组织模块化	0.815	***	通过
H5	产品模块化↔产业组织模块化	0.798	***	通过
H6	企业组织模块化↔产业组织模块化	0.890	***	通过
H7	产品模块化→技术创新	0.263	***	通过
H8	企业组织模块化→技术创新	0.368	***	通过
H9	产业组织模块化→技术创新	0.420	***	通过

资料来源：作者计算得出。

注：*** 表示 P < 0.001。

5.5.2　模块化分工、协同与技术创新的结构方程分析

运用 AMOS 软件对战略性新兴产业模块化分工与模块化协同对技术创新影响的样本数据进行结构方程模型分析和假设检验。模块化分工与协同对技术创新影响的修正模型如图 5 – 3 所示。产业组织分工与模块化分工的相关性最强，其路径系数为 0.778；企业组织分工次之，其路径系数为 0.748；产品生产分工的相关性相对较小，其路径系数为 0.736。产业组织协同与模块化协同的相关性最强，其路径系数为 0.811；产品生产协同与模块化协同的相关性次之，为 0.703；企业组织协同与模块化协同的相关性最小，为 0.645。模块化分工与模块化协同之间的相关性极强，相关系数为 1.061。模块化分工对技术创新的影响较大，其路径系数为 0.683；而模块化协同对技术创新的影响相对较小，其路径系数为 0.305。

表 5 – 9 是模块化分工与协同对技术创新影响的修正模型分析结果。如表 5 – 9 所示，修正模型的拟合指标显示：CMIN 和 df 的测量

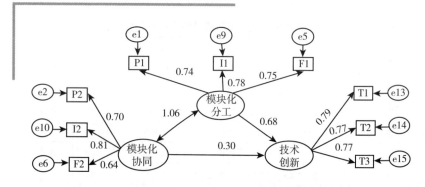

图 5 − 3　模块化分工与协同对技术创新影响的修正模型

资料来源：作者计算得出。

数值都大于 0；P 值小于 0.05；IFI 和 GFI 的值均为 0.949，大于参考值 0.9；而 RMR 的值为 0.028，小于参考值 0.05。所有显变量与潜变量之间的路径系数均在 0.5 ~ 0.95 的有效范围内，且临界比 C. R. 的测量值也都大于 1.96，则在 0.05 的显著性水平上统计显著。

表 5 − 9　　模块化分工与协同对技术创新影响的修正模型分析结果

因子←指标	标准化估计值	临界比 C. R.	P 值	结果
P1←模块化分工	0.736	20.172	***	符合
I1←模块化分工	0.778	21.758	***	符合
F1←模块化分工	0.748	20.622	***	符合
P2←模块化协同	0.703	18.977	***	符合
I2←模块化协同	0.811	23.012	***	符合
F2←模块化协同	0.645	17.035	***	符合
T1←技术创新	0.794	20.434	***	符合
T2←技术创新	0.774	——	——	——
T3←技术创新	0.771	19.711	***	符合
拟合指标	CMIN	df	P 值	IFI	GFI	RMR
数值	190.646	25	0.000	0.949	0.949	0.028

资料来源：作者计算得出。

注：*** 表示 P < 0.001。

　　在潜变量与显变量之间的关系中，模块化分工分别代表了产品生产、企业组织、产业组织的分工程度的 73.6%、74.8%、77.8%，说明战略性新兴产业的产业组织模块化分工程度占比最高，企业组织模块化分工程度占比次之，产品模块化分工程度占比最低。模块化协同分别代表了产品生产、企业组织、产业组织协同程度的 70.3%、64.5%、81.1%，说明战略性新兴产业的产业组织协同程度占比最高，产品生产的协同程度占比次之，企业组织的分工程度占比最低，三者之间的差距较大。与前面的结果相比，模块化研发创新、协同创新和创新激励程度占比都有一定的提高。

　　在图 5-3 的结构方程模型中，共构建了 3 个研究假设，从路径分析的验证结果来看，假设全部通过验证，结果见表 5-10。表 5-10 是模块化分工与协同对技术创新影响模型的假设验证。

表 5-10　　　模块化分工与协同对技术创新影响模型的假设验证

假设	路径关系	标准化估计值	P 值	验证
H10	模块化分工↔模块化协同	1.061	***	通过
H11	模块化分工→技术创新	0.683	***	通过
H12	模块化协同→技术创新	0.305	***	通过

　　资料来源：作者计算得出。

　　注：*** 表示 P < 0.001。

5.6

小　结

　　本书利用熵值法对调查问卷收集的战略性新兴产业数据进行综合评价，测算出模块化程度的综合评价值。从整体来看，中国战略性新兴产业的模块化生产程度较高。从细分产业来看，新能源产业模块化程度最高，新能源汽车与新一代信息技术次之，生物医药产业的模块化程度相对较低，新材料产业模块化程度最低。相比模块化分工程度，七个产业的模块化协同程度更高。在战略性新兴产业中，企业组织模块化和模块化协同程度相近。本书从分工与协同的视角分析战略性新兴产业模块化对技术创新的影响，构建了两个结构方程。从各种模块化对技术创新的影响来看，产品模块化、企业组织模块化、产业组织模块化、模块化分工、模块化协同等五组变量对技术创新都具有显著正向影响。在模块化对技术创新的影响关系中，产业组织模块化对技术创新的影响最大，企业组织模块化的影响次之，产品模块化对技术创新的影响相对较小。模块化分工对技术创新的影响力大，而模块化协同对技术创新的影响相对较小。模块化分工与模块化协同，产品模块化与企业组织模块化，产品模块化与产业组织模块化，企业组织模块化与产业组织模块化等四组变量之间存在显著的正相关性。其中，产品模块化与产业组织模块化的相关性最小；模块化分工与模块化协同的相关性很高。

从模块化分工与协同对技术创新影响的实证研究结论中可以得到中国战略性新兴产业发展的一些启示。第一，通过进一步提升产业组织模块化水平来提升战略性新兴产业创新能力。产业组织模块化水平的提高需要高效的产业技术标准，因此相关政府部门和行业组织要在尊重市场选择的基础上提高产业标准制定的效率。可以重点提升高端装备制造、节能环保、新材料与生物医药等产业组织模块化程度。第二，目前模块化对技术创新的正向影响主要来自于模块化分工，所以要继续整合战略性新兴产业链，提高核心及关键模块配套能力。第三，模块化协同对技术创新的影响相对较低，所以要在继续提高模块化分工水平的同时提升战略性新兴产业协同创新能力。协同创新能力的提升反过来会促进模块化分工程度的提高，进而提升战略性新兴产业创新能力，因此提高协同创新能力是进一步提高战略性新兴产业全球竞争力的关键因素之一。第四，还可以考虑利用模块化促进新兴产业与传统产业的融合，以此推进产业结构优化升级和创新驱动发展战略。

第 *6* 章

模块化对战略性新兴产业创新 影响的独立与联合效应

6.1

引 言

　　在前文研究的战略性新兴产业模块化发展程度,以及模块化分工与协同对技术创新影响的基础之上,本书将进一步研究产品模块化、企业组织模块化、产业组织模块化与技术创新之间的两种联系——独立效应和联合效应。在只有一种模块化发挥作用的过程中,模块化生产设计或组织结构能够明显促进技术创新,产生独立效应,这一点已经得到了很多学者的理论与实证支持。接下来我们还将重点分析模块化影响技术创新的联合效应。本书进一步将对节能环保、新一代信息技术、生物医药、高端装备制造、新能源、新材料及新能源汽车等七大战略性新兴产业的细分产业进行比较分析,揭示战略性新兴产业各个细分产业中模块化与技术创新之间的内在联系。厘清模块化与技术创新之间的这种内在联系,不仅能拓展模块化理论,还能为中国战略性新兴产业的细分产业提供较具体的发展思路。

6.2

研究假设

前文的分析中我们将模块化分为产品模块化、企业组织模块化和产业组织模块化三种形式。模块化生产是对不同生产知识的有机整合，它深化了分工，促进了产品与技术创新（Schilling，2001；胡晓鹏，2004）①②。产品模块化、企业组织模块化和产业组织模块化均能对技术创新产生重要影响。同时，两种模块化之间也会有联合效应。在两种模块化同时发挥作用或者多个模块化过程中，模块化生产设计或组织结构对技术创新的影响依然是正向的，产生联合效应。模块化通过分散创新风险，节约创新成本，缩短创新周期等优势，促进了复杂系统的创新（朱瑞博，2006；刘茂松，曹虹剑，2006；余东华，芮明杰，2008；Ethiraj，Levinthal，Roy，2008；Lau，Yam，Tang，2011；程文，张建华，2013）③④⑤⑥⑦⑧。两种模

① Schilling, A. M. , Steensma, H. K. The Use of Modular Organizational Forms: An Industry-level Analysis [J]. Academy of Management Journal, 2001, 44 (6): 1149 – 1168.

② 胡晓鹏. 从分工到模块化：经济系统演进的思考 [J]. 中国工业经济, 2004, (9): 5 – 11.

③ 朱瑞博. 模块生产网络价值创新的整合架构研究 [J]. 中国工业经济, 2006, (1): 98 – 105.

④ 刘茂松，曹虹剑. 产业组织中模块化理论发展动态 [J]. 经济学动态, 2006, (2): 74 – 77.

⑤ 余东华，芮明杰. 基于模块化网络组织的价值流动与创新 [J]. 中国工业经济, 2008, (12): 48 – 59.

⑥ Ethiraj, S. K. , Levinthal, D. , Roy, R. R. The dual role of modularity: Innovation and imitation [J]. Management Science, 2008, 54 (5): 939 – 955.

⑦ Lau A K W, Yam R, Tang, E. The impact of product modularity on new product performance: Mediation by innovativeness [J]. Product Innovation Management, 2011, 28 (2): 270 – 284.

⑧ 程文，张建华. 中国模块化技术发展与企业产品技术创新——对 Hausmann-Klinger 模型的扩展及实证研究 [J]. 管理评论, 2013, 25 (1): 34 – 43.

块化同时发挥作用时，依然保持着对技术创新的正向影响。两种不同类型模块化之间联合时可能会对技术创新的作用产生一定的差异（曹虹剑，张慧，刘茂松，2010）①。基于上述分析，提出下列研究假设（独立效应与联合效应的理论模型图如图6－1所示）。

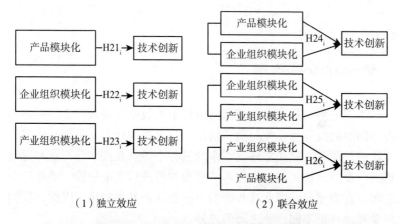

（1）独立效应　　　　　　　　（2）联合效应

图6－1　独立效应与联合效应的理论模型

资料来源：作者绘制。

H21ᵢ 产品模块化对技术创新具有正向独立效应。

H22ᵢ 企业组织模块化对技术创新具有正向独立效应。

H23ᵢ 产业组织模块化对技术创新具有正向独立效应。

H24ᵢ 产品模块化和企业组织模块化对技术创新具有正向联合效应。

H25ᵢ 企业组织模块化和产业组织模块化对技术创新具有正向联合效应。

H26ᵢ 产业组织模块化和产品模块化对技术创新具有正向联合效应。

---

① 曹虹剑，张慧，刘茂松. 产权治理新范式：模块化网络组织产权治理 [J]. 中国工业经济，2010，(7)：84－93.

其中 i = 0，1，2，3，4，5，6，7，分别代表战略性新兴产业、新一代信息技术产业、新材料产业、新能源产业、生物医药产业、高端装备制造产业、节能环保产业和新能源汽车产业。H21 ~ H23 是独立效应假设，H24 ~ H26 是联合效应假设。

6.3

研究方法与数据

本书的研究数据来自于课题组对中国战略性新兴产业的问卷调查。问卷的设计与发放与前一章相同。本章同样主要采用结构方程方法进行研究。除此之外，本章的另一个特点是按细分产业对战略新兴产业的模块化与技术创新的影响效应进行实证检验。既然产业之间存在着差异，那么这些影响效应也许会发生变化。因此，我们还要对比分析不同产业之间的差异。

6.3.1 指标体系

表 6 - 1 是模块化独立效应与联合效应的指标体系。指标体系基本与表 5 - 1 相同。概括而言，产品模块化主要受模块化分工程度、产品多样化、模块自主权、中间产品标准化、接口统一、组装灵活等因素的影响。企业组织模块化主要受授权程度、相互干扰程度小、部门自治、部门专业化程度、规则主导和部门协作等因素的影响。产业组织模块化主要受全球化程度、外包程度、独立并行、产业标准主导、寡头主导营销、沟通平台和战略联盟等因素的影响。技术创新主要受科研机构数量、研发投入比重、共同研发、专利联盟、企业拥有专利数量、企业创新激励强度和产业创新赢者通吃等因素的影响。另外，为了方便实证分析，将各测度指标设为 Xi，各变量简记为大写的英文字母，如表 6 - 1 所示。

表6-1 模块化独立效应与联合效应的指标体系

	潜变量	测度指标
模块化整体程度 M	产品模块化 P	模块分工程度 X1
		产品多样化 X2
		模块自主权 X3
		中间产品标准化 X4
		接口统一 X5
		组装灵活 X6
	企业组织模块化 F	授权程度 X7
		相互干扰小 X8
		部门自治 X9
		部门专业化程度 X10
		规则主导 X11
		部门间协作 X12
	产业组织模块化 I	全球化程度 X13
		外包程度 X14
		独立并行 X15
		产业标准主导 X16
		寡头主导网络 X17
		沟通平台 X18
		战略联盟 X19
技术创新 T		企业拥有专利数量 X20
		科研机构数量 X21
		研发投入比重 X22
		共同研发 X23
		专利联盟 X24
		企业创新激励强度 X25
		产业创新赢者通吃 X26

资料来源：作者整理。

6.3.2 描述性统计和相关性分析

表6-2的描述性统计显示了样本数据的分布特征。从表6-2变量的描述性统计与皮尔逊（Pearson）相关可以看到，潜变量的均值在4左右波动，说明集中趋势稍微右偏于量表均值。潜变量的标准差接近0.8，且小于1，说明离散程度略小于标准正态分布。从相关性来看，潜变量之间具有较高的正向相关关系。

表6-2 变量的描述性统计与皮尔逊相关

产业	变量	均值	标准差	P	F	I	T
战略性 新兴产业 0	PM	3.868	0.820	(0.877)			
	EOM	3.932	0.819	0.704 ***	(0.882)		
	IOM	3.840	0.833	0.724 ***	0.740 ***	(0.917)	
	RDI	3.853	0.822	0.732 ***	0.731 ***	0.825 ***	(0.917)
新一代 信息技术 产业1	PM	3.873	0.722	(0.839)			
	EOM	3.957	0.805	0.629 ***	(0.873)		
	IOM	3.886	0.775	0.672 ***	0.712 ***	(0.907)	
	RDI	3.871	0.758	0.693 ***	0.755 ***	0.820 ***	(0.925)
新材料 产业2	PM	3.715	0.821	(0.902)			
	EOM	3.743	0.845	0.879 ***	(0.927)		
	IOM	3.709	0.850	0.767 ***	0.810 ***	(0.946)	
	RDI	3.754	0.888	0.648 ***	0.698 ***	0.877 ***	(0.880)
新能源 产业3	PM	3.998	0.923	(0.855)			
	EOM	4.133	0.777	0.594 ***	(0.854)		
	IOM	4.011	0.807	0.679 ***	0.685 ***	(0.890)	
	RDI	4.014	0.822	0.749 ***	0.741 ***	0.771 ***	(0.927)

续表

产业	变量	均值	标准差	P	F	I	T
生物医药产业4	PM	3.825	0.873	(0.909)			
	EOM	3.870	0.838	0.808***	(0.931)		
	IOM	3.736	0.929	0.751***	0.810***	(0.921)	
	RDI	3.794	0.858	0.810***	0.829***	0.849***	(0.942)
高端装备制造产业5	PM	3.912	0.894	(0.880)			
	EOM	3.920	0.841	0.690***	(0.867)		
	IOM	3.747	0.855	0.740***	0.684***	(0.908)	
	RDI	3.747	0.916	0.716***	0.732***	0.811***	(0.915)
节能环保产业6	PM	3.765	0.778	(0.907)			
	EOM	3.918	0.846	0.685***	(0.847)		
	IOM	3.854	0.868	0.781***	0.728***	(0.926)	
	RDI	3.781	0.800	0.769***	0.632***	0.793***	(0.895)
新能源汽车产业7	PM	4.093	0.664	(0.926)			
	EOM	3.983	0.674	0.879***	(0.921)		
	IOM	3.929	0.680	0.588***	0.642***	(0.798)	
	RDI	4.027	0.638	0.784***	0.720***	0.639***	(0.890)

资料来源：作者计算得出。

注：***表示在0.01水平上显著相关（双侧）；括号内为AVE的平方根。

6.3.3 信度和效度分析

首先，利用克朗巴哈系数（Cronbach'α）来检验变量的同质信度，变量的克朗巴哈系数检验结果如表6-3所示。除了新能源汽车产业EOM潜变量的克朗巴哈系数略小于0.8，其余的26个基础变量和四个潜变量的克朗巴哈系数都大于0.8，说明样本具有很好的信度。

表6-3 变量的克朗巴哈系数

变量 Cronbach'α	X_i	P	F	I	T
战略性新兴产业 0	0.957	0.873	0.866	0.870	0.891
新一代信息技术产业 1	0.953	0.843	0.881	0.862	0.891
新材料产业 2	0.961	0.859	0.866	0.879	0.913
新能源产业 3	0.948	0.886	0.806	0.845	0.865
生物医药产业 4	0.962	0.892	0.865	0.882	0.868
高端装备制造产业 5	0.956	0.889	0.851	0.867	0.896
节能环保产业 6	0.961	0.892	0.906	0.878	0.905
新能源汽车产业 7	0.944	0.823	0.785	0.839	0.879
项数	26	6	6	7	7

资料来源：作者计算得出。

其次，利用 KMO 和巴特利球形检验测度变量的效度，结果如表6-4所示。KMO 系数大于 0.5 时，说明样本取样足够大，通过了取样足够度检验。巴特利球形检验的 P 值小于 0.001，说明在 0.01 的显著水平下，通过巴特利球形检验。此外，表6-2 所有潜变量的 AVE 的平方根（括号内数值）比相关系数的绝对值都大，说明每个变量均通过了检验。

表6-4 KMO 和巴特利球形检验

产业	取样足够度 KMO 检验	巴特利球形检验		
		近似卡方	df.	Sig.
战略性新兴产业 0	0.969	9 120.417	325	0.000
新一代信息技术产业 1	0.932	2 659.355	325	0.000
新材料产业 2	0.906	1 777.205	325	0.000
新能源产业 3	0.859	1 509.293	325	0.000
生物医药产业 4	0.926	1 691.524	325	0.000
高端装备制造产业 5	0.843	1 281.585	325	0.000
节能环保产业 6	0.848	1 482.142	325	0.000
新能源汽车产业 7	0.677	859.771	325	0.000

资料来源：作者计算得出。

6.4

结构方程分析

根据模块化与技术创新影响关系的理论模型，分别建立起各产业的独立效应结构方程模型和联合效应结构方程模型。由于各产业同种效应的结构方程模型是一样的，而且研究的产业较多，所以只列出战略性新兴产业的两种效应的路径图，其余产业的实证结果将以表格的形式呈现。

6.4.1　模块化对技术创新独立效应的结构方程分析

独立效应是指产品模块化、企业组织模块化、产业组织模块化单独对技术创新起作用时所发挥的效应。战略性新兴产业独立效应中各研究变量之间的路径关系如图 6 - 2 所示。模型的拟合程度、路径关系和假设检验的结果都显示在表 6 - 5、表 6 - 6 和表 6 - 7 中。

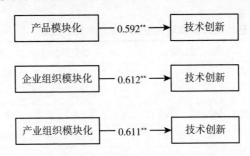

图 6 - 2　模块化与技术创新独立效应的结构方程模型

注：** 表示在 0.05 水平上显著（双尾检验）。

资料来源：作者计算得出。

从图 6 - 2 可以看到，战略性新兴产业模块化与技术创新的独立效应的路径系数都是在 0.05 显著性水平下的正值。证实了各模块化对技术创新的独立效应，下面以表格的形式详细记录实证模型的各项检验和结果。

　　表 6－5 是产品模块化与技术创新的独立效应的检验结果。从上往下看，表 6－5 的第一部分是产品模块化与技术创新的独立效应结构方程模型的拟合度检验。绝对拟合检验和增量拟合检验分别是通过比较设定模型与饱和模型或者基准模型来反映模型的拟合效果。各拟合检验的标准参考值为：CMIN > 0，df > 0，P ≤ 0.05，GFI ≥ 0.8，CFI ≥ 0.9，IFI ≥ 0.9，RMSEA ≤ 0.1，RMR ≤ 0.06。说明各产业产品模块化与技术创新的独立效应结构方程模型拟合良好。第二部分是模型的路径关系。上行数据是各产业产品模块化与技术创新的路径系数值，** 表示该系数估计在 0.05 水平上显著。括号内的是 t 统计量的值，当 t > 1.96 时，说明系数估计在 0.05 水平上通过了 t 检验。显然，各产业产品模块化与技术创新的独立效应系数都是显著的。第三部分是假设检验。理论模型中提出的假设显然全部得到实证的支持，即证实了战略性新兴产业中产品模块化与技术创新的独立效应。

表 6－5　　　　　　　产品模块化与技术创新的独立效应

Fit	绝对拟合检验				增量拟合检验		近似误差检验	
	CMIN	df	P	GFI	CFI	IFI	RMSEA	RMR
$Model21_0$	350.529	61	0.000	0.906	0.930	0.931	0.088	0.032
$Model21_1$	124.071	62	0.000	0.900	0.940	0.941	0.077	0.029
$Model21_2$	99.477	56	0.000	0.861	0.937	0.939	0.093	0.049
$Model21_3$	105.731	61	0.000	0.849	0.930	0.932	0.091	0.043
$Model21_4$	115.468	62	0.000	0.842	0.919	0.921	0.099	0.043
$Model21_5$	84.088	61	0.027	0.854	0.955	0.956	0.076	0.054
$Model21_6$	89.291	56	0.003	0.823	0.941	0.943	0.098	0.041

Fit	绝对拟合检验				增量拟合检验		近似误差检验	
	CMIN	df	P	GFI	CFI	IFI	RMSEA	RMR
Model21_7	87.597	62	0.018	0.799	0.918	0.922	0.100	0.028
路径关系	Model21_0	Model21_1	Model21_2	Model21_3	Model21_4	Model21_5	Model21_6	Model21_7
P→T	0.592** (20.110)	0.593** (11.802)	0.063** (8.220)	0.658** (8.150)	0.463** (5.952)	0.738** (7.972)	0.629** (6.928)	0.489** (5.510)
假设	H21_0	H21_1	H21_2	H21_3	H21_4	H21_5	H21_6	H21_7
检验结果	支持	支持	支持	支持	支持	支持	支持	支持

资料来源：作者计算得出。

注：** 表示在 0.05 水平上显著（双尾检验）。

表 6-6 是企业组织模块化与技术创新的独立效应的检验结果。表 6-6 的第一部分表明各产业企业组织模块化与技术创新的独立效应模型具有良好的拟合度。第二部分表明企业组织模块化与技术创新的路径系数显著为正，因而第三部分理论假设得到了实证研究的支持，即证实了战略性新兴产业中企业组织模块化与技术创新的独立效应。

表 6-6　　　　企业组织模块化与技术创新的独立效应

Fit	绝对拟合检验				增量拟合检验		近似误差检验	
	CMIN	df	P	GFI	CFI	IFI	RMSEA	RMR
Model22_0	317.833	63	0.000	0.920	0.937	0.937	0.081	0.032
Model22_1	133.094	63	0.000	0.878	0.942	0.943	0.081	0.030
Model22_2	109.252	59	0.000	0.850	0.927	0.929	0.097	0.050
Model22_3	104.627	62	0.001	0.861	0.918	0.921	0.088	0.041
Model22_4	103.256	63	0.001	0.855	0.936	0.937	0.085	0.044
Model22_5	100.154	64	0.003	0.816	0.917	0.919	0.093	0.049
Model22_6	65.061	43	0.017	0.840	0.958	0.959	0.091	0.051

Fit	绝对拟合检验				增量拟合检验		近似误差检验	
	CMIN	df	P	GFI	CFI	IFI	RMSEA	RMR
Model22$_7$	78.233	57	0.032	0.785	0.916	0.922	0.095	0.044
路径关系	Model22$_0$	Model22$_1$	Model22$_2$	Model22$_3$	Model22$_4$	Model22$_5$	Model22$_6$	Model22$_7$
F→T	0.612 ** (21.129)	0.570 ** (11.257)	0.589 ** (7.483)	0.641 ** (7.831)	0.523 ** (6.988)	0.725 ** (7.803)	0.641 ** (7.160)	0.413 ** (4.395)
假设	H22$_0$	H22$_1$	H22$_2$	H22$_3$	H22$_4$	H22$_5$	H22$_6$	H22$_7$
检验结果	支持	支持	支持	支持	支持	支持	支持	支持

资料来源：作者计算得出。

注：** 表示在0.05水平上显著（双尾检验）。

表6-7是产业组织模块化与技术创新的独立效应的检验结果。表6-7的第一部分表明各产业组织模块化与技术创新的独立效应模型具有良好的拟合度。第二部分表明产业组织模块化与技术创新的路径系数显著为正，因而第三部分的理论假设得到了实证研究的支持，即证实了产业组织模块化与技术创新的独立效应。

表6-7　　　　产业组织模块化与技术创新的独立效应

Fit	绝对拟合检验				增量拟合检验		近似误差检验	
	CMIN	df	P	GFI	CFI	IFI	RMSEA	RMR
Model23$_0$	223.728	77	0.000	0.945	0.967	0.967	0.056	0.021
Model23$_1$	171.347	77	0.000	0.876	0.925	0.925	0.085	0.029
Model23$_2$	135.131	76	0.000	0.837	0.928	0.929	0.093	0.040
Model23$_3$	130.794	75	0.000	0.827	0.905	0.907	0.091	0.044
Model23$_4$	106.092	73	0.007	0.843	0.952	0.954	0.072	0.049
Model23$_5$	99.649	75	0.030	0.825	0.950	0.952	0.071	0.048
Model23$_6$	158.232	63	0.000	0.731	0.822	0.827	0.156	0.059
Model23$_7$	75.240	62	0.121	0.813	0.952	0.955	0.072	0.030

续表

Fit	绝对拟合检验				增量拟合检验		近似误差检验	
	CMIN	df	P	GFI	CFI	IFI	RMSEA	RMR
路径关系	$Model23_0$	$Model23_1$	$Model23_2$	$Model23_3$	$Model23_4$	$Model23_5$	$Model23_6$	$Model23_7$
$I \rightarrow T$	0. 611 ** (21. 228)	0. 573 ** (11. 330)	0. 622 ** (8. 155)	0. 626 ** (7. 566)	0. 517 ** (6. 828)	0. 699 ** (7. 388)	0. 604 ** (6. 491)	0. 413 ** (4. 401)
假设	$H23_0$	$H23_1$	$H23_2$	$H23_3$	$H23_4$	$H23_5$	$H23_6$	$H23_7$
检验结果	支持	支持	支持	支持	支持	支持	支持	支持

资料来源：作者计算得出。

注：** 表示在 0. 05 水平上显著（双尾检验）。

6.4.2　模块化对技术创新联合效应的结构方程分析

联合效应是指产品模块化、企业组织模块化、产业组织模块化两两同时对技术创新起作用时所发挥的效应。战略性新兴产业联合效应中各研究变量之间的路径关系如图 6 - 3 所示。模型的拟合程度、路径关系和假设检验的结果都显示在表 6 - 8、表 6 - 9 和表 6 - 10 中。

图 6 - 3 显示了各变量之间的两种关系。第一种是模块化变量之间的相关关系。当产品模块化与企业组织模块化同时作用于技术创新时，两者之间具有 0. 05 显著水平下的正向相关关系，相关系数为 0. 824。图上明确了三种模块化变量相互之间的正相关性。第二种是模块化变量与技术创新之间的影响关系。当产品模块化与企业组织模块化同时作用于技术创新时，产品模块化的路径系数显著为 0. 318，而企业组织模块化的路径系数显著为 0. 722，说明在两者并存的情况下，还是发挥正向促进作用，这种共同作用就叫做联合效应。表 6 - 8、表 6 - 9 和表 6 - 10 详细记录了各产业联合效应的实证结果。

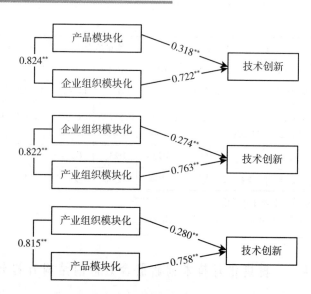

图 6 – 3   模块化与技术创新联合效应的结构方程模型

注：** 表示在 0.05 水平上显著（双尾检验）。

资料来源：作者计算得出。

表 6 – 8   产品模块化与企业组织模块化对技术创新的联合效应

Fit	绝对拟合检验				增量拟合检验		近似误差检验	
	CMIN	df	P	GFI	CFI	IFI	RMSEA	RMR
Model24$_0$	568. 126	148	0. 000	0. 900	0. 934	0. 934	0. 068	0. 027
Model24$_1$	295. 242	150	0. 000	0. 839	0. 916	0. 917	0. 075	0. 032
Model24$_2$	193. 585	107	0. 000	0. 813	0. 910	0. 913	0. 095	0. 054
Model24$_3$	213. 955	140	0. 000	0. 808	0. 906	0. 908	0. 086	0. 048
Model24$_4$	220. 251	144	0. 000	0. 807	0. 929	0. 931	0. 078	0. 046
Model24$_5$	187. 745	141	0. 005	0. 805	0. 939	0. 941	0. 071	0. 051
Model24$_6$	317. 050	142	0. 000	0. 678	0. 822	0. 827	0. 141	0. 168
Model24$_7$	282. 003	150	0. 000	0. 625	0. 719	0. 731	0. 147	0. 049

续表

Fit	绝对拟合检验				增量拟合检验		近似误差检验	
	CMIN	df	P	GFI	CFI	IFI	RMSEA	RMR
路径关系	$Model24_0$	$Model24_1$	$Model24_2$	$Model24_3$	$Model24_4$	$Model24_5$	$Model24_6$	$Model24_7$
PM→T	0.318 **	0.529 **	0.216 **	0.448 **	0.356 **	0.267 **	0.256 **	0.321 **
F→T	0.722 **	0.549 **	0.835 **	0.645 **	0.671 **	0.766 **	0.771 **	0.684 **
P↔F	0.824 **	0.723 **	0.711 **	0.664 **	0.885 **	0.832 **	0.862 **	0.973 **
假设	$H24_0$	$H24_1$	$H24_2$	$H24_3$	$H24_4$	$H24_5$	$H24_6$	$H24_7$
检验结果	支持	支持	支持	支持	支持	支持	—	—

资料来源：作者计算得出。

注：** 表示在 0.05 水平上显著（双尾检验）。

表 6 - 8 是产品模块化与企业组织模块化对技术创新的联合效应。表 6 - 8 的第一部分中，$Model24_6$ 和 $Model24_7$ 的拟合度检验没有通过，因此第二、三部分的结果和结论无法得到验证。其余六个模型的拟合度通过检验，所以其路径关系和研究假设得到支持。因此，证实了新一代信息技术、新材料、新能源、生物医药、高端装备制造等战略性新兴产业中，产品模块化、企业组织模块化与技术创新的联合效应。而节能环保产业和新能源汽车产业的该种联合效应没有得到证实。

表 6 - 9 是企业组织模块化与产业组织模块化对技术创新的联合效应。表 6 - 9 的第一部分，$Model25_6$ 和 $Model25_7$ 的拟合度检验没有通过，因此第二、三部分的结果和结论不成立。其余六个模型的拟合度通过检验，所以其路径关系和研究假设得到支持。因此，证实了新一代信息技术、新材料、新能源、生物医药、高端装备制造等战略性新兴产业中，企业组织模块化、产业组织模块化与技术创新的联合效应；节能环保产业和新能源汽车产业的该种联合效应没有得到证实。

表 6 – 9　　企业组织模块化与产业组织模块化对技术创新的联合效应

Fit	绝对拟合检验				增量拟合检验		近似误差检验	
	CMIN	df	P	GFI	CFI	IFI	RMSEA	RMR
$Model25_0$	518. 680	169	0. 000	0. 917	0. 947	0. 947	0. 058	0. 028
$Model25_1$	324. 358	169	0. 000	0. 847	0. 920	0. 921	0. 073	0. 031
$Model25_2$	238. 374	159	0. 000	0. 801	0. 933	0. 935	0. 074	0. 047
$Model25_3$	235. 242	163	0. 000	0. 802	0. 916	0. 918	0. 071	0. 043
$Model25_4$	231. 903	163	0. 000	0. 800	0. 938	0. 939	0. 069	0. 054
$Model25_5$	198. 663	161	0. 023	0. 802	0. 949	0. 951	0. 060	0. 045
$Model25_6$	313. 032	158	0. 000	0. 687	0. 847	0. 852	0. 126	0. 074
$Model25_7$	287. 781	166	0. 000	0. 622	0. 769	0. 779	0. 134	0. 051

路径关系	$Model25_0$	$Model25_1$	$Model25_2$	$Model25_3$	$Model25_4$	$Model25_5$	$Model25_6$	$Model25_7$
E→T	0. 274 **	0. 317 **	0. 236 **	0. 413 **	0. 317 **	0. 216 **	0. 280 **	0. 199 **
I→T	0. 763 **	0. 731 **	0. 795 **	0. 617 **	0. 698 **	0. 815 **	0. 779 **	0. 846 **
E↔I	0. 822 **	0. 789 **	0. 829 **	0. 883 **	0. 932 **	0. 822 **	0. 723 **	0. 730 **
假设	$H25_0$	$H25_1$	$H25_2$	$H25_3$	$H25_4$	$H25_5$	$H25_6$	$H25_7$
检验结果	支持	支持	支持	支持	支持	支持	—	—

资料来源：作者计算得出。

注：** 表示在 0. 05 水平上显著（双尾检验）。

表 6 – 10 是产业组织模块化与产品模块化对技术创新的联合效应。表 6 – 10 的第一部分，$Model26_6$ 和 $Model26_7$ 的拟合度检验没有通过，因此第二、三部分的结果和结论不成立。其余六个模型的拟合度通过检验，所以其路径关系和研究假设得到支持。因此，证实了新一代信息技术、新材料、新能源、生物医药、高端装备制造等战略性新兴产业中，产业组织模块化、产品模块化与技术创新的联合效应；节能环保产业和新能源汽车产业的该种联合效应没有得到证实。

表 6 – 10　　　　产业组织模块化与产品模块化对技术创新的联合效应

Fit	绝对拟合检验				增量拟合检验		近似误差检验	
	CMIN	df	P	GFI	CFI	IFI	RMSEA	RMR
$Model26_0$	516. 995	169	0. 000	0. 917	0. 948	0. 948	0. 058	0. 025
$Model26_1$	331. 494	169	0. 000	0. 843	0. 908	0. 909	0. 075	0. 030
$Model26_2$	251. 918	156	0. 000	0. 805	0. 921	0. 923	0. 083	0. 049
$Model26_3$	240. 611	163	0. 000	0. 801	0. 921	0. 923	0. 073	0. 045
$Model26_4$	225. 429	161	0. 001	0. 800	0. 943	0. 944	0. 067	0. 050
$Model26_5$	191. 668	154	0. 021	0. 796	0. 956	0. 958	0. 061	0. 058
$Model26_6$	314. 388	159	0. 000	0. 689	0. 841	0. 846	0. 126	0. 055
$Model26_7$	326. 926	168	0. 000	0. 635	0. 729	0. 738	0. 152	0. 047
路径关系	$Model26_0$	$Model26_1$	$Model26_2$	$Model26_3$	$Model26_4$	$Model26_5$	$Model26_6$	$Model26_7$
I→T	0. 758 *	0. 815 **	0. 829 **	0. 688 **	0. 673 **	0. 792 **	0. 688 **	0. 720 **
P→T	0. 280 **	0. 226 **	0. 201 **	0. 362 **	0. 358 **	0. 263 **	0. 341 **	0. 305 **
I↔P	0. 815 **	0. 774 **	0. 820 **	0. 795 **	0. 869 **	0. 730 **	0. 872 **	0. 884 **
假设	$H26_0$	$H26_1$	$H26_2$	$H26_3$	$H26_4$	$H26_5$	$H26_6$	$H26_7$
检验结果	支持	支持	支持	支持	支持	支持	—	—

资料来源：作者计算得出。

注：** 表示在 0. 05 水平上显著（双尾检验）。

6.5

小　结

　　基于模块化视角，课题组利用问卷调查样本对战略性新兴产业的技术创新问题进行了经验性研究。分别建立起产品模块化、企业组织模块化、产业组织模块化与技术创新的独立效应结构方程模型和联合效应结构方程模型。在七大类战略性新兴产业中进行实证比较分析，厘清了战略性新兴产业模块化组织的两种创新效应。

从独立效应的实证研究结论来看，当产品模块化单独作用于技术创新时，其独立效应在七大细分产业和战略性新兴产业都得到了证实。所不同的只是独立效应在不同产业具有不同的估计值。其中高端装备制造产业产品模块化与技术创新的独立效应最大，其路径系数为0.738，高出战略性新兴产业的0.592许多。除了生物医药（0.463）和新能源汽车产业（0.489），其余产业的独立效应均大于平均产业水平。这一实证结果说明，在战略性新兴产业中，产品的模块化设计与生产促进了技术创新的发展。当企业组织模块化单独作用于技术创新时，其独立效应也得到了证实。其中，高端装备制造业的企业组织模块化与技术创新的独立效应最大，其路径系数为0.725。生物医药（0.523）和新能源汽车产业（0.413）仍然是最小的两个产业，比战略性新兴产业平均水平（0.612）要小。因此，实证结果说明，在战略性新兴产业中，企业组织的模块化促进了技术创新的发展。当产业组织模块化单独作用于技术创新时，其独立效应也得到了证实。其中，高端装备制造的产业组织模块化与技术创新的独立效应最大，其路径系数为0.699，略高于战略性新兴产业的平均水平0.611。生物医药（0.517）和新能源汽车产业（0.413）的独立效应是最小的两个产业。因此，实证结果说明，在战略性新兴产业中，产业组织的模块化促进了技术创新的发展。本书的实证研究证实了前面对战略性新兴产业模块化与技术创新的独立效应的假设。此外还发现：在三种模块化的独立效应中，高端装备制造产业的独立效应最大，生物医药和新能源汽车产业的独立效应最小。

从联合效应的实证结论来看，当两种模块化同时作用于技术创新时，二者都发挥正向促进作用，这就是模块化与技术创新的联合效应。两者在促进技术创新的过程中并不是均衡地发挥作用，而是有一种模块化起主导作用，另一种模块化发挥较小的作用。不论是七大类细分产业还是战略性新兴产业都呈现出这一规律：企业组织模块化比产品模块化发挥更主要的作用；产业组织模块化比企业组织模块化和产品模块化发挥更主要的作用。

通过实证结论得到的启示有：协调产品与组织模块化的发展节奏，提高模块化的联合创新效应。两种模块化的联合作用会改变模块化的独立创新效应。因此，要调整好模块化之间的发展平衡，增强模块化的联合创新效应。而且，要协调战略性新兴产业各细分产业间的发展平衡。继续推行产品与组织模块化，尤其是生物医药和新能源汽车产业的模块化。尽管新一代信息技术和高端装备制造等产业已经尝到了模块化发展带来的好处，但生物医药等产业为什么模块化发展程度低？这是值得继续深入探讨的问题。

第 7 章

模块化与战略性新兴产业
全要素生产率

7.1

引 言

    在经历了 30 多年的高速增长后，中国经济发展已经进入了"新常态"。创新驱动发展是"新常态"条件下中国经济发展战略的重中之重。创新驱动发展战略的实施是一项系统工程，不仅要依靠科技创新、产品创新与市场创新，而且要通过组织创新使中国产业高效利用全球生产要素。在全球化与信息化时代，分工与专业化水平远比工业经济时代高，经济组织的作用更为重要。通过高效经济组织提升自主创新能力与要素使用效率，占领全球价值链高端是我国提升产业全球竞争力的根本途径。

    在信息技术和知识经济的推动下，今天的国际分工已经由产业内分工发展到更为细致的产品内分工，一个产品的不同工序或模块由跨企业、跨地域的全球模块化网络共同完成。正如青木昌彦指出的，模块化是信息经济条件下新兴产业组织的本质（青木昌彦，安藤晴彦，2003）①。模块化产业组织使传统产业组织由纵向产业链演变成横向价值网络。模块化产业组织不仅使分工深化，而且使经济组织走向融合。模块化产业组织通过与创新相关的生产要素的最优配置生产最终产品。模块化产业组织能打破产业和地域的限制，使新兴产业内部产业之间，新兴产业和传统产业之间实现协同创新发展，有助于中国创新驱动发展战略的整体实现。

模块是半自律性的子系统，它可以和其他子系统按照一定规则构成更加复杂的系统或过程。青木昌彦指出模块化系统有两个重要特征：系统信息同化（assimilation）与个体信息包裹化（encapsulation）。模块化可以使复杂系统的控制简单化（青木昌彦，安藤晴彦，2003）①。模块化生产是对不同生产知识的整合，它深化了分工，促进了创新（胡晓鹏，2004；Ethiraj，Levinthal，2010）②③。模块化使外包业务增多，企业组织扁平化、网络化（刘茂松，曹虹剑，2006）④。模块化生产沿着工艺与产品模块化、企业组织模块化到产业组织模块化的路径演进，模块化是产业链整合的关键（芮明杰，刘明宇，2006）⑤。甚至可以说，新经济时代就是模块化时代（芮明杰，刘明宇，2006）⑥。但模块化有一定限制条件，如果系统规则不能适应动态市场环境，模块化就可能阻碍创新

①　青木昌彦，安藤晴彦．模块时代：新产业结构的本质［M］．上海：上海远东出版社，2003.

②　胡晓鹏．从分工到模块化：经济系统演进的思考［J］．中国工业经济，2004，（9）：5-11.

③　Ethiraj S. K.，Levinthal，D. Modularity and innovation in complex systems［J］. Management Science，2010，50（2）：160-171.

④　刘茂松，曹虹剑．产业组织中的模块化理论发展动态［J］．经济学动态，2006，（2）：74-77.

⑤　芮明杰，刘明宇．产业链整合理论述评［J］．产业经济研究，2006，（3）：60-66.

⑥　Baldwin C. Y.，Clark，K. B. Managing in an Age of Modularity［J］. Harvard Business Review，1997，（5）：84-93.

（Ernst，2006）①。

从以往的研究来看，学者们已经深入研究了模块化的基本原理、特征、价值、演进、方法及对产业发展的意义，但模块化作为信息经济时代经济产业组织的本质及意义还有待深入探讨。已有的模块化研究多以理论研究为主，少有实证研究。提瓦娜（Tiwana，2008）②，以及陈劲和桂彬旺（2007）等学者用调查问卷衡量模块化生产程度③。从理论上来说，这样得到的数据能反映模块化程度。但如果能用官方的权威数据进行实证研究则可能更好。

模块化与垂直专业化（Vertical Specialization）、外包等密切相关。垂直专业化常被用来衡量国际产品内分工和外包的程度（Grossman，Helpman，2005）④。学者们测量垂直专业化的常用方法有以下三类（胡昭玲，2006；赵明亮，臧旭恒，2011）⑤⑥。

第一，利用海关数据直接计算零部件贸易额或通过加工贸易数据来间接度量，其主要研究者包括芬斯特拉（Feenstra，1996）⑦和汉森等人（（Hanson，2005）⑧。这需要把进口产品区分为中间产

① Ernst D. Limits to Modularity：A Review of the Literature and Evidence from Chip Design［J］. Industry and Innovation，2005，1 – 27.

② Tiwana，A. Does interfirm modularity complement ignorance? A field study of software outsourcing Alliances［J］. Strategic Management Journal，2008，29（11）：1241 –1252.

③ 陈劲，桂彬旺. 模块化创新：复杂产品系统创新机理与路径研究［M］. 北京：知识产权出版社，2007.

④ Grossman，G. M. ，Heloman，E. Outsourcing in a global economy［J］. Review of Economic Studies，2005，72（1）：135 –159.

⑤ 胡昭玲. 国际垂直专业化分工与贸易：研究综述［J］. 南开经济研究，2006，（5）：12 –26.

⑥ 赵明亮，臧旭恒. 垂直专业化分工测度及经济效应研究述评［J］. 经济理论与经济管理，2011，（9）：27 –39.

⑦ Feenstra，R. C. ，Hanson，G. H. Globalization，outsourcing，and wage inequality［J］. American Economic Review，1996，86（2）：240 –245.

⑧ Hanson，G. H. ，Mataloni，R. J. ，Slaughter，M. J. Vertical production networks in multinational firms［J］. Review of Economics and statistics，2005，87（4）：664 –678.

品与最终产品，在实证研究中处理起来比较困难。

第二，利用投入－产出法（I-O）和出口贸易数据进行测量。最经典的是胡梅尔斯等人（Hummels，2001）提出的 VSS 指数：一国出口总额中所含垂直专业化贸易额的比重[①]。投入－产出法最新进展是库普曼等人（Koopman，2014）结合多国海关数据与跨国投入产出表解决了中间产品多次跨境造成的重复计算问题[②]。一些研究机构和学者，如北京大学中国经济研究中心（CCER）课题组（2006）[③]、张小蒂与孙景蔚（2006）[④]、徐毅与张二震（2008）[⑤]、文东伟与冼国明（2010）[⑥]、刘庆林等人（2010）[⑦]、以及唐东波（2012）[⑧] 运用此方法进行了中国的实证研究。胡梅尔斯（Hummels）等人的测量方法需要投入产出表及产业间消耗系数矩阵，而国家统计局只公布了少数几个年度投入产出表数据，这增加了对中国进行实证研究的难度。

第三，用 VAS 指数来衡量垂直专业化发展水平。此法用中间品投入占总产出的比重来衡量垂直专业化或外包水平，因为总产出 =

① Hummels, D. , Ishii, J. , Yi, K. M. The nature and growth of vertical specialization in world trade [J]. Journal of International Economics, 2001, 54 (1): 75 – 96.

② Koopman, R. , Wang, Z. , Wei, S. J. Tracing value – added and double counting in gross exports [J]. American Economic Review, 2014, 104 (2): 459 – 494.

③ CCER 课题组. 中国出口贸易中的垂直专门化与中美贸易 [J]. 世界经济, 2006, (5): 3 – 11.

④ 张小蒂, 孙景蔚. 基于垂直专业化分工的中国产业国际竞争力分析 [J]. 世界经济, 2006, (5): 12 – 21.

⑤ 徐毅, 张二震. 外包与生产率：基于工业行业数据的经验研究 [J]. 经济研究, 2008, (1): 103 – 113.

⑥ 文东伟, 冼国明. 中国制造业的垂直专业化与出口增长 [J]. 经济学季刊, 2010, (2): 467 – 494.

⑦ 刘庆林, 高越, 韩军伟. 国际生产分割的生产率效应 [J]. 经济研究, 2010, (2): 32 – 43.

⑧ 唐东波. 垂直专业化贸易如何影响了中国的就业结构 [J]. 经济研究, 2012, (8): 118 – 131.

中间品投入 + 价值增值，所以 VAS = 1 – 价值增值/总产出，此方法也被称为增加值法（邓国琳，2013）[①]。VAS 方法能摆脱投入产出表的限制，艾格和艾格（Egger，Egger，2006）[②]，福尔克（Falk，2012）[③]、刘志彪与吴福象（2006）[④]、戴魁早（2012，2013）[⑤][⑥] 等人运用 VAS 方法进行的垂直专业化和国际外包的实证研究给本书以重要启示。

需要指出的是：垂直专业化与产业组织模块化在研究对象上有所区别，前者更注重研究价值链的国际分割，模块化却要求我们研究价值链在国内外的分割，而不是着重考虑国际贸易数据。VAS 指数法在本质上包含了价值链在国内外分割，为了与强调国际贸易的垂直专业化相区别，在 VAS 指数的思想上，本书用"增值比率法"（Value-added Ratio，VAR）来衡量产业组织模块化程度。

全要素生产率（TFP）能体现经济增长中不能归因于有形生产要素的增长部分，包括科技进步、组织创新、生产创新、专业化与规模经济等，能深刻反映创新驱动发展的内涵。在后金融危机时代复杂多变的国际环境中，新一轮科技与产业革命正在孕育和兴起，中国还需大力发展战略性新兴产业来助力创新驱动发展战略的实施。本书将实证研究产业组织模块化对战略性新兴产业 TFP 当期

① 邓国琳. 产品内分工对高新技术产业的生产率效应研究 [D]. 长沙：湖南师范大学，2013.

② Egger，H.，Egger，P. International outsourcing and the productivity of low-skilled labor in the EU [J]. Economic Inquiry，2006，44（1）：98 – 108.

③ Falk，M. International outsourcing and productivity growth [J]. Review of Economics and Institutions，2012，3（1）：1 – 19.

④ 刘志彪，吴福象. 贸易一体化与生产非一体化：基于经济全球化两个重要假说的实证研究 [J]. 中国社会科学，2006，（2）：80 – 92.

⑤ 戴魁早. 中国高技术产业垂直专业化的生产率效应研究 [J]. 统计研究，2012，（1）：55 – 62.

⑥ 戴魁早. 垂直专业化对创新绩效的影响及行业差异——来自中国高技术产业的经验证据 [J]. 科研管理，2013，34（10）：42 – 49.

和滞后期的影响。模块化产业组织效率受产业标准带来的协调成本的影响，因此我们将考虑公共品性质的产业标准和非公共品性质的产业标准对战略性新兴产业全要素生产率（TFP）的影响。

除了模块化程度以外，战略性新兴产业 TFP 可能受到其他产业环境因素的影响，在考虑重要性及数据可获得性之后，本书把市场势力、产权结构、对外开放、政府支持、金融环境、研发（R&D）人力与资本投入、市场竞争等产业环境因素作为控制变量。用基于数据包络方法（DEA）的马奎斯特（Malmquist）指数对战略性新兴产业 TFP 及其分解变量——技术进步、技术效率及规模效率进行测算，通过构建 GMM 动态面板数据模型，实证研究产业组织模块化，产业标准与产业环境因素对战略性新兴产业 TFP 及其分解变量的影响。此外，因为移动通讯技术标准的演进对产业组织模块化及 TFP 的影响是一个很好的自然实验，而且中国确立1G 标准的时间（1995 年）正好是本书实证数据的时间起点，所以本书还将分段研究 1G – 3G 标准设立对电子及通讯设备制造业 TFP 的影响。

7.2

理论分析与研究假设

7.2.1　新兴产业组织的本质

融合是信息经济时代新兴产业组织的本质。信息经济时代，产品系统越来越复杂，生产知识之间的互补性越来越强，知识分工开始深入发展。在此背景下，工业经济时代常见的同质化竞争策略被基于生产知识互补的异质化合作策略所替代。垂直专业化与产品内分工理论强调分工深化带来的生产率提高，但这二者还不足以概括信息经济时代产业组织的基本特征。工业经济时代经济组织的主要特征是分工，而信息经济时代经济组织的主要特征是分工深化后的融合（姜奇平，2006）①。模块化在产品内分工的基础上打破了企业、产业和地域的界限，实现了生产要素的跨企业、跨产业、跨地域的有机融合，使产业组织形成一个动态演化的有机系统，这才是信息经济条件下新兴产业组织的本质。产业组织模块化是对不同生产要素，尤其是生产知识的分割、重组与融合，这种融合不是简单的联合，而是组织间的生产要素与资源相互渗透，相互交融，使企业和产业的边界模糊化，自发地涌现新的组织结构并带来报酬递增。产业组织模块化是一个不断演进的融合过程。在产业组织模块化发展初级阶段，一个产品的价值链在同一个产业相关企业间分割、重组与融合。到了产业组织模块化发展的中级阶段，产业链在相关产业间分割、重组与融合。而到了产业组织模块化发展的高级阶段，信息技术的高度发展使模块化价值网络系统开始在任意可能的产业间分割、重组与融合，这时就会出现传统产业与新兴产业的大规模融合。此时，产业边界不再清晰，协同发展成为常态。从耗散系统理论角度来说，模块化产业组织是一个可以自发演进的自组织系统。系统信息同化保障了模块化产业组织的开放性，而私人信息的保护使模块化系统与外界有适度的隔离，这些都保障了模块化系统走向自组织（许国志，顾基发，车宏安，2000；普里戈金，2007）②③。模块化组织系统是非线性化发展的，因为模块化组织系统内部会演化出复杂的竞争、合作关系，这会不停地产生新的组织结构。只要确定了产业的系统规则，产业组织中的各子模块系统就可以自主地演进（杨丽，2008）④。

---

① 姜奇平. 后现代经济：网络时代的个性化和多元化 ［M］. 北京：中信出版社，2009.

② 许国志，顾基发，车宏安. 系统科学 ［M］. 上海：上海科技教育出版社，2000：173 - 201.

③ 普里戈金. 从存在到演化 ［M］. 北京：北京大学出版社，2007.

④ 杨丽. 模块化对产业组织演进的影响 ［D］. 济南：山东大学，2008.

模块化产业组织本质上是产品契约与要素契约融合的动态契约网络。在工业经济发展初期，亚当·斯密就敏锐地发现分工能提高劳动生产率，进而导致国民财富的增加。在信息化与全球化条件下，通过产业组织模块化使全球生产要素及资源走向新的融合，创造报酬递增的经济组织形式是人类经济发展的重要推动力。产业组织模块化后，产业系统内会演化出许多系统整合者与模块供应商，在系统整合者的主导下形成模块化网络组织。从契约性质来看，模块化网络组织实现了企业契约和市场契约的融合。模块化网络组织不是科斯（Coase，1937）所讲的科层制企业内长期契约对短期契约的替代，或一个契约对一系列契约的替代[①]；与张五常（1983）所言的企业契约性质也完全不同，因为张五常并没有考虑跨企业的网络组织的契约关系[②]。模块化网络组织是中间产品（或服务）契约与要素契约的融合。模块化网络组织的治理结构不同于以往的经济组织，它是由技术领先者主导的多方共同治理，在产业标准或系统规则制定者的主导下，中间产品契约与要素契约通过不同的排列组合，融合成一个跨组织、跨地域，低交易费用且高创新能力的动态契约网络。因为模块化网络组织的系统统一接口具有兼容性，再加上中间产品的市场契约性质，所以工业经济时代科层制经济组织中的生产要素贡献的定价、偷懒或卸责（shirking）等问题已经不是新经济组织治理的核心问题（Williamson，2002）[③]。模块化产业组织是一种产业标准或系统规则制定者主导下，多方利益相关者参与的共同治理模式。工业经济时代科层组织内，由物质资本垄断剩余的单边治

---

① Coase, R. H. The Nature of the firm ［J］. Economica, 1937, 4 (16): 386 – 405.

② Cheung, S. N. S. The contractual nature of the firm ［J］. Journal of Law and Economics, 1983, 26 (1): 1 – 21.

③ Williamson, O. E. The theory of the Firm as governance structure: from choice to contract ［J］. Journal of Economic Perspectives, 2002, 16 (3): 171 – 195.

理机制被信息经济时代网络组织内人力资本主导，合作剩余共享的多边治理机制所替代（曹虹剑，张慧，刘茂松，2010）①。

模块化产业组织实现了生产要素跨组织、跨地域的动态优化配置。在产业组织模块化条件下，模块化产业内会有多个模块化契约网络存在，它们是全球产品内分工的组织者。模块化网络组织实现了要素契约与产品契约的融合。模块化网络组织的整合者（中心签约人）可以通过对中间产品契约及要素契约不同排列组合来选择最有效率的契约网络。模块化网络组织可以打破传统产业组织的限制，以最少生产要素占用生产最终产品，实现生产要素跨组织、跨地域的动态优化配置（曹虹剑，张慧，刘茂松，2010）②。同时，模块化网络组织能整合产业内外的创新资源，使组织创新、技术创新和产品创新自发地涌现。

模块化不仅能促进技术创新，其自增强机制还能使市场上出现"马太效应"，使创新能力拔尖者的市场规模进一步扩大。

分工所带来的协调成本是制约组织扩展，影响其经济效率的主要原因之一。在人类经济社会中，组织可以通过分工克服个体的有限理性（Hayek，1945；汪丁丁，2002；Garicano，Hubbard，2009）③④⑤。在信息经济时代，产品系统非常复杂，专业化程度不断提高，知识分工开始深入发展，每个企业只运用全部生产知识中

---

① 曹虹剑，张慧，刘茂松. 产权治理新范式：模块化网络组织产权治理［J］. 中国工业经济，2010，(7)：84 – 93.

② 曹虹剑，李睿，贺正楚. 战略性新兴产业集群组织模块化升级研究——以湖南工程机械产业集群为例［J］. 财经理论与实践，2016，(2)：118 – 122.

③ Hayek，F. A. The Use of Knowledge in Society ［J］. American Economic Review，1945，35（4）：519 – 530.

④ 汪丁丁. 知识表达、知识互补性、知识产权均衡 ［J］. 经济研究，2002，(10)：83 – 92.

⑤ Garicano，L.，Hubbard，T. M. Specialization，firms，and markets：The division of labor within and between law firms ［J］. Journal of Law，Economics，and Organization，2009，25（2）：339 – 371.

自己拥有竞争优势的那一部分。于是，怎样协调分散在各个企业内的局部知识（Local Knowledge）成为网络组织扩展面临的难题。

图 7 - 1 是经济组织知识分工的协调成本。在图 7 - 1 中，D 表示模块化产业组织内知识分工的程度，C 表示模块化产业组织内知识分工的协调成本。MC 表示知识分工的边际协调成本。MR 表示知识分工带来的边际收益（曹虹剑，2008）。MC_1 是贝克尔和墨菲（Becker，Murphy，1992）理论中知识分工的协调成本：随着知识分工规模扩大协调成本递增，而边际收益递减[①]。因为过了分工水平 D_3 之后边际成本高于边际收益，所以是最优的知识分工水平。这与传统企业理论的结论是一致的：企业会因为规模扩大而导致组织成本上升（Hart，Holmstrom，2010）[②]。MC_2、MC_3、MC_4 是产业组织模块化条件下知识分工协调成本可能的三种情形。MC_2 是这样的情形：在模块化发展初期，系统规则能适应环境变化，协调成本维持在一个较低水平，但系统规则不能很好地随着环境变化而进行适应性调整，因而在过了分工水平 D_4 之后边际收益递减并小于边际成本，所以 D_4 是最优知识分工水平。模块化的初始协调成本较低的情形只在模块化产品系统相对简单时可能出现。MC_3 是一种现实中很少出现的理想情形：产业统一联系规则一直能很好地适应环境变化，知识分工的协调成本一直维持在一个相对稳定的低水平，因此任何低于 D_1 的知识分工水平都是不可取的。MC_4 是典型的产业组织模块化演进的过程：在模块化发展初期，知识分工的初始协调成本较高，但它是递减的，过了分工规模水平 D_2 后边际协调成本低于边际收益，所以任何低于 D_2 的知识分工水平是不可取的。

[①] Becker, G. S., Murphy, K. M. The division of labor, coordination costs, and knowledge [J]. Quarterly Journal of Economics, 1992, 107 (4): 1137 - 1160.

[②] Hart, O., Holmstrom, B. A Theory of firm scope [J]. Quarterly Journal of Economics, 2010, 125 (2): 483 - 513.

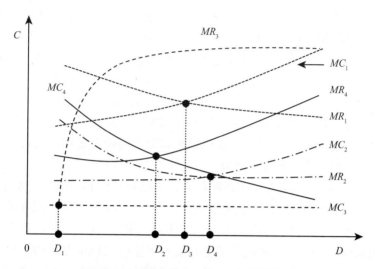

图 7 – 1　经济组织知识分工的协调成本

资料来源：作者绘制。

　　因为模块化是一个系统分解基础上重新融合的过程，不同要素与生产知识融合需要一个过程，所以在模块化发展初期有规则制定、调整、试错和自然选择的成本。高效产业标准能有效降低知识分工的协调成本，提高生产率。

　　基于以上分析，我们有如下假设：

　　H1 模块化发展初期有初始融合成本，之后才会提高全要素生产率。

　　H2a 模块化能提高技术效率。

　　H2b 模块化能促进技术变化。

　　H2c 模块化能提高规模效率。

　　产业组织模块化一个关键因素是系统规则或产业标准选择问题。产业标准是为了减少产业内不确定性及交易费用，就如何解决重复出现问题而达成的共识。表 7 – 1 是产业标准的主要种类及特征。根据标准形成过程与来源，产业标准可以分为两大类：非产品类标准与产品类标准（吕铁，2005）[1]。非产品类标准主要是由政府、行业协会或标准化组织强制实施，其目的是为了促进公共福利，它是法定（de jure）标准，一般具有公共品性质。产品类标准往往是通过市场竞争产生的，它通常是由一个或数个企业的标准联盟支配了市场，从而形成事实上（de facto）的产业标准（Farrell，Saloner，1992）[2]。产品类标准又可以分为两类：一类是俱乐部性质的标准，它只对俱乐部成员免费，对俱乐部之外的企业收取许可费，典型的例子是专利池（Patent Pool）；另一类是由单个企业掌握的标准，对其他所有使用者收费。根据发达国家的经验，市场选择和行业协会协调制定产品类标准的效率要高过政府强制实行产品类标准的效率。美国联邦通讯委员会（FCC）强制实行哥伦比亚广播公司（CBS）彩色电视机标准，以及日本通产省（MITI）干预高清电视（HDTV）模拟（MUSE）标准的例子说明强制的产品类产业标准往往有损社会福利的事实（Shy，2001）[3]。

表 7 – 1　　　　　　　　　　产业标准的主要种类及特征

主要种类	主要特征	形成过程
公共品标准	对所有人免费	政府强制 + 行业协会协调
俱乐部物品标准	只对俱乐部成员免费	市场竞争
私有品标准	对其他所有使用者收费	市场竞争

资料来源：作者整理。

最优的产业标准治理结构是三种不同性质标准带来的交易费用之和最小化。在式 7.1 中，$C(x)$ 表示不同性质标准带来的交易费

---

① 吕铁. 论技术标准化与产业标准战略 [J]. 中国工业经济，2005，（7）：43 – 49.

② Farrell，J.，Saloner G. Converters，compatibility and control of interfaces [J]. Journal of Industrial Economics，1992，40（1）：9 – 35.

③ Shy O. The economics of network industries [M]. New York：Cambridge University Press，2001.

用之和，c_i 表示交易费用，c_1 为公共品性质标准带来的交易费用，c_2 为俱乐部物品性质标准带来的交易费用，c_3 为私有品性质标准带来的交易费用。c_2 和 c_3 统称为非公共品性质的产业标准。

$$\text{Min } C(x) = \sum_{i=1}^{3} c_i$$
$$\text{s. t. } \quad c_i > 0 \tag{7.1}$$

基于以上分析，我们有如下假设：

H3 公共品产业标准能提高生产率。

H4 非公共品产业标准能提高生产率。

7.2.2 新兴产业的市场特征与发展环境

因为本书的实证研究对象是战略性新兴产业，所以还有必要讨论其市场特征与发展环境。学者们普遍认为，激烈的市场竞争会提高生产率，而市场势力将会抑制产业的创新动力。

基于以上分析，我们假设：

H5 市场竞争激烈程度的增加会提高生产率。

H6 市场势力会对生产率的提高产生不利影响。

金融环境也是影响战略性新兴产业成长的因素之一。青木昌彦的研究曾发现，从美国硅谷等新兴产业聚集地来看，直接融资方式，尤其是风险资本市场充分发展是新兴产业发展的强大推动力。当然间接融资的成本也会影响新兴产业的发展。对外开放度提升是否会提高全要素生产率是一个有争议的研究主题，虽然有很多实证研究支持增加对外开放度会提高全要素生产率的假说，但还有一些实证研究表明，如果不提高技术吸收能力与自主创新能力，对外开放度的提高并不一定会促进全要素生产率的提高。政府支持与产权结构是否会影响全要素生产率同样是有争议的研究课题，一些学者的实证研究表明政府支持对产业发展的作用有限，而国有产权不利于全要素生产率的提高（戴魁早，2012）。很多学者认为 R&D 投入对全要素生产率有促进作用（杨高举，黄先海，2013；王俊，2013）[1][2]。可是一个不可忽略的事实是：简单的人力和资本 R&D 投入在初期会促进创新，但可能存在一个阈值，过了这个阈值就可能出现 R&D 投入的边际收益递减。

此外，萨克森尼安（Saxenian，1994）通过对波士顿 128 号公路信息产业集群与硅谷信息产业集群的分析，发现硅谷的社会资本及组织优势是其在全球化竞争中脱颖而出的重要原因[3]。

中国的战略性产业发展与新兴产业发展既有联系，又有区别，因为还有"战略性"的问题。斯潘塞（Spencer）、布兰德（Bredner）、克鲁格曼（Krugman）等人的战略性贸易政策理论强调政府保护有利于战略性产业成长（Spencer，Brander，2008）[4]。而罗斯托（Rostow）、赫希曼（Hirschman）等人的主导产业与战略性新兴产业有意思接近的地方。政府要对处于成长初期，研发风险较大，生产成本较高的战略性新兴产业要给予支持性的产业政策，但要权衡政府保护的得失，不要让行政力量代替市场成为资源配置的决定性力量。

基于以上分析，我们有如下假设：

H7 金融支持会有利于生产率的提高。

H8 政府支持有利于生产率的提高。

H9 对外开放度提高会导致生产率的提高。

H10 国有产权的比重提高不利于生产率的提高。

---

① 杨高举，黄先海. 内部动力与后发国分工地位升级——来自中国高技术产业的证据 [J]. 中国社会科学，2013，(2)：25-45.

② 王俊. 跨国外包体系中的技术溢出与承接国技术创新 [J]. 中国社会科学，2013，(9)：108-125.

③ Saxenian, A. Regional Advantage: Culture and Competition in Silicon Valley and Route 128 [M]. Cambridge: Harvard University Press, 1994.

④ Spencer, B., Bredner, J. A. Strategic Trade Policy [A]. in The New Palgrave Dictionary of Economics [C]. ed. by Durlauf, S. N. and Blume, L. E., Basingstoke, Hampshire: Palgrave Macmillan, 2008.

H11a R&D 人力投入增加会导致生产率的提高。

H11b R&D 资本投入增加会导致生产率的提高。

7.3

研究设计

7.3.1 实证模型

GMM 动态面板数据模型能很好地克服内生性以及截面数据存在的行业效应等问题。为了更准确地衡量模块化对全要素生产率的影响，本书采用 GMM 动态面板数据模型：

$$Y_{it} = \alpha X_{it} + \beta W_{it} + u_{it} \quad i = 1,\cdots,N; t = 1,\cdots,T \quad (7.2)$$

在式 7.2 中，$u_{it} = v_i + e_{it}$，v_i 代表行业效应，e_{it} 为随机扰动项；X_{it} 表示严格外生的变量；W_{it} 表示前定变量和内生变量，包括 Y_{it} 的滞后项，它们都与 v_i 相关；α 和 β 是待估参数。模型对复合误差项假定：（a）零期望和相互独立；（b）误差项没有组间相关性。GMM 方法以解释变量的滞后项作为工具变量。在模型设定正确的前期下，一阶差分后的模型存在自回归，但二阶差分后的模型不应该存在自回归，通过误差项序列相关检验（Arellano-Bond Test）进行验证，原假设是：没有自回归（钱学锋，陈勇兵，2009；戴魁早，刘友金，2013；戴魁早，2013）[1][2][3]。为检验是否存在过度识

---

① 钱学锋，陈勇兵. 国际分散化生产导致了集聚吗：基于中国省级动态面板数据 GMM 方法 [J]. 世界经济，2009，(12)：27 – 39.

② 戴魁早，刘友金. 行业市场化进程与创新绩效——中国高技术产业的经验分析 [J]. 数量经济技术经济研究，2013，(9)：37 – 54.

③ 戴魁早. 垂直专业化对中国高技术产业创新效率的影响——基于动态面板 GMM 方法的实证检验 [J]. 研究与发展管理 2013，25（3）：34 – 44.

别问题，本书使用过度识别检验（Sargan Test）来验证工具变量的有效性。①

7.3.2　产业组织模块化的度量

产业组织模块化既包含全球价值链（GVC）的分割，也包含国内价值链（NVC）的分割；既包含产品生产的分割，也包含服务与知识产权的分割。模块化生产是一种迂回生产（roundabout production）方式，它在产品内分工深化，专业化程度提高的同时扩展了网络效应，可以增加产业的整体价值。研究产业组织模块化要研究产业链在相关组织间的分割及增值比重。与戴魁早（2012）等人使用 VAS 方法一样，在研究产业链的模块化分割时，不需要获得复杂的产业间消耗系数矩阵，模块化衡量指数可以简单地用价值增值比重来表示，为了与注重国际贸易的垂直专业化相区别，本书称之为增值比率法（VAR）。VAR 公式如下：

$$VAR = 1 - \frac{VA}{TV} = \frac{IV}{TV} \tag{7.3}$$

在式 7.3 中，VA 表示价值链中增值的部分，IV 表示中间投入品的价值，TV 表示价值链的总和。$\frac{VA}{TV}$ 表示价值链中的增加值占价值链总值的比重。$\frac{IV}{TV}$ 表示中间投入品价值占价值链总值的比重，这一指标能反映一个产业的迂回生产程度和组织模块化程度。如果价值链在不同企业间进行分解重组，VAR 值将有效反映这一变化。图 7 - 2 是价值链模块化分割与重组。在图 7 - 2 中，假设有某产业内有甲企业生产 A 产品，A 产品的产值为 m，组织模块化以后 A

---

① 关于动态面板数据模型及其软件使用的介绍详见各种计量经济学及 Stata 使用教材。

产品分割成两个增值环节：第一个环节在乙企业内完成，生产最终产品 A 的中间投入品 a，第二个环节仍在甲企业内完成，完成最终产品 A 的生产。组织模块化前后甲企业产品 A 的产值都为 m，但是价值链的总产值从原来的 m 增加到 m + m_1，而且中间品投入增加，因此 VAR 值变大，产业组织模块化程度提高。

图 7 - 2   价值链模块化分割与重组

资料来源：作者绘制。

7.3.3   全要素生产率的度量

全要素生产率的思想最早由索洛（Slow）在新古典经济增长理论中提出。全要素生产率通常指传统的生产要素投入量都不变化时，生产量仍能增加的部分。全要素生产率实际上是指经济增长中由技术进步、组织创新、以及专业化与规模经济等无形要素带来的增长部分，因此，全要素生产率更能深刻地反映增长的质量。

非参数法常被用来衡量定期的全要素生产率（李小平，2007；戴魁早，2012）①②。本书采用基于数据包络方法（DEA）的马奎斯特指数（Malmquist）对中国战略性新兴产业的全要素生产率及其分解变量进行测度。马奎斯特指数最早是由马奎斯特率先提出。凯伍斯（Caves）等人（1982）改进并构建了新的马奎斯特生产率指

---

①   李小平. 自主 R&D、技术引进和生产率增长：对中国分行业大中型工业企业的实证研究 [J]. 数量经济技术经济研究，2007，(7)：15 - 24.

②   戴魁早. 中国高技术产业垂直专业化的生产率效应研究 [J]. 统计研究，2012，(1)：55 - 62.

数，并将这种生产率指数命名为马奎斯特生产率指数①。之后，菲尔（Färe）等人（1994，1997）进一步将马奎斯特指数进行了分解，将指数分解成技术效率，技术进步和规模效率②③，其公式如下：

$$
\begin{aligned}
M_0(x^{t+1}, y^{t+1}; x^t, y^t) &= \left[\frac{D_0^t(x^{t+1}, y^{t+1})}{D_0^t(x^t, y^t)} * \frac{D_0^{t+1}(x^{t+1}, y^{t+1})}{D_0^{t+1}(x^t, y^t)} \right]^{1/2} \\
&= \frac{D_0^{t+1}(x^{t+1}, y^{t+1})}{D_0^t(x^t, y^t)} \left[\frac{D_0^t(x^{t+1}, y^{t+1})}{D_0^{t+1}(x^{t+1}, y^{t+1})} * \frac{D_0^t(x^t, y^{t+1})}{D_0^{t+1}(x^t, y^t)} \right]^{1/2} \\
&= eff * tech \\
&= pech * sech * tech
\end{aligned}
\tag{7.4}
$$

在上式中，x^t, y^t 分别表示 t 期的投入和产出数值，而 x^{t+1}, y^{t+1} 分别表示 $t+1$ 期的投入量和产出量。D_0^t, D_0^{t+1} 分别表示 t 期和 $t+1$ 期的距离函数。全要素生产率即 $TFP = \frac{y^{t+1}}{x^{t+1}} / \frac{y^t}{x^t}$。马奎斯特生产率指数可以分解为技术效率增减（$eff$）和技术进步变化（$tech$）。技术效率变化是假定规模报酬一定，且投入不受限制的情况下，技术效率的改变，或者说，它表示从 t 期到 $t+1$ 期的实际生产到最佳前沿之间的距离（章祥苏，贵斌威，2008）④。技术进步变化表示技术边界从 t 期到 $t+1$ 期的移动；技术效率变化可以一进步被分解

① Caves D., Christensen L., Diewert WE. The Economic Theory of Index Numbers and the Measurement of Input, Output, and Productivity [J]. Econometrica, 1982, 50 (6): 1393 – 1414.

② Färe R., Grosskopf S., Norris, M., Zhang, Z. Y. Productivity growth, technical progress, and efficiency change in industrialized countries [J]. American Economic Review, 1994, 84 (1): 66 – 83.

③ Färe R., Grosskopf S., Norris M. Productivity Growth, Technical Progress, and Efficiency Change in Industrialized Countries: Reply [J]. American Economic Review, 1997, 87 (5): 1040 – 1044.

④ 章祥苏，贵斌威. 中国全要素生产率分析：Malmquist 指数法评述与应用 [J]. 数量经济技术经济研究, 2008, (6): 111 – 122.

为：纯技术效率变化（*pech*）及规模效率变化（*sech*）。

在全要素生产率计算过程中，资本投入的确定有一定争议，国内学者多用资本存量代替资本投入。本书借鉴了何枫等人（2003）的方法：本年年末资本存量＝上年年末资本存量＋本年新增资本存量，本年年均资本存量＝（上年年末资本存量＋本年年末资本存量）/2，这并没有考虑折旧，实际上是使用了固定资产原价代替了资本存量①。求解马奎斯特指数时考虑资本和人力两个投入要素，产出用增加值来表示，因为官方公布的数据从1995年开始，所以增加值和资本的数据都以1995年为基期，与其他学者通常所用的处理方法一样，本书研究中的"固定资产"的平减对象是"固定资产投资价格指数"，而"增加值"的平减对象也是"固定资产投资价格指数"（戴魁早，2012）。

7.3.4 产业标准的度量

在衡量模块化程度的影响之后，还要考虑模块化条件下产业标准带来的协调成本及其影响。产业标准分为公共品性质，俱乐部性质以及私有品性质标准。国家产业标准使用普遍，对所有成员免费，具有非竞争性和非排他性，可视为公共品性质标准。俱乐部性质标准与私有品性质的标准在统计数据中难以区分，所以我们把它们合在一起称为非公共品性质标准。本书用"stand"表示公共品性质的产业标准。专利一般由单个企业或企业联盟掌握，其使用具有竞争性和排他性，具有非公共品性质，且是事实上的产业标准，本书用"pat"表示非公共品性质的产业标准。本书用国家标准网统计的产业标准作为公共品性质标准，以《中国高技术产业统计年鉴》中相关产业专利申请数取对数后的值作为非公共品性质标

---

① 何枫，陈荣，何林. 我国资本存量的估算及其相关分析 [J]. 经济学家，2003，(5)：29-33.

准，探讨它们对 TFP 的影响。由于产业分类不完全相同，所以本书在国家标准统计网统计公共品性质产业标准数时按照《中国高技术产业统计年鉴》所列 5 个二级代码产业重新归类，以便实证研究。

移动通讯技术标准演进对相关产业 TFP 的影响是一个很好的自然实验。从 1995 年至今，中国移动通讯技术标准经历了四次变革：1995 年第一代模拟制式手机问世，标志着中国 1G 时代的开始；2001 年启动的模拟网转网工作标志着中国进入 2G 数字时代；2009 年初中国正式进入 3G 时代；2013 年 12 月中国开始发放 4G 牌照，2014 年初三大运营商开始在多地覆盖 4G 网络；本书将实证研究 1995 ~ 2013 年（1G - 3G）的数据。为了简化分析，本书对一些缺失数据进行了如下处理：缺少 2009 ~ 2013 年的"科技活动经费筹集额"，科技活动筹集额中的金融机构贷款、科技活动筹集额中的政府资金按 1995 ~ 2008 年平均增长率进行推算。2012 ~ 2013 的细分产业增加值数据根据 2008 ~ 2011 年的平均增长率推算得出。移动通讯技术标准的演进伴随着电子及通讯设备制造相关产业的产品研发及生产的巨大跨越，为了进一步验证移动通讯产业标准对相关产业 TFP 的影响，本书将电子及通讯设备制造业 9 个三位或四位代码产业的数据按 1995 ~ 2000 年、2001 ~ 2008 年、2009 ~ 2013 年三个阶段分别进行回归。这些产业既包含与移动技术直接相关的通信传输设备制造等细分产业，也包括集成电路制造等与移动技术间接相关的细分产业（见后面的实证研究产业细分表），所以分时段的实证研究也能在一定程度上反映模块化融合对 TFP 的影响。

7.3.5　产业环境控制变量

除了模块化程度以外，全要素生产率可能受到其他产业环境因素的影响，在考虑变量重要性以及数据可得性后，把市场势力、产权结构、对外开放度、政府支持、金融环境、R&D 人力与资本投入、市场竞争等作为控制变量。①

① 市场势力（power）用来衡量企业对市场的控制能力，市场势力可以用勒纳指数（Lerner Index）来衡量，但是边际成本、价格和需求价格弹性都较难获得，学者们常采用托宾Q、销售收益率、资产收益率或价格—成本盈余（price-cost margins，PCM）等指标近似替代（魏世红，2008）②，结合数据可获得性，本书选用销售收益率表示。

② 产权结构（struct）表示国有产权对产业的控制程度。本书借鉴杰弗森（Jefferson）等人（2004）③，吴延兵（2008）④ 及戴魁早（2012）的方法，采用国有及国有控股企业总产值占全产业的比重来反映。

③ 对外开放度（open）用来测度产业的开放程度。进口渗透率和出口率均能反映一国产业的开放程度。结合研究对象以及数据可获得性，选用出口率来衡量贸易开放程度。出口率常用来衡量一国某年某产业的出口在当年产量中占的比重，该指标公式如下：出口率 $=X_j/Q_j$。X_j 为该国 j 产业的出口数量，Q_j 为该国 j 产业的国内生产数量。

④ 政府支持（gov）用来衡量政府对战略性新兴产业的支持程度，本书采纳肖仁桥等人（2012）的方法⑤，用科技活动经费筹集额中的政府资金比例表示。

⑤ 金融环境（fin）用来衡量金融机构对战略性新兴产业的支

① 我们对变量进行了相关性检验，市场势力和市场竞争的相关系数为0.24，不存在多重共线性。

② 魏世红. 中国高技术产业技术效率研究 [D]. 大连：大连理工大学，2008.

③ Jefferson, G. H., Bai Huamao, Guan Xiaojing, et al. R&D performance in Chinese industry [J]. Economics of Innovation and New Technology, 2004, 15 (4-5): 345-366.

④ 吴延兵. 自主研发、技术引进与生产率 [J]. 经济研究, 2008, (8): 51-63.

⑤ 肖仁桥，钱丽，陈忠卫. 中国高技术产业创新效率及其影响因素研究 [J]. 管理科学, 2012, 25 (5): 85-96.

持程度，本书采纳肖仁桥等人（2012）的方法，用科技活动经费筹集额中金融机构贷款比例表示。

⑥ R&D 投入包括资本（K）和人力投入（L）。R&D 资本投入借鉴李小平（2007）[①] 和戴魁早（2012）的研究，用居民消费价格指数和固定资产投资价格指数的加权平均值进行平减，将 R&D 人力投入取对数后用 logl 表示，将 R&D 资本投入平减后再取对数，用 logk 表示。

⑦ 市场竞争（comp）表示产业内企业间竞争的激烈程度，用企业数目的对数值来表示。

7.3.6　数 据 来 源

战略性新兴产业的实证研究是一大难题。2010 年 10 月《国务院关于加快培育和发展战略性新兴产业的决定》正式明确了新一代信息技术等七大战略性新兴产业。在 2012 年 12 月国家统计局正式公布《战略性新兴产业分类（2012）》以前，战略性新兴产业的分类标准较为模糊，权威的产业分类目录尚未建立，缺乏统一规范的统计口径，所以进行实证研究的难度非常大[②]。

其实，一部分战略性新兴产业早已存在，通过比较《战略性新兴产业分类（2012）》和中国公布的相关统计年鉴，以及相关政府部门网站公布的数据，我们从《中国高技术产业统计年鉴》、

---

① 李小平. 自主 R&D、技术引进和生产率增长：对中国分行业大中型工业企业的实证研究 [J]. 数量经济技术经济研究，2007，(7)：15 – 24.

② 2012 年 7 月国务院印发了《"十二五"国家战略性新兴产业发展规划》。2012 年 9 月国家发改委编制了《战略性新兴产业重点产品和服务指导目录》（征求意见稿）。在此基础上，国家统计局 2012 年 12 月正式公布了《战略性新兴产业分类（2012）》。《战略性新兴产业分类（2012）》将七大类产业作为第一层进一步细分，第二层为 30 个类别，第三层为 100 个类别。并在第三层建立与行业和产品（服务）的对应关系，对应《国民经济行业分类》中的行业类别 359 个。

《中国统计年鉴》以及国家发改委高技术产业司网站公布的数据中，筛选出生物与生化制品制造等 18 个细分产业 1995～2011 年的数据（2011 年之后测度模块化的关键数据官方不再公布，所以我们的实证研究的数据截至 2011 年）。这 18 个细分产业分属于航空航天器制造业等五个二级代码产业。表 7－2 是实证研究涉及的战略性新兴细分产业。其他战略性新兴产业因为数据不可获得或统计口径不一致等问题未列入本书研究之中。2008～2011 年战略性新兴产业细分产业的增加值根据 2007 年的数据以及高技术产业司网站上公布的"累计增长"数据求得，价格指数来源于《中国统计年鉴》，产业标准数据来源于国家标准网统计数据，其他数据都来源于《中国高技术产业统计年鉴》①。文章对部分缺失数据进行估算：1996～1997 年的出口交货值缺失，为简化分析，假定 1995～1998 年的增长速度不变；1995 年通信设备制造的细分产业数据缺失，本书按 1996 年对应产业比例进行估算；1994～1995 年固定资产年末原价数据缺失，假定 1994～1995 年固定资产增长速度为 1996～2000 年的几何平均增长速度（戴魁早，2012）；2009～2011 年科技活动筹集额相关数据缺失，本书假定这 3 年增长速度为 1996～2008 年的几何平均增长速度。因统计口径的变更，2009～2011 年的固定资产在"资产总计"项中列示，不再是"年末固定资产原价"。1997～1998 年的"新增固定资产"为"更新改造新增"与"基本建设新增"之和。由于 2009 年"资产总计"与前后年份相比有较大的异常变动，不符合正常经济规律，为保证数据合理性，本书假设 2010～2011 年"资产总计"的增长率不变，重新

---

① 国家统计局从 2009 年起开始实施工业企业成本费用调查。2008 年以后，国家统计局不再对外发布年度规模以上工业分行业增加值数据，只发布年度全部工业增加值数据。因此，《中国高技术产业统计年鉴》2008 年以后也没有公布细分产业的增加值，而国家发改委高技术产业司网站在 2011 年之后也停止公布产业增加值数据。作者曾发邮件询问国家发改委高技术产业司是否还会公布 2011 年以后的细分产业增加值数据，得到的答复是否定的。

估算 2009 年的资产总值。[①]

表 7-2　　　　　实证研究涉及的战略性新兴细分产业

二级代码产业	三级代码产业	四级代码产业
医药制造业	化学药品制造 中成药制造 生物、生化制品制造	
航空航天器制造业	飞机制造及修理 航天器制造	
电子及通信设备制造业	通信设备制造	通信传输设备制造 通信交换设备制造 通讯终端设备制造
	雷达及配套设备制造	
	广播电视设备制造	
	电子器件制造	电子真空器件制造 半导体分立器件制造 集成电路制造
	电子元件制造	
电子计算机及办公设备制造业	电子计算机整机制造 电子计算机外部设备制造	
医疗设备及仪器仪表制造业	医疗设备及器械制造 仪器仪表制造	

资料来源：作者整理。

7.3.7　描述性统计

表 7-3 是医药制造业等 5 个产业中 18 个细分产业变量的基本统计特征（stand 的数值是国家标准网的数据按照《中国高技术产

[①]　有细分产业数据的产业，本书均采用最低层次细分产业的数据进行实证研究。

业统计年鉴》五个二级代码产业重新归类后取对数的统计特征）。结果显示：数据缺陷较少且标准差大都维持在合理的范围。除 gov 与 fin 外，其他数据标准差与均值的比值均小于 1，R&D 资本投入及 R&D 人力投入标准差与均值比值低于 0.2。gov、fin 等变量数据离散程度较高，一个可能的原因是战略性新兴产业市场集中度比较高，而政府支持和金融环境有利于或偏向于大企业，所以强者愈强。

表 7 - 3　　　　　　　　变量的描述性统计

变量	均值	标准差	最小值	最大值
var	0.7188	0.0700	0.4551	0.9049
tfp	1.9014	1.2303	0.2073	7.0914
pech	1.0800	0.6265	0.2047	3.9571
sech	1.1051	0.4736	0.1724	3.3120
tech	1.7931	0.8874	0.5476	5.7640
pat	5.0352	2.2007	0.0000	9.7930
stand	5.6843	1.3625	1.609438	7.5517
power	0.0569	0.0426	-0.1002	0.2047
struct	0.3383	0.2975	0.0130	0.9992
open	0.3167	0.2386	0.0072	0.8375
gov	0.1098	0.1461	0.0022	0.7714
fin	0.0877	0.0944	0.0005	0.6343
logl	8.3311	1.1634	5.5254	11.2943
logk	10.648	1.6133	5.5614	14.4527
comp	5.8445	1.2740	3.0910	8.8059

资料来源：作者计算得出。

4

7.3.8　面板单位根检验

常用面板单位根检验主要有 LLC、IPS、PP-Fisher 与 ADF-Fisher 等方法，前面一种方法适应于"同根"情形，后面三种方法适应于"不同根"情形。为了简化分析，我们采用"同根 – LLC"方法检验和"不同根 – IPS"方法检验，取截距和趋势项。表7 – 4 是面板数据单位根检验。结果显示，所有数据都是平稳的，其中 pat 和 fin 因为个别数据缺失，无法做 LLC 检验，但 IPS 检验显示数据均平稳（见表7 – 4）。

表7 – 4　　　　　　　　　　面板数据单位根检验

参数	LLC 检验		IPS 检验	
	T 值	P 值	T 值	P 值
var	– 2. 5618	0. 0052	– 5. 2188	0. 0000
tfp	– 1. 9027	0. 0285	– 1. 4187	0. 0780
pech	– 4. 1081	0. 0000	– 3. 1793	0. 0007
sech	– 7. 2322	0. 0000	– 5. 5293	0. 0000
tech	– 2. 4691	0. 0068	– 2. 4450	0. 0072
pat	—		– 4. 5204	0. 0000
stand	– 1. 2330	0. 1088	– 1. 9688	0. 0245
power	– 4. 5283	0. 0000	– 5. 0909	0. 0000
open	– 2. 8859	0. 0020	– 3. 5953	0. 0002
Struct	– 3. 7388	0. 0001	– 4. 9712	0. 0000
gov	– 4. 3418	0. 0000	– 5. 7634	0. 0000
fin	—	—	– 6. 6216	0. 0000
Logl	– 2. 2792	0. 0113	– 4. 0643	0. 0000
Logk	– 6. 2090	0. 0000	– 4. 7147	0. 0000
comp	– 4. 7242	0. 0000	– 3. 0406	0. 0012

资料来源：作者计算得出。

7.4

实证结果及讨论

7.4.1 战略性新兴产业组织模块化与 TFP 变动趋势

图 7 - 3 是战略性新兴产业模块化指数变化趋势。中国战略性新兴产业的模块化指数从 1995 年的 0.74 波动上升到 2011 年的 0.78。2001 年后,模块化指数快速拉升,2004 年达到 0.77 之后,到 2011 年一直在 0.77 上下波动,总体呈现稳健上升趋势。从 1995 ~ 2011 年五个产业模块化指数变化趋势来看,模块化程度最高者是电子计算机及办公设备制造业,最低者是医药制造业,而电子及通信设备制造业模块化程度变化最为平稳。

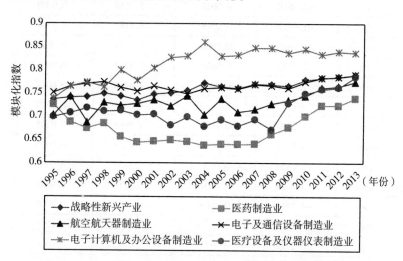

图 7 - 3 战略性新兴产业模块化指数变化趋势

资料来源:作者计算得出并绘制。

图 7-4 是战略性新兴产业全要素生产率增长趋势（以 1995 年
为基期）。中国战略性新兴产业全要素生产率经历了一个先上后下
的变化过程。1995～2006 年，科技进步和经济改革的逐步推进使
得中国全要素生产率不断增长。2008 年前后，中国受到国际金融
危机的影响，政府为了刺激经济而加大投入，2007～2010 年，中
国固定资产投资平均年增长率达到了 26.1%，2009 年更是达到了
30%。与此同时，2008 年前后全要素生产率出现下降，2009 年的
最大降幅达 15%。2010 年以后，中国固定资产投资增长率开始下
滑，全要素生产率也在 2011 年开始出现回稳。从细分产业的全要
素生产率变化趋势来看，航空航天器制造业全要素生产率的上升最
为突出，计算机及办公设备制造业表现平平，2008 年后各个产业
的 TFP 出现了不同程度的下跌，2011 年才开始止跌。①

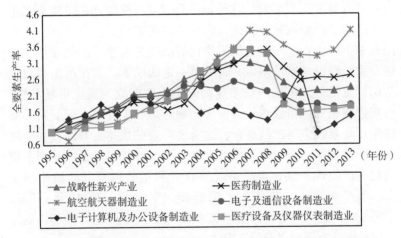

图 7-4　战略性新兴产业全要素生产率增长趋势（以 1995 年为基期）
资料来源：作者计算得出并绘制。

---

①　因为 2011 年之后官方不再公布"增加值"这一关键数据，所以 2012、2013 年
的模块化指数和全要素生产率都是根据 2006～2011 年增长平均速度推算得出。但在之
后的 GMM 动态面板模型的实证研究中，我们只采用 1995 年至 2011 年的数据进行回归
分析。

7.4.2 模块化对战略性新兴产业 TFP 的影响

表 7-5 是模块化及产业环境对 TFP 影响（包含非公共品标准）的实证结果。表 7-5 的实证结果验证了模型设定合理和工具变量有效。AR（1）、AR（2）检验的原假设是模型没有自回归，AR（1）的值显示差分前模型存在自回归，显著地拒绝了没有自回归的原假设，AR（2）的值显示差分后模型不存在自回归，这表明模型设定合理。过度识别检验（Sargan Test）的结果显示工具变量可靠；绝大部分变量参数显著。实证结果显示：当期的模块化程度与全要素生产率显著负相关，说明模块化过程在短期内会对效率产生负面影响，但滞后期的模块化程度对全要素生产率有显著正向影响，这验证了假设1。模块化在当期会对生产率产生负面影响这一结论与以往相关研究结论完全不同。这可能有如下原因：①产业组织模块化的前提是复杂产品的模块化分解及系统联系规则的制定，这需要一定的成本。②在组织模块化初期，复杂产品系统的联系规则并不一定能立刻适应市场环境，有规则调整和试错成本。③模块化融合是一个过程，需要对异质性生产要素及中间产品整合，这需要一定的成本。其四，在模块化生产的初期，模块化系统可供整合的创新资源较少，而到了模块化生产的成长期，可供系统整合者利用的创新资源越来越丰富，生产率提高（李海舰，田跃新，李文杰，2014）①。其五，中国战略性新兴产业在产业标准选择，以及参与国际产业标准制定方面可能还有需要提升的地方。

---

① 李海舰，田跃新，李文杰. 互联网思维与传统企业再造 [J]. 中国工业经济，2014，（10）：135-146.

表 7 – 5　　　　模块化及产业环境对 TFP 的影响（包含非公共品标准）

变量	结果	变量	结果	变量	结果
tfp_{t-1}	0. 53 *** (6. 43)	$comp_{t-1}$	0. 25 (1. 00)	gov	0. 65 (1. 56)
var	− 14. 75 *** (− 12. 26)	logl	− 0. 19 ** (− 2. 00)	cons	5. 44 ** (3. 70)
var_{t-1}	3. 22 ** (1. 97)	logk	0. 63 *** (6. 31)	AR (1)	0. 00
pat	− 0. 28 *** (− 4. 12)	open	1. 40 ** (2. 08)	AR (2)	0. 67
$power_{t-1}$	− 4. 41 * (− 1. 78)	struct	− 0. 13 (− 0. 25)	Sargan	0. 68
comp	− 0. 27 (− 1. 27)	fin	− 0. 22 (− 0. 51)		

注：括号内为 t 统计量，***、**、* 分别表示在 1%、5% 和 10% 显著性水平上显著，下标 t – 1 表示滞后 1 期，AR（1）、AR（2）、过度识别检验（Sargan）栏内是统计量的 p 值，cons 为常数项。

　　非公共品性质的产业标准对 TFP 有显著的负向影响，假设 4 没有得到验证。这可能有如下原因：①中国战略性新兴产业可能还没有使所有专利充分产生经济效率。②中国专利申请中有很多并非整个产业中最核心的技术，这些核心技术掌握在外国跨国公司的手中，因此专利数量的增长并没有导致全要素生产率同比增长。③假冒和山寨产品也可能影响专利申请带来的全要素生产率增长。

　　其他产业环境变量的系数显示：市场势力过高会对战略性新兴产业滞后期 TFP 的提高产生显著的负面影响，这验证了假设 5。R&D 资本投入对 TFP 有显著的正向影响，R&D 人力投入对 TFP 有较显著的负向影响，所以假设 11_a 得到了验证，而假设 11_b 没有得到验证。这可能的原因是 R&D 资本投入还有一定的增长空间，而 R&D 人力投入已经出现收益递减的情形，只有进一步投入高素质的人力资本才会出现 TFP 递增的情形。对外开放度提高对 TFP 有显著正向影响，假设 9 因此得到验证。国有产权比重的提高对 TFP 有负向影响，但并不是很显著。金融支持对 TFP 有一定的负面影响，政府支持等对 TFP 有一定的正向影响，但都不是很显著，所以假设 7 和假设 8 都没有得到有力的验证。

表 7-6 是模块化及产业环境对 TFP 影响（包含公共品标准）的的实证结果。加入公共品性质产业标准的回归结果显示：公共品性质标准与 TFP 存在较显著的正相关，这验证了假设 3。在考虑公共品标准的前提下，与表 7-5 的回归结果相比，市场竞争对 TFP 的影响有所变化，但不是很显著。激烈市场竞争会抑制当期的 TFP，但有利于滞后期 TFP 的提高，但并不是很显著，因此假设 6 还是没有得到有力的验证，这一实证结果有些出乎意料。从市场结构来看，新兴产业有一个很大特征：在细分市场上，往往由少数企业主导，但大企业之间的市场竞争却很激烈，创新能力强，市场效率高。例如 PC 微处理器全球市场长期由英特尔和 AMD 主导。但近年来 PC 芯片市场开始下滑，而细分出的一个智能手机芯片市场却开始飞速增长，智能手机芯片市场主导企业是高通、三星和联发科。德姆塞茨（Demsetz，1992）在《谢尔曼法》颁布 100 周年之际曾指出，即使反垄断进行了一个世纪，但很多反垄断政策并没有得到确凿的理论支持①。对于大企业是否会影响创新效率是有争议的研究主题，熊彼特（Schumpeter，1999）②、卡曼和施瓦茨（Kamien，Schwartz，1976）③ 等很多学者认为大企业之间也会有激烈竞争，也有很强的动力进行创新。所以，在反垄断法的实施过程中要注重分析垄断及竞争的效率，而对于具有"结构主义"（SCP

---

① Demsetz, H. How many cheers for antitrust's 100 years [J]. Economic Inquiry, 1992, 30 (2): 207–217.

② 熊彼特. 资本主义、社会主义与民主 [M]. 北京：商务印书馆，1999.

③ Kamien M. I., Schwartz, N. L. On the degree of rivalry for maximum innovative activity [J]. Quarterly Journal of Economics, 1976, 90 (2): 245–260.

范式）倾向的"本身违法原则"（Per Se Rule）要慎用（曹虹剑，罗能生，2009)[1]。国有产权比重提高对 TFP 有显著的负向影响，因此假设 10 得到了验证；金融支持对 TFP 的影响由负转正，但并不显著；其他变量的影响变动不大。

表 7 - 6　　　　模块化及产业环境对 TFP 的影响（包含公共品标准）

变量	结果	变量	结果	变量	结果
tfp_{t-1}	0.45 * (1.93)	$comp_{t-1}$	-1.32 * (-1.86)	gov	0.64 (0.41)
var	-3.90 (-0.66)	logl	-0.04 (-0.13)	cons	9.40 ** (2.00)
var_{t-1}	3.80 (0.51)	logk	0.52 (1.62)	AR (1)	0.02
stand	0.35 ** (2.05)	open	-2.27 (-0.76)	AR (2)	0.77
$power_{t-1}$	-10.41 (-0.70)	struct	-5.19 ** (-2.60)	Sargan	0.91
comp	0.24 (0.38)	fin	5.39 (1.66)		

　　注：括号内为 t 统计量，***、**、* 分别表示在 1%、5% 和 10% 显著性水平上显著，下标 t-1 表示滞后 1 期，AR（1）、AR（2）、过度识别检验（Sargan）栏内是统计量的 p 值，cons 为常数项。

7.4.3　模块化对战略性新兴产业 TFP 分解变量的影响

　　模块化与产业环境对 TFP 分解变量影响的实证结果如表 7 - 7

---

　　① 曹虹剑，罗能生. 标准化与兼容理论研究综述 [J]. 科学学研究，2009，27（3）：356 - 362.

所示。实证结果显示，模块化程度在当期会对技术效率产生显著的负向影响，而滞后期的模块化程度会对技术效率有较显著的正向影响。模块化在当期对规模效率的影响为正，对滞后期的规模效率影响为负，但都不是很显著。模块化对当期的技术变化影响为负，对滞后期的技术变化有较显著的负向影响。所以假设 2_a 得到了验证，但假设 2_b、假设 2_c 没有得到验证。这可能与中国战略性新兴产业组织模块化的发展阶段相关，目前还只是技术效率显著的初级阶段，显著的技术进步可能在产业组织模块化发展的高级阶段自发地涌现。非公共品产业标准数量对技术效率、技术变化和规模效率都有不显著的负面影响。这从侧面说明中国战略性新兴产业专利保护的宽度和期限非常重要。

表 7 – 7　　　　模块化及产业环境对 TFP 分解变量的影响

变量	技术效率	规模效率	技术变化
因变量一阶滞后	0.99 *** (8.58)	0.64 *** (4.71)	0.40 * (2.15)
var	−4.98 *** (−4.49)	0.41 (0.5)	−4.71 (−0.85)
var_{t-1}	2.27 * (1.81)	−0.16 (−0.18)	−6.94 * (−1.80)
pat	−0.06 (−1.32)	−0.02 (−0.47)	−0.31 (−1.35)
$power_{t-1}$	2.26 (1.32)	−0.55 (−0.33)	−11.99 * (−1.92)
comp	−0.13 (−0.81)	0.17 (1.47)	−0.32 (−0.64)
$comp_{t-1}$	0.05 (0.25)	−0.17 (−1.30)	0.09 (0.15)

续表

变量	技术效率	规模效率	技术变化
logl	0.11 (1.66)	−0.03 (−0.55)	0.10 (−0.17)
logk	0.01 (0.19)	0.09* (1.83)	0.40* (1.87)
open	0.78* (1.73)	−0.79* (−1.98)	1.35* (0.82)
struct	−0.51 (−1.46)	−0.69* (−2.09)	−0.82 (−0.83)
fin	0.31 (0.65)	1.12*** (2.72)	−2.21 (−1.13)
gov	0.91*** (3.10)	033* (1.53)	−1.28* (−1.64)
cons	1.41 (1.55)	−0.11 (−0.17)	8.12*** (2.69)
AR（1）	0.001	0.000	0.001
AR（2）	0.496	0.253	0.262
Sargan	0.428	0.806	0.412

注：括号内为 t 统计量，***、**、*分别表示在 1%、5% 和 10% 显著性水平上显著，下标 t−1 表示滞后 1 期，AR（1）、AR（2）、过度识别检验（Sargan）栏内是统计量的 p 值，cons 为常数项。

其他变量的实证结果显示：市场势力会较显著的抑制技术变化。R&D 资本投入对规模效率和技术变化有较显著的正向影响。对外开放度对技术效率和技术变化有较显著的正向影响，但对规模效率有较显著的负向影响。金融支持对规模效率有很显著的正向影响。政府支持对技术效率有很重要的正向影响，对规模效率有较重要的正向影响，但对技术变化有较显著的负向影响，这从侧面说明了要让市场力量成为中国战略性新兴产业技术进步的主导力量。

7.4.4 模块化对战略性新兴产业的细分产业 TFP 的影响

为了进一步探讨各产业间的区别，本书按产业分类，分别探讨医药制造业（产业1）、航空航天器制造业（产业2）、电子及通讯设备制造业（产业3）、电子计算机及办公设备制造业（产业4）、医疗设备及仪器仪表制造业（产业5）的模块化程度对 TFP 的影响，以各产业数据做回归分析。表7-8 是模块化及产业环境对细分产业 TFP 影响的实证结果。实证结果显示：模块化对医药制造业、电子计算机及办公设备制造业与医疗设备及仪器仪表制造业滞后期的 TFP 有显著的正向影响，对电子及通讯设备制造业有不显著的正向影响，对航空航天器制造业有不显著的负向影响。非公共品性质的产业标准对电子及通讯设备制造业的 TFP 有较显著的负向影响，对医药制造业与航空航天器制造业 TFP 有不显著的正向影响。

表7-8 模块化及产业环境对细分产业 TFP 的影响

变量	产业1	产业2	产业3	产业4	产业5
tfp_{t-1}	1.52 *** (3.79)	0.35 (1.69)	0.59 *** (3.74)	0.96 *** (8.39)	0.87 *** (3.90)
var	-8.24 ** (-2.53)	-13.04 *** (-4.18)	-11.41 *** (-4.45)	-12.71 *** (-4.73)	-11.08 ** (-2.58)
var_{t-1}	13.76 *** (3.09)	-3.01 (-0.88)	3.84 (1.47)	6.75 *** (4.21)	19.11 *** (3.92)
pat	0.36 (1.16)	0.23 (0.78)	-0.02 * (-0.17)	-0.08 (-0.87)	-0.26 (-1.00)
$power_{t-1}$	-6.50 (-0.77)	2.79 (0.81)	-9.38 ** (-2.26)	-9.00 ** (-2.34)	19.97 (1.33)

续表

变量	产业 1	产业 2	产业 3	产业 4	产业 5
comp	−0.31 (−0.27)	−1.13 * (−1.89)	0.13 (0.34)	0.15 (0.54)	0.35 (1.16)
$comp_{t-1}$	0.34 (0.26)	0.34 (0.66)	−0.10 (−0.22)	−0.28 (−0.82)	0.82 * (1.78)
logl	−0.34 (−0.59)	−0.21 (−0.70)	−0.23 * (−1.71)	−0.22 * (−1.78)	−1.28 (−1.52)
logk	−0.61 (−1.29)	0.43 (1.57)	0.29 * (2.16)	0.31 ** (2.30)	1.07 (1.31)
open	3.91 (0.86)	4.34 (1.46)	−0.95 (−0.98)	−1.81 *** (−2.90)	8.74 (2.59)
struct	−1.48 (−0.74)	0.59 (0.41)	−0.49 (−0.49)	−1.51 * (−1.80)	11.29 *** (3.20)
fin	−0.76 (−0.29)	−1.65 (−0.81)	0.16 (0.17)	−0.29 (−0.31)	1.04 (0.49)
gov	−0.54 (−0.11)	−1.11 * (−1.93)	−0.43 (−0.40)	−0.87 (−0.27)	−0.41 (−0.11)
cons	3.75 (1.10)	12.37 *** (2.93)	6.04 * (1.84)	6.27 ** (2.53)	18.59 *** (−3.13)
AR (1)	0.12	0.00	0.01	0.01	0.25
AR (2)	0.96	0.93	0.70	0.48	0.30
Sargan	0.67	0.18	0.715	0.37	0.26

注：括号内为 t 统计量，***、**、* 分别表示在 1%、5% 和 10% 显著性水平上显著，下标 t−1 表示滞后 1 期，AR（1）、AR（2）、过度识别检验（Sargan）栏内是统计量的 p 值，cons 为常数项。

其他产业环境变量显示：市场势力对电子及通讯设备制造业、电子计算机及办公设备制造业 TFP 的负向影响较显著。激烈市场竞争对当期的航空航天器制造业 TFP 有较明显的负向影响，但对滞后期的医疗设备及仪器仪表制造业有较显著的正向影响。R&D资本投入对电子及通讯设备制造业、电子计算机及办公设备制造业TFP有显著的正向影响，但R&D人力投入对电子及通讯设备制造业、电子计算机及办公设备制造业的TFP有较显著的负向影响。对外开放度对电子计算机及办公设备制造业TFP产生了显著的负向影响。国有产权比重提高对医疗设备及仪器仪表制造业TFP有明显的正向影响，但对电子计算机及办公设备制造业TFP有较明显的负向影响。金融支持和政府支持对对细分产业TFP有一定的影响，但不显著。

7.4.5 移动通讯技术标准对相关产业TFP的影响

为了进一步验证移动通讯产业技术标准的影响，本书将电子及通讯设备制造业的细分产业数据按1995～2000年（1G）、2001～2008年（2G）、2009～2013年（3G）年三个阶段分别进行回归。表7-9是移动通讯技术标准对相关产业TFP影响的实证结果。1G、2G阶段模块化指数对TFP有显著的正向影响，而3G阶段模块化指数对TFP的正向影响并不显著。这可能有以下原因：为了等待国产3G标准——TD-SCDMA成熟，中国延迟了3G标准的推出时间；中国采用的另外两个3G标准（WCDMA和CDMA2000）的技术早已成熟，一些发达国家在2005年前就开始商用，而且中国的华为、中兴与大唐等公司早就开始了不同制式3G产品的研发及生产，所以在中国实施3G标准的当期模块化程度能提高TFP；但随着时间推移，3G标准延迟推出弊端开始显现，中国必须尽早普及下一代移动通讯技术标准，减小和发达国家之间的差距。此外，因为样本量相对较少，所以3G阶段回归系数的显著性有所下降。1G与2G阶段的非公共品标准数对TFP的影响为负，3G阶段非公共品标准数对TFP影响由负转正，且较为显著，这与华为、中兴等电信设备制造商长期位居国际专利申请数前列，自主创新能力越来越强的事实吻合。因为电子及通讯设备制造业包含与移动通讯技术间接相关的细分产业，所以实证结果也反映了模块化融合对 TFP 的影响。市场势力对移动通讯技术相关产业的 TFP 有负向影响，在 1G 和 2G 时代尤为显著。市场竞争的提升只在 2G 时代对移动通讯技术相关产业的 TFP 有较为显著的影响。R&D 人力投入对移动通讯技术相关产业 TFP 的影响并不是很显著。R&D 资本投入在 1G 时代对 TFP 有显著的正向影响，在 2G 时代也有不显著的正向影响。对外开放度对移动通讯技术相关产业 TFP 的影响不显著。在 3G 时代，国有产权比重的提升对移动通讯技术相关产业的 TFP 有较为显著的正向影响；在 1G、2G 时代，国有产权比重的提升对移动通讯技术相关产业 TFP 有不显著的负向影响。在大部分条件下，金融支持和政府支持对移动通讯技术相关产业的 TFP 稍有负向影响，但并不显著，这一结果也多少有些出乎意料。

表 7 - 9　　　　移动通讯技术标准对相关产业 TFP 的影响

变量	1G（1995 ~ 2000 年）	2G（2001 ~ 2008 年）	3G（2009 ~ 2013 年）
tfp_{t-1}	0.98 *** (5.17)	0.77 *** (5.54)	1.20 *** (5.37)
var	- 11.76 *** (- 5.01)	- 14.43 *** (- 10.05)	- 6.02 (- 0.77)
var_{t-1}	4.57 ** (2.44)	4.62 ** (2.13)	8.11 (0.93)
pat	- 0.09 (- 0.96)	- 0.22 * (- 1.91)	0.63 * (1.86)
$power_{t-1}$	- 9.87 *** (- 2.93)	- 11.43 ** (- 2.58)	- 6.55 (- 0.94)
comp	- 0.19 (- 0.70)	0.63 * (1.93)	- 0.03 (- 0.08)
$comp_{t-1}$	0.12 (0.39)	- 0.66 ** (- 2.02)	0.19 (0.52)

续表

变量	1G（1995~2000 年）	2G（2001~2008 年）	3G（2009~2013 年）
logl	-0.27 （-1.59）	0.10 （0.55）	-0.21 （-0.35）
logk	0.40*** （3.38）	0.26 （1.51）	-0.33 （-0.52）
open	0.13 （0.13）	0.18 （0.18）	-1.41 （-1.19）
struct	-0.24 （-0.30）	-0.33 （-0.35）	2.81* （1.78）
fin	0.31 （0.60）	-0.32 （-0.38）	-7.79 （-0.60）
gov	-0.62 （-0.74）	-0.13 （-0.16）	-3.25 （-1.53）
cons	4.89** （2.28）	6.05*** （3.47）	-0.82 （-0.26）
AR（1）	0.02	0.00	0.04
AR（2）	0.46	0.16	0.98
Sargan	0.89	0.53	0.19

注：括号内为 t 统计量，***、**、*分别表示在 1%、5% 和 10% 显著性水平上显著，下标 t-1 表示滞后 1 期，AR（1）、AR（2）、过度识别检验（Sargan）栏内是统计量的 p 值，cons 为常数项。

7.5

小　结

　　本书在理论上阐述了产业组织对于中国产业发展与自主创新能力提高的重要意义；指出了信息经济与全球化条件下经济组织的本质是产品内分工基础上的融合，产业组织模块化不仅使分工深化，而且实现了生产要素跨企业、跨产业、跨地域的融合；论证了新兴产业组织的本质，指出模块化产业组织是产品契约与要素契约融合的动态契约网络，这是对传统企业理论的发展；指出模块化产业组织的组织效率与产业标准密切相关，最优的产业标准治理结构是使公共品、俱乐部物品及私有品性质的产业标准带来的交易费用之和最小。

本书在实证研究中找到了一种可衡量产业组织模块化及其影响的实证方法：用 GMM 动态面板数据模型，结合增值比率法、产业公共品标准、非公共品产业标准与产业环境控制变量来研究模块化对战略性新兴产业 TFP 的影响。实证结果表明：模块化在初期有初始融合成本，会对 TFP 产生负面影响，但在滞后期会提高 TFP，这是本书的重要发现；公共品性质的产业标准对 TFP 有正向影响，但非公共品性质的产业标准对战略性新兴产业 TFP 有负向影响，这是本书的另一重要发现。还得出了一些有意思的实证研究结论：市场竞争激烈程度的提升不一定会提高战略性新兴产业 TFP，R&D 人力投入增加不会促进战略性新兴产业 TFP 提高，政府支持与金融支持对战略性新兴产业影响不显著。此外，还发现市场势力过高会对滞后期 TFP 的提高产生负面影响；R&D 资本投入对 TFP 的影响为正；对外开放度提高对 TFP 及分解变量的影响并不确定；国有产权比重的提高对 TFP 有较显著的负向影响。通过实证分析模块化对 TFP 三个分解变量的影响，发现模块化程度对技术效率的正向影响较显著，对技术变化有一定的负向影响。实证分析了模块化对战略性新兴产业细分产业 TFP 的影响，发现模块化对各个细分产业的影响稍有区别。1~3G 移动通讯技术产业标准对相关产业 TFP 影响的实证分析也得出一些有意思的结论。总的来看，模块化对战略性新兴产业 TFP 分解变量和细分产业影响的实证结果比模块化对战略性新兴产业整体影响的实证结果更为复杂。

中国创新驱动发展战略的实施需要模块化产业组织整合全球生产要素，提高自主创新能力，占领全球产业链的高端。政府可利用公共品性质的产业标准减少潜在竞争者的进入壁垒与退出障碍。为尽可能地减少组织模块化早期带来的成本，在主要依靠市场力量的基础上，可以适当借用行业组织与政府的力量，减少产业组织模块化的试错和协调成本。鼓励中国企业更多地参与专利池或国际产业标准的制定，在继续保持专利申请数增长的基础上提高专利申请质量。在利用产业组织模块化提高技术效率和规模效率的基础上，注意专利保护宽度和期限，防止非公共品产业标准对 TFP，尤其是对技术变化的负面影响。在利用全球价值链整合国外生产要素的基础上，进一步打造完善国内价值链，促进产业融合。在继续利用 R&D 资本投入效率的基础上，提升 R&D 人力投入的质量。在消除市场势力对 TFP 不利影响的基础上，提升大企业的自主创新能力及全球资源整合能力，同时利用中小企业完善战略性新兴产业国内价值链的配套能力。深化国企改革，推进战略性新兴产业混合所有制改革，充分激发民间创新活力。优化金融环境，对战略性新兴产业给予支持性产业政策，但不要让行政力量主导战略性新兴产业的发展。

第 *8* 章

战略性新兴产业集群模块化
发展的案例分析

8.1

引 言

　　在我国实施创新驱动发展战略的背景下，战略性新兴产业发展迫切需要一种能整合全球资源，创新能力强，且协调成本低的组织形式。随着知识经济和信息技术的发展，经济全球化程度越来越深，以高新技术产业为代表的制造业出现了组织模块化趋势。当前的国际分工已经由产业内分工发展成更加精细的产品内分工，一个产品的不同工序被模块化分解并由全球范围内的企业共同完成（卢锋，2004；Gary Gereffia, Humphreya, Sturgeon, 2005）[1][2]。

　　产业集群是战略性新兴产业的重要组织形式，战略性新兴产业集群的发展直接关系着创新驱动发展战略的成败。本章我们将以湖南省战略性新兴产业集群为例，探讨我国战略性新兴产业集群产业

---

①　卢锋. 产品内分工 [J]. 经济学季刊, 2004, 4（1）: 55 - 82.

②　Gary Gereffia, John Humphreya and Timothy Sturgeon. The Governance of Global Value Chains [J]. Review of International Political Economy, 2005, 12（1）: 78 - 104.

组织模块化的发展现状、障碍及对策。工程机械是高端装备制造业的重要组成部分，湖南工程机械产业集群不仅是湖南战略性新兴产业的排头兵，而且是我国中西部具有较强国际竞争力的产业集群代表。但是近几年来湖南工程机械集群内部同质化竞争日益激烈，加上宏观经济环境的影响，整个产业集群发展有放缓的势头，三一重工、中联重科、山河智能等三大龙头企业的营业收入从 2012 年开始出现了不同程度的下滑。三一重工于 2012 年 11 月 30 日发布公告称公司总部将搬迁至北京，这一新闻使湖南工程机械产业集群两大龙头企业之间的矛盾公开化。尽管三一重工在公告中承诺搬迁只涉及总部一些部门，如泵送事业部、汽车起重机、路面机械等，且承诺在湘的项目及工厂都不搬迁，三一重工在湘的全部产值均不受影响，但此事件已经使初具国际竞争力的湖南工程机械产业集群发展面临巨大挑战。两大龙头企业在竞争战略上针锋相对的背后，湖南工程机械业在产业组织方面也存在诸多问题。基于这样的背景，湖南工程机械产业集群发展升级的研究对我国战略性新兴产业的发展具有重要启示意义。

8.2

湖南战略性新兴产业集群发展的现状

产业园区是产业集群发展的重要载体。截至 2014 年底，湖南全省纳入统计体系的工业园区有 137 家，其中国家级开发区 14 家，省级开发区 66 家。园区规划面积 2 229 平方公里，累计已开发面积 902 平方公里。各类入园企业 30 610 个，期末从业人数 266 万人。2014 年，湖南省园区实现技工贸总收入 30 790.68 亿元，技工贸收入超过千亿的园区有 4 家，分别为：长沙高新技术产业开发区（2 703.27 亿元）、长沙经济技术开发区（1 884 亿元）、株洲高新技术产业开发区（1 539 亿元）和湘潭经济技术开发区（1 402 亿元)。湖南全省园区实现主导产业主营业务收入 20 030 亿元，主导产业集聚度为 83.2%(湖南省统计信息网，2014；湖南省统计信息网，2015)①②。

表 8-1 是湖南主要产业园区的产业及代表性企业。2014 年，湖南省技工贸收入超过千亿元的园区有四个，这四个园区全部集中在湖南经济增长领头羊——长株潭地区。这四个园区的主要产业集群及企业如下。

表 8-1　　　　　　湖南主要产业园区的产业及企业

产业园区	产业集群	主要企业
长沙高新技术产业开发区	工程机械、节能环保、新能源、电子信息、新材料、生物医药	中联重科、远大住工、中冶长天重工、科力远、长城信息、拓维信息、威胜集团、金瑞科技、金杯电工、华曙高科、九芝堂、三诺生物、金沙药业、康普制药
长沙经济技术开发区	工程机械、汽车及零部件、电子信息	三一重工、中联起重机、中铁重工、山河智能、上海大众、广汽菲亚特、广汽三菱、众泰汽车、德国博世、日本住友、蓝思科技、长城信息、纽曼科技
株洲高新技术产业开发区	轨道交通装备、通用航空、新能源汽车、有色金属冶炼及深加工、生物医药	南车株机、时代电气、南车电机、中航工业南方航空工业集团、中航湖南通用航空发动机、北京汽车、南车时代电动汽车、南方宇航、株冶集团、株硬集团、千金药业
湘潭经济技术开发区	汽车及零部件、先进装备制造、电子信息	吉利汽车、泰富重工、蓝思科技、威胜集团、全创科技、台湾联电、三星电子、中冶京城、江麓集团、中铝国际、恒润高科、兴业太阳能、塔奥、佛吉亚、美达王

资料来源：作者根据湖南省统计信息网、长沙高新技术产业开发区网站、长沙经济技术开发区网站、株洲高新技术产业开发区网站及湘潭经济技术开发区网站的资料整理。

---

① 湖南省统计局贸外处. 湖南开发区发展现状、问题和对策研究 [DB/OL]. 湖南省统计信息网，http://www.hntj.gov.cn/tjfx/jczx_3462/2013jczx/201507/t20150717_465666.html，2013-08-09.

② 湖南省统计局贸外处. 2014 年湖南省级及以上园区技工贸总收入增长 18.1% [DB/OL]. 湖南省统计信息网，http://www.hntj.gov.cn/tjfx/jmxx_3446/2015jmxx/201507/t20150717_463117.html，2015-04-01.

① 长沙高新技术产业开发区。2014 年长沙高新技术产业开发区技工贸收入的 55% 来自工程机械产业；此外，节能环保、新能源、新一代信息技术、新材料、生物医药等战略性新兴产业也发展迅猛。根据长沙高新技术产业开发区官网（2015）的统计数据，2014 年，长沙高新区仅节能环保产业的收入就高达两百亿元；而移动互联网产业的收入则首次突破百亿元；园区产值过亿元的企业达 73 家，纳税过千万的企业 85 家①。园区的主要企业包括：中联重科、远大住工、中冶长天重工、长城信息、拓维信息、威胜集团、金瑞科技、九芝堂、三诺生物、金沙药业、康普制药等；园区落户的世界 500 强企业超过 20 家。

② 长沙经济技术开发区。长沙经济技术开发区形成了三大主导产业：其一，工程机械产业，代表企业有：三一重工、中联起重机、中铁重工和山河智能等；其二，汽车及零部件产业，代表企业有广汽菲亚特、广汽三菱、上海大众、众泰汽车、德国博世和日本住友等；其三，电子信息产业，代表企业有蓝思科技、长城信息和纽曼科技等。根据长沙经济技术开发区（2015）的统计数据，2014 年，园区实现规模工业总产值突破一千六百亿元；拥有企业一千六百余家，其中规模以上工业企业一百四十五家，年产值超过十亿元企业有十六家；园区落户世界 500 强企业三十一家（长沙经济技术开发区经济研究室，2015）②。

③ 株洲高新技术产业开发区。株洲高新技术产业开发区的特色产业主要包括：轨道交通装备、通用航空、有色金属冶炼及深加工、新能源汽车、生物医药等。轨道交通装备主要企业包括：南车株机、时代电气、南车电机等一大批整车及核心设备制造企业。通

---

① 长沙高新技术产业开发区. 高新概况［DB/OL］. 长沙高新技术产业开发区网站，http://www. cshtz. gov. cn/col/col31/index. html，2016－01－20.

② 长沙经济技术开发区经济研究室. 中国力量之都——国家级长沙经济技术开发区简介［DB/OL］. 长沙经济技术开发区网站，http://www. cetz. com. cn/web/csjkq/xwdt/yqjs/ content _2615. html，2015－04－30.

用航空主要企业包括：中航工业南方航空工业（集团）有限公司、中航湖南通用航空发动机有限公司等。新能源汽车主要企业包括：北京汽车股份有限公司株洲分公司、南车时代电动汽车和南方宇航。有色金属冶炼及深加工企业主要包括：株冶集团和株硬集团等。截至 2014 年底，园区先后承担国家 "863" 计划项目55 项，国家 "火炬计划" 74 项，国家重点新产品项目 90 项，国家创新基金项目 195 项，拥有国家级企业技术中心 7 个，国家工程中心 4 个，国家重点实验室 4 个（株洲高新技术产业开发区网站，2015）①。

④ 湘潭经济技术开发区。湘潭经济技术开发区的主导产业有：汽车及零部件产业、高端装备制造产业与电子信息产业。汽车及零部件产业以吉利汽车湘潭生产基地为龙头，吉利汽车 2014 年产值超过 100 亿元；此外还有美国塔奥、法国佛吉亚、日本美达王等汽车零部件企业入住。高端装备制造产业以泰富重工为龙头，2014年实现产值 110 亿元；此外还有江麓集团、中冶京城、中铝国际、恒润高科等企业；电子信息产业也发展迅猛，园区主要有蓝思科技、全创科技、三星电子、兴业太阳能、威胜集团、台湾联电等企业。2014 年，园区实现技工贸总收入 1 401 亿元，完成工业总产值850 亿元（湘潭经济技术开发区网站，2015；徐慧，2015）②③。

1988 年，经中国政府批准实施的 "火炬计划"（China Torch Program）是中国高新技术产业发展的指导性计划。由科技部火炬高技术产业开发中心发布的《中国火炬统计年鉴》中列出了中国主要的创新型产业集群。表 8 - 2 是湖南与其他省市创新型产业集

---

① 株洲高新技术产业开发区. 株洲高新区（中国动力谷）简介 [DB/OL]. 株洲高新技术产业开发区网站，http：//www. zzgxq. gov. cn/Item/14130. aspx，2015 - 04 - 20.

② 湘潭经济技术开发区. 国家级湘潭经济技术开发区简介 [DB/OL]. 湘潭经济技术开发区网站，http：//www. jiuhua. gov. cn/HTML/20132/11. shtml，2015 - 02 - 27.

③ 徐慧. 九华主导产业概况 [DB/OL]. 湘潭经济技术开发区网站，http：//www. jiuhua. gov. cn /HTML /20152 /3336. shtml，2015 - 02 - 04.

群比较。通过湖南与其他省市创新型产业集群的对比，我们可以看出湖南战略性新兴产业集群在全国的地位。《中国火炬统计年鉴》只统计了湖南的三个创新型产业集群的数据：长沙电力智能控制与设备集群、株洲轨道交通装备制造集群与湘潭先进矿山装备制造集群。从集群企业数量、营业收入规模等指标来看，长株潭地区的创新型产业集群都已经初具规模。2014 年长沙电力智能控制与设备产业集群、株洲轨道交通装备制造产业集群和湘潭先进矿山装备制造产业集群的营业收入分别达到 263 亿元、688 亿元和 275 亿元。相比东部发达地区的北京中关村移动互联网产业集群的 1 409 亿元，丰台轨道交通产业集群的 833 亿元，天津北辰高端装备产业集群的 911 亿元，无锡高新区智能传感系统产业集群的 1 112 亿元，深圳高新区下一代互联网产业集群的 3 230 亿元，惠州云计算智能终端产业集群的 2 293 亿元有一定的差距。除了轨道交通装备制造产业集群，湖南的创新型产业集群的规模还比较小，甚至比中西部一些创新型产业集群的规模要小。

表 8-2　　　　　　　　湖南与其他省市创新型产业集群比较

创新型产业集群	企业数/个	从业人数/千人	营业收入/亿元	专利授权/件	注册商标/件	国家或行业标准/项	国家级科技企业孵化器/个	产业联盟组织数/个
长沙电力智能控制与设备集群	172	17.0	263	86	83	—	7	20
株洲轨道交通装备制造集群	375	63.4	688	209	285	7	2	3
湘潭先进矿山装备制造集群	182	30.0	275	26	112	—	1	
北京中关村移动互联网集群	263	38.9	1 409	2 228	1 398	23	1	1
丰台轨道交通集群	122	59.6	833	56	46	7	3	1

续表

创新型产业集群	企业数/个	从业人数/千人	营业收入/亿元	专利授权/件	注册商标/件	国家或行业标准/项	国家级科技企业孵化器/个	产业联盟组织数/个
上海新能源汽车及关键零部件集群	25	11.5	250	34	19	—	1	5
深圳高新区下一代互联网集群	872	318.7	3 230	4 547	5 727	173	5	
惠州云计算智能终端集群	291	142.6	2 293	240	125	2	2	2
天津北辰高端装备集群	165	62.1	911	175	910	—		5
无锡高新区智能传感系统集群	287	154.3	1 112	993	241	16	3	4
包头稀土新材料集群	66	32.0	393	410	124	15	4	4
邯郸现代装备制造集群	278	26.5	439	73	240	32	1	1
保定新能源与智能电网装备集群	316	64.8	424	181	3 036	91	1	4
郑州智能仪器仪表集群	151	6.4	1 140	108	180	10	6	2
洛阳高新区轴承集群	249	26.6	212	185	1 247	15	1	1
东湖高新区国家地球空间信息及应用服务集群	376	45.1	167	75	591	5	1	2
十堰商用车及部件集群	114	58.0	76	750	36	20	1	
重庆高新区电子信息集群	324	41.0	365	57	192	16	2	1
成都数字新媒体集群	650	152.5	1 333	358	699	10	8	4

资料来源：科技部火炬高技术产业开发中心. 2015 中国火炬统计年鉴［M］. 北京：中国统计出版社，2015. 注：数据均来自 2014 年的统计数据，"—"表示 2014 年无。

从 2014 年专利授权数量来看，长沙电力智能控制与设备产业集群、株洲轨道交通装备制造产业集群和湘潭先进矿山装备制造产业集群的营业收入分别达到 86 件、209 件和 26 件，相比东部发达地区有较大差距，与中西部战略性新兴产业发展较好城市的创新型产业集群也有一定的差距，包头稀土新材料产业集群、十堰商用车及部件产业集群、成都数字新媒体产业集群 2014 年获得的专利数分别为 410 件、750 件、358 件。从制定国家或行业标准数量来看，除了株洲轨道交通装备制造产业集群外（7 个），长沙电力智能控制与设备产业集群和湘潭先进矿山装备制造产业集群竟没有 1 个，这说明湖南战略性新兴产业集群在自主创新能力方面还有待加强。但从国家级科技企业孵化器和产业联盟组织数量来看，长沙电力智能控制与设备产业集群走在了全国前列。

8.3

湖南工程机械产业集群模块化发展现状

随着现代企业网络化发展与国际横向分工的深化，一些产业组织也呈现出模块化态势，整个产业按模块分工、整合，形成一个模块化网络组织。组织模块化能够促进产业集群在全球整合资源。模块化集群是指将产业链或价值链上相关环节拆分为模块，由系统规则设计者制定出一套产业联系规则将模块供应商联系起来，形成一个模块化网络组织。这种模块化网络组织不同于传统产业集群，因为统一的系统联系规则的存在，模块化网络组织可以打破地理和产业的限制，使产业集群以虚拟群的形式存在（曹虹剑，2015）①。

---

① 曹虹剑. 中国战略性新兴产业组织创新：异质性与复杂性的视角 [J]. 社会科学，2015，(7)：60 - 67.

　　模块化集群的系统结构可以通过图 8 - 1 来表示。在图 8 - 1 中，十字箭头表示具有公共品性质的系统信息交流，虚线表示模块集合的边界是动态发展的。在系统信息同化和个人信息包裹化的基础上，模块化集群 A 中有 $A_1, A_2, A_3, \cdots, A_n$，共 n 个模块，每个模块之间，既可以是互补关系，也可以是替代关系。每个模块内部有自己的子模块系统，如 A_1 中有 $a_1, a_2, a_3, \cdots, a_m$，共 m 个子模块，它们之间同样是互补或替代的关系。同理，a_1 也可以有自己的子系统，而模块化集群 A 也可以属于更高级别的模块化经济系统。总之，模块化集群是一个递归性质的系统，随着产业链分工的深入与专业化程度的不断提升，模块化集群的外延及内涵还可以进一步拓展，一旦系统规则确定，模块化集群便可演化为一个扁平化的网络系统（曹虹剑，罗能生，2007）[①]。

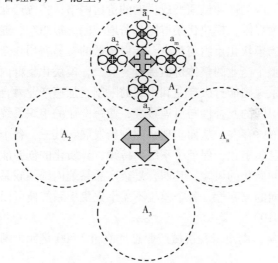

图 8 - 1　模块化集群 A 的系统结构

资料来源：作者绘制。

---

　　①　曹虹剑，罗能生 . 高新技术产业模块化集群与创新能力 [J]. 改革，2007，(3)：34 - 38.

在模块化集群中，占据核心地位的是系统规则设计者，它们拥有技术领先的优势；其次是系统整合者，它们拥有品牌资本，以及生产网络、营销网络整合方面的优势。在系统规则的联系下，围绕系统规则设计者与整合者会衍生出众多的模块及其子模块供应商（Brusoni，Prencipe，2011）[①]。模块化供应商的主营业务既可以是产品，也可以是服务。传统产业集群是由产业链上相互关联的企业在地域上的集中，强调同一产业相关生产要素在空间上的聚集，产业集群发展主要依靠规模经济、要素集聚、低运输成本等优势。与传统的产业集群不同，模块化集群是以知识分工为基础的，它分工更为细致，不强调地域的概念，其优势来源于网络外部性、范围经济、低协调成本与高创新能力。

产业集群组织模块化有如下优势：其一，组织模块化使传统产业集群由纵向的产业链演变成横向的价值网络；传统产业集群组织常以地域为界限，模块化集群则是跨地域的虚拟组织，通过对全球价值网络的模块化重组与整合，能以较低的交易费用在全球整合资源，促进整个产业的整体价值提升。其二，模块化集群内统一、开放性的联系规则能打破产业和组织的限制，加速产业融合，增加产业间、组织间的互补性与可连接性，使跨产业的组织系统以一个动态网络的形式存在，从而实现协同创新发展。其三，各个模块之间的个体信息包裹化，保证了系统内持续、异质化的创新能力，可以降低战略同质化的风险。其四，复杂产品系统内统一联系规则保证了模块之间的兼容性，各个模块不需事先集中系统便可以自行演化（朱莺，2010）[②]。

2012 年，湖南工程机械产业总产值超 2 000 亿元，湖南的长株

① Brusoni, S., Prencipe, A. Patterns of Modularization：The Dynamics of Product Architecture in Complex Systems [J]. European Management Review. 2011，(2)：67 – 80.

② 朱莺. 并购后企业组织整合新模式研究——基于模块化理论的分析 [J]. 华东理工大学社会科学学报，2010，25 (5)：44 – 50.

潭地区已经成为中国最大的工程机械生产基地。湖南工程机械产业已经形成了以长沙市为中心，以三一重工、中联重科等企业为龙头，规模以上主机企业 30 多家，配套企业 200 多家的产业集群。湖南工程机械产业能生产 13 个大类、120 多个小类、近千个型号规格的产品，多个产品领先全国。三一重工和中联重科在混凝土机械制造方面排名世界前两位，此外，中联重科与三一重工的起重机械，山河智能的凿岩机器人等产品均已达国际领先水平（黄速建，2010）[①]。

表 8-3 是 2015 全球工程机械业 50 强的比较。根据全球工程机械产业权威杂志《国际建设》（International Construction）发布的 2014 全球工程机械业 50 强排行榜（Yellow Table），中联重科、三一重工、山河智能的排名较上一年均有不同程度的下滑，分列全球工程机械业第 7、8、50 位，三一重工让出了连续数年排名中国第一的宝座。而在 2015 年全球工程机械业 50 强排行榜中，位列榜首的是美国卡特皮勒（Caterpillar），其 2014 年全球营业额为 282.8 亿美元，占全球市场份额的 17.8%，日本小松以 168.7 亿美元的全球营业额及 10.6% 的市场份额位列第二，日本的日立建筑机械、瑞典的沃尔沃建筑设备、美国的特雷克斯、德国的利勃海尔、美国的迪尔分列三至七位。徐工集团位列中国第一，全球第八，2014 年全球营业额为 61.5 亿美元，市场份额为 3.9%（王正喜，魏惠，刘刚，2015）[②]。三一重工位列全球第九，中国第二，2014 年全球营业额为 54.2 亿美元，市场份额为 3.4%。中联重科位列全球第十一，2014 年全球营业额为 43.8 亿美元，市场份额为 2.8%。相比三一重工、中联重科在 2013 年全球工程机械排行版中分列第五、

① 黄速建. 中国产业集群创新发展报告 [M]. 北京：经济管理出版社，2010：104.

② 王正喜，魏惠，刘刚. 徐工集团名列中国行业第一 [N]. 徐州日报，2015-07-22（002）.

第六位的盛况，两年之后湖南的龙头企业在全球的排名下滑不少。中国的柳工集团、龙工控股、山推股份、厦工机械和山河智能排名分列全球第 22、29、31、38 和 47 位（见表 8-3）。

表 8-3　　　　　　　　2015 全球工程机械业 50 强

排名	公司名称	总部所在地	销售额（亿美元）	全球市场份额
1	卡特彼勒（Caterpillar）	美国	282.8	17.8%
2	小松（Komatsu）	日本	168.7	10.6%
3	日立建筑机械（Hitachi Construction Machinery）	日本	77.9	4.9%
4	沃尔沃建筑设备（Volvo Construction Equipment）	瑞典	77.8	4.9%
5	特雷克斯（Terex）	美国	73.1	4.6%
6	利勃海尔（Liebherr）	德国	71.3	4.5%
7	迪尔（John Deere）	美国	65.8	4.1%
8	徐工集团	中国	61.5	3.9%
9	三一重工	中国	54.2	3.4%
10	斗山工程机械（Doosan Infracore）	韩国	54.1	3.4%
11	中联重科	中国	43.8	2.8%
22	柳工集团	中国	17.36	1.1%
29	龙工控股	中国	12.57	0.8%
31	山推股份	中国	12.33	0.7%
38	厦工机械	中国	7.17	0.4%
47	山河智能	中国	2.84	0.2%

资料来源：中国机械设备生产门户．2015 年全球工程机械制造商 50 强榜单发布 [DB/OL]．中国机械设备生产门户官网，http://www.sinomep.com/news/26527251.html，2015-09-10．

表 8-4 是集群龙头企业营业收入与国际收入比较。从近年来的营业收入和国际收入来看，2005～2011 年三大龙头企业营业收入出现快速增长。受宏观经济环境及产业竞争环境的影响，2012 年后三大龙头企业的营业收入增速明显放缓，甚至出现下降。从国际

收入来看，2011 年后只有三一重工保持了持续增长，这与三一重工近年来在海外大规模的并购相关。比较而言，中联重科与山河智能的国际化程度还比较低。

表 8 – 4　　　　　集群龙头企业营业收入与国际收入比较

年份	营业收入（亿元）			国际收入（亿元）		
	三一重工	中联重科	山河智能	三一重工	中联重科	山河智能
2004	26.5	33.8	2.3	0.6	0.2	—
2005	25.3	32.7	3.5	1.8	0.6	0.5
2006	45.7	46.2	6.3	4.7	2.1	0.8
2007	91.4	89.7	11.5	16.5	10.2	2.7
2008	142.6	135.4	12.5	34.6	27.6	2.3
2009	189.7	207.6	14.5	13.5	26.1	1.1
2010	339.5	321.9	28.3	21.3	15.3	2.7
2011	507.7	463.2	30.9	34.2	22.3	2.2
2012	468.3	480.7	19.4	87.4	27.7	1.2
2013	373.2	385.4	21.1	108.7	27.8	1.3
2014	303.6	258.5	18.4	98.2	28.9	2.7

数据来源：数据来源于三个企业各年的年度报告。

注："—"表示无法获得官方数据。

湖南工程机械产业集群不断演化升级，整个集群逐步走向模块化网络。湖南工程机械产业集群内企业形成了以系统规则设计者和模块整合者为中心，以研发设计机型模块、信息交流及咨询模块、主机模块、关键零部件模块、普通零部件模块、系统总成、整机装配模块等为外围的网络组织。图 8 – 2 是湖南工程机械产业集群模块化组织结构。集群中的龙头企业是模块化网络组织中的规则设计者和系统整合者。主机模块由包括三大龙头企业和 30 余家中小主机企业构成；普通配件及零部件模块包括很多子模块，每个子模块又由数家供应商组成；发动机等关键零部件大部分是进口或由国内龙头企业生产；系统总成模块负责产品的动力或控制系统，主要由集群内外技术领先企业负责；物流以及服务模块主要由龙头企业以及机械租赁和销售公司担任模块供应商（殷立科，2011；侯文，2012）①②；研发设计模块的供应商则是由龙头企业、中机国际工程设计研究院、中南大学等研究机构和高校构成；信息交流及咨询模块则是由中国工程机械工业协会、中国工程机械品牌网、湖南装备工业网等构成。

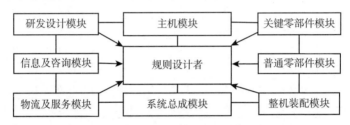

图 8 - 2 湖南工程机械产业集群模块化组织结构

资料来源：作者根据多个资料整理。

表 8 - 5 是湖南工程机械产业集群的模块化产品内分工。在湖南工程机械产业集群的模块化网络系统中，获得附加值最高的是标准制定者与系统整合者，它们是核心模块的产业标准制定者和规则制定者，同时也是产品系统整合者、品牌拥有者。除三大龙头企业外的其他主机模块供应商和关键零部件模块供应商的附加值次之。附加值相对较低的是普通配件与零部件模块供应商，目前湖南工程机械产业集群中的中小企业还处在此层次。从全球价值链（Global Value Chain，GVC）的视角来看，工程机械产业 GVC 分为研发设计、生产、营销和服务等多个环节，其中研发环节和服务附加值

---

① 殷立科. 湖南省工程机械发展的现状及对策研究 [D]. 长沙：中南大学学位论文，2011.

② 侯文. 长沙市工程机械产业发展及竞争力提升研究 [D]. 长沙：湖南大学学位论文，2012.

高，而生产环节（普通模块）附加值低。国际工程机械巨头通过制定产业技术标准，控制国际市场营销渠道，在 GVC 上处于最高地位（侯茂章，朱玉林，2012）[①]；湖南工程机械产业集群的三大龙头企业已经嵌入了 GVC 研发设计环节，以及营销、服务环节，但湖南工程机械产业集群整体上还处于附加值较低的生产环节（陈晖，2008）[②]。为了在全球模块化价值链获得更高地位，湖南工程机械产业集群需要走模块化升级道路，一方面要占领工程机械产业的核心模块，另一方面要利用模块化网络在全球整合资源，实现集群整体价值的提升。

表 8 – 5　　　　　湖南工程机械产业集群模块化产品内分工

模块/分工	公司名称	附加值
产业标准制定者	三一重工、中联重科、山河智能	高↑
品牌、渠道与服务模块	三大龙头企业、中铁轨道等极少数企业，以及中国工程机械品牌网等	
关键零部件模块、系统总成等	三大龙头企业、长重机器等数十家大中型企业	低↓
普通零部件模块	中成机械、建鑫机械、天为工程机械等数百家中小企业	

资料来源：作者整理。

8.4

湖南工程机械产业集群模块化升级障碍

自主创新与协同创新能力不强，产品同质化严重，配套能力

---

①　侯茂章，朱玉林. 湖南高新技术产业集群嵌入全球价值链与升级研究 [J]. 软科学，2012，(4)：82 – 86.

②　陈晖. 湖南省工程机械制造产业集群竞争力研究 [D]. 中南大学学位论文，2008.

弱，服务能力发展滞后等问题制约着湖南工程机械产业集群的发展壮大。

8.4.1 研发设计模块投入不足，协同创新能力不强

三一重工和中联重科参与了多项行业标准的制定工作。三一重工和中联重科每年将营业收入的5%~7%投入研发，而山河智能的研发投入比重只有4%~5%左右，其他中小企业研发投入比重则更低。而工程机械业国际巨头卡特彼勒、小松、沃尔沃、日立等企业每年研发投入占营业收入的比重达10%~14%。全球产业领导者卡特彼勒更是拥有4 000多个专利，8 000多名工程师，其中5%左右是拥有博士学位的科学家和高级技术专家。研发投入分散、对关键技术控制不够等问题都制约了湖南工程机械产业集群在国际上的竞争力。集群龙头企业之间缺少战略合作，与徐工、柳工、山推等国内龙头企业合作也较少。近年来虽然三一重工与清华大学、华中科技大学、中南大学等高校，中联重科与浙江大学、吉林大学、哈尔滨工业大学、湖南大学等高校进行了产学研联盟，但合作的广度与深度还可以进一步拓展。而且应该充分挖掘除中南大学和湖南大学之外的本地优势研发资源，如国防科技大学、长沙理工大学、湘潭大学、湖南科技大学、中机国际工程设计研究院、长沙矿山研究院、长沙矿冶研究院等本地科研机构的优势资源。

8.4.2 主机模块同质化竞争激烈，产品差异化程度有待提高

龙头企业的主要产品结构雷同，同质化竞争激烈。如三一重工和中联重科的主导产品均有混凝土机械和压路机等，在产品性能及价格上都比较接近。除了中联重科和三一重工外，一共有10多家

企业的主打产品都是混凝土机械（胡明铭，徐姝，2009)[①]。此外，起重机械也是中联重科和三一重工的主打产品。由于产品结构趋同，使得湖南工程机械产业集群内企业之间，尤其是龙头企业之间，同质化竞争有余，互补性合作不足，这在一定程度削弱了产业集群的整体竞争能力。同时，湖南工程机械产业集群在大类产品方面还有空白之处，比如土方工程机械就缺乏竞争力，而卡特皮勒等行业巨头都以制造土方工程机械为主业。

8.4.3 关键零部件模块发展滞后，配套能力弱

在零件和部件模块供应商方面，湖南工程机械配套企业绝大多数是研发能力较弱的中小企业，虽然三一重工和中联重科近年来在长沙及周边地区大力发展零部件配套产业，力求产业链完整，但许多关键零部件依赖集群外部，甚至还要进口，如精密液压件、发动机等，年进口额达数亿美元。关键零部件需要从国外定制不仅成本高，而且耗时较长，这限制了集群的发展壮大（何小艳，2009)[②]。而且，湖南工程机械产业链中配套企业的研发、生产水平跟不上龙头企业，使得配套零部件在多方面达不到龙头企业的要求，降低了整个集群网络的价值（胡俊平，2012)[③]。中小配套企业的融资渠道不畅、高级人才短缺等问题也加剧了湖南工程机械产业集群主机企业强、配套能力低的现状。

---

① 胡明铭，徐姝. 关于构建湖南工程机械产业创新系统的思考 [J]. 科技管理研究，2009，(9)：155–157.

② 何小艳. 长株潭工程机械产业集群建设研究 [D]. 长沙：湖南师范大学学位论文，2009.

③ 胡俊平. 湖南省工程机械产业链纵向关联研究 [D]. 长沙：湖南大学学位论文，2012.

8.4.4 服务模块不完善，集群资源整合能力不强

在营销网络和售后服务模块方面，三一重工、中联重科的业务最大范围能覆盖全球 150 多个国家和地区，在国外建立了数十个研发机构及生产基地，全球物流和服务支持系统已经初步形成。但湖南工程机械集群中与工程机械相配套的服务体系，如融资租赁服务、技术服务、再制造、信息咨询、会展服务、物流配送等服务体系还不完善（杨水根，2011）[①]。适合中小工程机械企业的金融服务和风险投资体系也还很不完善。虽然中联重科和三一重工在学习卡特皮勒在融资租赁、再制造等方面的经验，但服务同质化的恶性价格战，使企业资金链受到考验，恶化了国内竞争环境，并没有真正为企业带来竞争优势。

8.5

湖南工程机械产业集群模块化升级思路

湖南工程机械产业集群要走出同质化竞争有余，互补性合作不足的怪圈，通过组织模块化打破地域和产业的限制，利用模块化网络组织在全球整合产业内外的经济资源。

8.5.1 升级研发设计模块，提升协同创新能力

三一重工、中联重科等龙头企业应该进一步成为全球工程机械产业标准制定者，参与更多的产业标准制定。要使得集群在全球价值网

---

① 杨水根. 产业链、产业集群与产业集群竞争力内在机理探讨——以湖南省工程机械产业集群为例 ［J］. 改革与战略，2011，（3）：153 – 156.

络中升级，三大龙头企业要将研发重心放到自主研发核心技术和制定
国际标准方面，尤其要在专利联盟方面加强合作，提升集群的国际竞
争力。有一定研发能力的大中型企业要争取往全球模块化价值链中的
更高端的环节升级，最好能找准一个细分市场成为标准制定者。中小
企业要在专业化的基础上增强研发和创新能力。集群内企业应更多地
与高校和科研院所搭建产学研合作研发平台，鼓励企业和省内外高校、
科研院所针对核心和关键技术组建研发战略联盟。在全球化和产业组
织网络化时代，产业集群要打破固有的地域概念的限制，并且应该以
组织接近或价值互补的理念来组织全球资源。

8.5.2　调整主机模块产品结构，实现全面优化升级

龙头企业和其他主机模块供应商应调整产品结构，实施差异
化战略，加强互补合作，还应积极开发具有国际竞争力的高端产
品，进行产品结构的调整和扩展。首先要强化自己的核心竞争
力，比如三一重工的大排量泵车、中联重科的汽车起重机继续保
持全球竞争优势。其次，要在延伸产业链上下功夫，卡特皮勒很
大一部分利润就来自于产业链延伸，如金融服务、再制造及在线
采购及物流系统等。据工程机械产业全球的领头羊——卡特皮勒
的官网（www.caterpillar.com）报道，2013 年卡特皮勒营业收入为
556 亿美元，净利润 38 亿美元，其中金融产品部门对公司净利润
的贡献比例超过 10%；卡特皮勒的零部件在线采购系统 "CAT
PARTSTORE" 内集中了超过 80 万个零部件的信息。通过再制造一
年回收处理超过 200 万个旧零部件，回收处理 1.15 亿磅废旧金属。
再次，龙头企业还要嵌入土方工程机械全球产业链，在其产业链上
抢占有利的模块或环节（郑伯红，王志远，2011）[①]。最后，还应

---

① 郑伯红，王志远. 基于产业组织的城市国际化网络研究——以长沙工程机械产
业为例 [J]. 世界地理研究，2011，(3)：55 - 61.

加强与本产业及相关产业中全球著名企业的合作，建立各种类型的联盟，通过合作与并购的方式提高自己的声誉，实现由区域著名品牌向国际著名品牌的推广。

8.5.3 扶持配套模块企业，加速相关产业融合

中小配套企业要在模块价值网络中找准自己的定位，在专业化、特色化的基础上实现优化升级，力图成为模块化价值网络中不可或缺的模块或环节。三一重工、中联重科等龙头企业可以借助投资入股和战略联盟的方式来推动配套企业的发展，形成集群的模块化零部件配套网络（周伟，2009）①。为了加快关键零部件模块供应商的发展，应该要整合工程机械产业集群内外的研发组织和人员，针对关键和核心技术组建战略联盟联合攻关，提高协同创新能力。另外，还要通过产品和组织模块化加快产业融合，尤其要充分利用长沙逐渐壮大的汽车及零部件产业集群。上海大众、猎豹、北汽福田、吉利、比亚迪、众泰、北京汽车，广汽菲亚特、广汽三菱、日本住友、德国博世等已经相继落户长沙。据《长沙汽车产业发展报告（白皮书）》的估计，2015 年长沙汽车及零部件销售收入将超过 2 000 亿元（黄训，2014）②。还要有效利用株洲的轨道交通产业集群的资源，以及湘潭逐渐壮大的汽车及零部件产业。尤其是株洲的轨道交通产业集群，株洲是"中国电力机车摇篮"，聚集了南车株机、南车株洲所、联诚集团、南车电机、九方装备、中铁轨道等企业为核心的规模以上相关企业 70 多家，按照政府的发展规划，株洲 2015 年轨道交通产业集群总产值将达 1 200 亿元（青

---

① 周伟. 工程机械产业集群的区域竞争力研究 [D]. 长沙理工大学学位论文，2009.

② 黄训. 2015 年长沙汽车产业总产值有望过千亿元 [DB/OL]. 红网，http：// hn. rednet. cn/c/ 2014/07/23/ 3413958. htm，2014 – 07 – 23.

泉，沈梦林，2013）①。而对于短期内难以攻克的核心零部件研发瓶颈，可引进零部件制造商来湖南投资设厂。

8.5.4　建立模块化信息网络平台，提升资源整合能力

湖南工程机械产业集群应该建立自己的模块化网络平台，整合相关的生产、科研、供应商、金融服务、中介服务、客户、政府部门、行业组织等利益相关者，及时提供各类市场需求、产品生产、科研动态、生产要素等信息，并加强与国际、国内相关网络平台的横向联系，整合成一个全球化的电子商务平台（刘凤根，2006）②。同时，加大力度发展出口中间商、开放性行业技术中心等中介机构；大力发展完善风险投资体系、创立工程机械业专项种子基金；建设工程机械产业物流园区，构建全球营销、物流网络。通过完善湖南工程机械产业集群的全球营销、服务网络，以提升工程机械业模块化网络的整体价值。

8.6

小　结

有效利用产业组织模块化发展的新趋势，不仅有利于中国制造业的优化升级，而且有利于中国战略性新兴产业占领全球价值链的关键模块及技术。产业集群组织模块化能打破地域和产业的限制，以组织接近和价值互补代替地理或产业接近，使我国中西部战略性

---

① 青泉，沈梦林.2015 年，株洲轨道交通产业集群产值将达 1 200 亿元［DB/OL］. 长株潭报，http://www.zznews.gov.cn/news/2013/0110/article_79770.html，2013 – 01 – 10.

② 刘凤根.湖南工程机械产业集群发展对策研究［J］. 吉首大学学报，2006，(7)：118 – 122.

新兴产业更好地融入全球价值网络（曹虹剑，2015）[①]。龙头企业要将自己定位于全球标准制定者或系统规则设计者，加强异质化合作，减弱同质化竞争，以提高自主创新能力。要进一步整合湖南工程机械产业集群之内和集群之外的研发力量，提高协同创新能力。积累了一定实力的模块供应商应该力争成为细分市场的标准制造者，以提升在模块化价值网络中的地位。普通的模块供应商根据自身的优势，在专业化、特色化的基础上向模块化价值网络中更高的模块或环节升级。产业集群要完善相关配套及服务体系，以提升整个产业集群网络的生产效率。集群的资源整合不能仅着眼于传统产业集群的内部，而应该通过组织模块化，通过开放性的系统联系规则，整合集群与地域之外，相关产业和相关组织中的资源，以提升集群的整体价值，进而实现可持续发展。

---

① 曹虹剑. 中国战略性新兴产业组织创新：异质性与复杂性的视角 ［J］. 社会科学，2015，(7)：60－67.

第9章

结论与政策建议

9.1
主要结论

在前面理论研究、实证研究与案例研究的基础上，课题得出了以下的一些基本结论。

9.1.1 战略性新兴产业发展需要模块化产业组织

战略性新兴产业发展需要低交易费用、高创新能力的模块化产业组织。工业经济时代的纵向一体化产业组织不适合战略性新兴产业发展。战略性新兴产业需要对市场反应迅速、创新能力强、能整合全球资源、生产成本与交易费用低的模块化产业组织。战略性新兴产业发展面临两个主要环境因素：需求的异质性、生产的复杂性与不确定性。在经济全球化条件下，战略性新兴产业组织创新应通过组织模块化，使产业组织系统走向自组织；以组织或价值接近代替地理接近，打破地域和产业界限而在全球整合资源；建立基于知识分工合作，协调成本低的模块化网络组织；建立多边分享合作剩余，由人力资本主导的网络组织共同治理机制。模块化产业组织是一种横向一体化的网络组织，它能打破产业链的地域与条块分割，使整个产业以全球价值网络的形式存在。

9.1.2 模块化产业组织实现了生产要素跨产业和跨地域融合

融合是新兴产业组织的本质。模块化在产品内分工的基础上打破了企业、产业和地域的界限，实现了生产要素的跨企业、跨产业、跨地域的有机融合，使产业组织形成一个动态演化的有机系统，这才是信息经济条件下新兴产业组织的本质。产业组织模块化是对不同生产要素，尤其是生产知识的分割、重组与融合，这种融合不是简单的联合，而是组织间的生产要素与资源相互渗透，相互交融，使企业和产业的边界模糊化，自发地涌现新的组织结构并带来报酬递增。产业组织模块化是一个不断演进的融合过程。在产业组织模块化发展初级阶段，一个产品的价值链在同一个产业相关企业间分割、重组与融合。到了产业组织模块化发展的中级阶段，产业链在相关产业间分割、重组与融合。而到了产业组织模块化发展的高级阶段，信息技术的高度发展使模块化价值网络系统开始在任意可能的产业间分割、重组与融合，这时就会出现传统产业与新兴产业的大规模融合。此时，产业边界不再清晰，协同发展成为常态。

9.1.3 模块化网络组织的产权治理是一种全新范式

模块化产业组织是产品契约与要素契约融合的动态契约网络。模块化网络组织的柔性契约网络动态融合了每个企业内部的要素契约，以及分布于不同企业之间的中间产品/服务契约。模块化网络组织的产权治理范式与传统企业产权治理范式有很大的不同。传统产权治理的治理对象是企业的要素契约；而模块化网络组织是中间产品契约对要素契约的替代，其产权治理对象是中间产品的件工契约网络。传统企业产权治理理论强调物质资本所有者至上的单边治理，其治理理念是将负的外部性内部化；而模块化网络组织的产权治理强调人力资本或知识资本所有者的权威，是规则设计者主导的多方共同治理，其治理理念强调将正的内部性外部化。因为偷懒或卸责（shirking）等问题存在，所以传统企业产权治理理论注重分析企业内的委托——代理关系，强调剩余权利归资产所有者；在模块化网络组织中，因为有统一的界面，所以对个体的贡献容易定价，因而偷懒问题并不是治理关注的重点，在网络市场化条件下，企业的剩余权利治理机制被模块化网络组织以合作剩余分享机制所替代。而且，传统产权治理理论只涉及企业层面的分析，但模块化网络组织产权治理涉及产业组织层面的分析。

9.1.4　模块化分工与协同显著影响战略性新兴产业技术创新

本书利用熵值法对调查问卷收集的战略性新兴产业数据进行综合评价，测算出模块化程度的综合评价值。新能源产业模块化程度最高，新能源汽车与新一代信息技术次之，生物医药产业的模块化程度相对较低，新材料产业模块化程度最低。相比模块化分工程度，七个产业的模块化协同程度更高。在战略性新兴产业中，企业组织模块化和模块化协同程度相近。产业组织模块化、企业组织模块化与产品模块化均对技术创新具有显著正向影响。本书还从分工与协同的视角分析战略性新兴产业模块化对技术创新的影响，构建了两个结构方程模型。从各种模块化对技术创新的影响来看，产品模块化、企业组织模块化、产业组织模块化、模块化分工、模块化协同五组变量对技术创新都具有显著正向影响。在模块化对技术创新的影响关系中，产业组织模块化对技术创新的影响最大，企业组织模块化的影响次之，产品模块化对技术创新的影响相对较小。模块化分工对技术创新的影响力大，而模块化协同对技术创新的影响相对较小。模块化分工与模块化协同，产品模块化与企业组织模块化，产品模块化与产业组织模块化，企业组织模块化与产业组织模块化等四组变量之间存在显著的正相关性。其中，产品模块化与产业组织模块化的相关性最小；模块化分工与模块化协同的相关性很高。

9.1.5 模块化对技术创新的影响具有独立效应与联合效应

本书还分别建立起产品模块化、企业组织模块化、产业组织模块化与技术创新的独立效应与联合效应的结构方程模型。在七大类战略性新兴产业中进行实证分析，厘清了战略性新兴产业模块化网络组织的两种创新效应。当产品模块化单独作用于技术创新时，其独立效应在七大类细分产业和战略性新兴产业都得到了证实。其中，高端装备制造产业的产品模块化对技术创新的独立效应最大，生物医药产业的产品模块化对技术创新的独立影响最小。当企业组织模块化单独作用于技术创新时，其独立效应也得到了证实。其中，高端装备制造业的企业组织模块化对技术创新的独立效应最大，新能源汽车产业与生物医药产业的企业组织模块化对技术创新的影响相对较小。当产业组织模块化单独作用于技术创新时，其独立效应也得到了证实。其中，高端装备制造的产业组织模块化对技术创新的独立效应最大，而生物医药和新能源汽车产业组织模块化对技术创新的独立影响最小。总的来看，在产品模块化、企业组织模块化、产业组织模块化这三种模块化之中，高端装备制造产业的独立效应最大，而生物医药和新能源汽车产业的独立效应相对较小。当两种模块化共同作用于技术创新时，二者都发挥正向促进作用，这就是模块化对技术创新的联合效应。两者在促进技术创新的过程中并不是均衡地发挥作用，而是有一种模块化起主导作用，另一种模块化发挥较小的作用。不论是七大类细分产业还是战略性新

兴产业整体都呈现出这一规律：企业组织模块化比产品模块化发挥
更主要的作用；产业组织模块化比企业组织模块化和产品模块化发
挥更主要的作用。

9.1.6　战略性新兴产业组织模块化发展有初始融合成本

本书在实证研究中找到了一种可衡量产业组织模块化及其影响
的实证方法：用 GMM 动态面板数据模型，结合增值比率法、产业
公共品标准、非公共品产业标准与产业环境控制变量来研究模块化
对战略性新兴产业 TFP 的影响。实证结果表明：模块化在初期有
初始融合成本，会对战略性新兴产业 TFP 产生负面影响，但在滞
后期会提高 TFP，这是本书的重要发现。通过实证分析模块化对
TFP 三个分解变量的影响，发现模块化程度对技术效率的正向影响
较显著，对技术变化没有显著的正向影响。实证分析了模块化对战
略性新兴产业细分产业 TFP 的影响，发现模块化对各个细分产业
的影响稍有区别。总的来看，模块化对战略性新兴产业 TFP 分解
变量和细分产业影响的实证结果比模块化对战略性新兴产业整体影
响的实证结果更为复杂。

9.1.7　公共品性质产业标准能提高战略性新兴产业 TFP

模块化产业组织的组织效率与产业标准密切相关，最优的产业
标准治理结构是使公共品、俱乐部物品及私有品性质的产业标准带
来的交易费用之和最小。课题的实证研究将模块化与公共品标准、
非公共品产业标准融合在一起研究对战略性新兴产业 TFP 的影响。
实证结果表明：公共品性质的产业标准对 TFP 有正向影响，但非
公共品性质的产业标准对战略性新兴产业 TFP 有负向影响，这也
是本书的重要发现。而 1～3G 移动通讯技术产业标准对相关产业
TFP 影响的实证分析也得出一些有意思的结论。

9.1.8 市场环境因素会对战略性新兴产业 TFP 产生重要影响

实证研究还得出了一些有意思的研究结论：市场竞争激烈程度的提升不一定会提高战略性新兴产业 TFP，R&D 人力投入增加不会促进战略性新兴产业 TFP 提高，政府支持与金融支持对战略性新兴产业 TFP 的影响不显著。此外，还发现市场势力过高会对战略性新兴产业滞后期 TFP 的提高产生负面影响；R&D 资本投入对战略性新兴产业 TFP 的影响为正；对外开放度提高对战略性新兴产业 TFP 及分解变量的影响并不确定。

9.1.9 战略性新兴产业集群出现了组织模块化发展趋势

组织模块化可以使产业集群打破地域和产业限制，形成一个低交易费用、高创新能力的模块化网络。通过案例分析，我们发现湖南工程机械业集群存在协同创新能力差、同质化竞争严重、配套能力弱、服务模块发展滞后等发展障碍。需要升级研发设计模块，提升协同创新能力；调整主机模块产品结构，实现全面优化升级；扶持配套模块发展，加速相关产业融合；建立模块化信息网络平台，提升资源整合能力。研究湖南工程机械业集群升级对我国中西部战略性新兴产业发展具有重要启示。

9.2

政策建议

9.2.1 利用组织创新带动中国创新驱动发展战略

创新驱动发展是"新常态"条件下中国经济发展战略的重中

之重。创新驱动发展战略的实施是一项长期的系统工程，不仅要依靠科技创新、产品创新与市场创新，而且要通过组织创新使中国产业高效利用全球生产要素。经济组织不仅在工业经济时代很重要，在知识经济和信息经济时代更为重要。在全球化与信息化时代，分工与专业化水平远比工业经济时代高，经济组织效率的高低直接影响一国产业的自主创新能力与全球竞争力。中国需要通过组织创新，利用高效经济组织提升自主创新能力与生产要素使用效率，占领全球价值链高端，在全球经济竞争中占据高端有利位置，提升全球经济竞争力。

9.2.2　模块化融合是战略性新兴产业组织创新的主要方向

分工是工业经济时代推动经济发展组织动力，而分工深化条件下的融合是信息经济时代经济组织发展的新趋势，也是经济发展的组织新动力。通过产业组织模块化，使战略性新兴产业实现生产要素的跨产业、跨企业、跨地域的融合是战略性产业组织创新的基本趋势。通过产业组织模块化，使产业组织系统走向自组织，建立基于知识分工合作，协调成本低的模块化网络组织，并在模块化产业组织内建立由人力资本主导，合作剩余贡献的网络组织多边共同治理机制。通过模块化打破新兴产业之间的界限，以及新兴产业与传统产业之间的分割，加速传统产业升级，实现协同创新发展。

9.2.3　利用模块化提升战略性新兴产业的技术创新能力

从模块化对技术创新影响的实证研究结论中可以得到中国战略性新兴产业发展的一些建议。第一，通过进一步提升产业组织模块化水平来提升战略性新兴产业创新能力。产业组织模块化水平的提高需要高效的产业技术标准，因此相关政府部门和行业组织要在尊重市场选择的基础上提高产业标准制定的效率。可以重点提升高端装备制造、节能环保、新材料与生物医药等产业组织模块化程度。第二，目前模块化对技术创新的正向影响主要来自于模块化分工，所以要继续整合战略性新兴产业链，提高核心及关键模块配套能力。第三，模块化协同对技术创新的影响相对较低，所以要在继续提高模块化分工水平的同时提升战略性新兴产业协同创新能力。第四，利用模块化促进新兴产业与传统产业的融合，以此推进产业结构优化升级和创新驱动发展战略。第五，产品模块化与组织模块化会相互影响，协调产品与组织模块化的发展节奏，提高模块化的联合创新效应。第六，协调战略性新兴产业各细分产业间的发展平衡。继续推进产品与组织模块化，尤其是生物医药和新能源汽车产业的模块化。

9.2.4 整合模块化价值链提高战略性新兴产业全球竞争力

中国创新驱动发展战略的实施需要模块化产业组织整合全球生产要素，提高自主创新能力，以占领全球产业链的高端，从而达到提升中国制造业全球整体竞争力的目的。有资源整合优势的企业应定位为全球模块化网络整合者和品牌领导者，有技术优势和潜力的企业应定位产业标准制定者，中小企业要在专业化的基础上逐渐向模块化价值的高端升级。有实力的企业要占领全球价值链的核心模块和关键环节。在利用全球价值链整合国外生产要素的基础上，进一步打造完善国内价值链，提升国内配套能力，促进产业融合。

9.2.5 利用公共品性质产业标准减少进入壁垒与退出障碍

为尽可能地减少组织模块化早期带来的成本，在主要依靠市场力量的基础上，可以适当借用行业组织与政府的力量，减少产业组织模块化的试错和协调成本。鼓励中国企业更多地参与专利池或国际产业标准的制定，在继续保持专利申请数增长的基础上提高专利申请质量。在利用产业组织模块化提高技术效率和规模效率的基础上，注意专利保护宽度和期限，防止非公共品产业标准对全要素生产率，尤其是对技术变化的负面影响。

9.2.6 利用组织模块化使产业集群打破地域和产业的界限

传统产业集群是由产业链上相互关联的企业在地域上的集中，强调同一产业相关生产要素在空间上的聚集，产业集群发展主要依靠规模经济、要素集聚、低运输成本等优势。不同于传统产业集群，模块化集群以更为细致的知识分工为基础，其优势来源于网络效应、范围经济、低协调成本与高创新能力。组织模块化使传统产业集群由纵向的产业链演变成横向的价值网络；传统产业集群组织常以地域为界限，模块化集群则是跨地域的虚拟组织，通过对全球价值网络的模块化重组与整合，能以较低的交易费用在全球整合资源，促进整个产业的整体价值提升。模块化集群内统一、开放性的联系规则能够打破产业和组织的界限，加快产业融合，增强产业间、组织间的互补性和可连通性，使跨产业的组织系统以一个动态网络的形式存在，从而实现协同创新发展。

9.2.7 产业组织模块化条件下要从效率视角审视市场结构

在产业组织模块化条件下，战略性新兴产业市场集中度高并不一定会影响效率。从市场结构来看，战略性新兴产业有一个很大的特征：在细分市场上，往往由少数企业主导，但大企业之间的市场竞争却很激烈，创新能力强，市场效率高。德姆塞茨（Demsetz，1992）在《谢尔曼法》颁布 100 周年之际曾指出，即使反垄断进行了一个世纪，但很多反垄断政策并没有得到确凿的理论支持。所以，在反垄断法的实施过程中要注重分析垄断及竞争的效率，而对于具有"结构主义"（SCP 范式）倾向的"本身违法原则"（Per Se Rule）要慎用。从产业组织理论研究创新的视角来说，在淡化基于同质性、纯价格或产量竞争与合谋问题的基础上，要更加关注基于异质性、互补性、具有高效率的合作行为。对于经济组织治理理论来讲，以物质资本垄断剩余权利的单边治理机制要向以人力资本为主导，合作剩余分享的多边治理机制转变。

9.2.8 营造有利于战略性新兴产业发展的产业环境

产业组织模块化的健康发展离不开良好的产业发展环境。在继续利用 R&D 资本投入效率的基础上，提升 R&D 人力投入的质量。在消除市场势力对 TFP 不利影响的基础上。深化国企改革，推进战略性新兴产业混合所有制改革，充分激发民间创新活力。优化金融环境，对战略性新兴产业给予支持性产业政策，但不要让行政力量主导战略性新兴产业发展。完善战略性新兴产业上市公司的混合所有制改革。在国有产权逐渐退出竞争性领域的情况下，充分发挥国有股权对一部分关系国家安全的战略性新兴产业的引导性作用，同时进一步调动民营资本参与战略性新兴产业发展的积极性，提升民间的创新活力，实现最优的股权配置带动战略性新兴产业快速发展，提高战略性新兴产业内企业的创新绩效。中国政府应该设立合理的政府支持制度与实施机制，一方面要减少公司创新的成本与风险，另一方面要将政府的补贴与支持用到创新的刀刃上，真正做到提升创新能力。

附　录

调查问卷^①

尊敬的先生/女士：

　　您好！

　　我们是国家社科基金青年项目《基于模块化视角的战略性新兴产业组织创新研究》湖南师范大学课题组。从产业组织的视角为我国战略性新兴产业发展提供有价值的建议是本书研究的目标。模块化是新经济条件下产业组织的本质与发展趋势，研究产业组织模块化视角下中国战略性新兴产业发展具有重要的理论与现实意义。您的答卷对我们课题的研究非常重要，希望能得到您的支持与帮助。本问卷采用匿名方式进行，纯属学术研究目的，请您放心并尽可能客观地回答，我们承诺：调查所得数据仅限于学术研究，绝不会用于任何商业用途。

　　请您依据您所在企业的实际情况，在每个问题的答案中选择一个合适的答案打上"√"（请尽量避免中间选项）。

　　1：完全不符合

　　2：比较不符合

　　3：不确定

　　4：比较符合

　　5：完全符合

---

①　此问卷的设计是本书作者与其所带的研究生刘丹同学共同讨论的结果，问卷数据的收集与整理感谢张建英、刘丹、邓国琳、张亚琴、李睿等同学，以及众多朋友的帮助。

参 考 文 献

[1] Agarwal, R. & Bayus, B. L. Creating and Surviving in New Industries [J]. Advances in Strategic Management, 2004, 21 (1): 107 - 130.

[2] Aoki, M. & Gustafsson, B. & Williamson, O. E. (eds). The Firm as a Nexus of Treaties [C]. London: Sage, 1990: 53 - 76.

[3] Aoki, M. Toward a Comparative Institutional Analysis [M]. Cambridge: MIT Press, 2001.

[4] Baldwin, C. Y. & Clark, K. B. Design Rules: The Power of Modularity [M]. Cambridge: MIT Press, 2000: 1 - 483.

[5] Baldwin, C. Y. & Clark, K. B. Managing in an Age of Modularity [J]. Harvard Business Review, 1997, 75 (5): 84 - 93.

[6] Baldwin, C. Y. Modularity, Transactions, and the Boundaries of Firms: A Synthesis [J]. Harvard Business Review, 2011: 1 - 56.

[7] Baldwin, C. Y. Where Do Transactions Come from? Modularity, Transactions, and the Boundaries of Firms [J]. Industrial and Corporate Change, 2014, 17 (1): 155 - 195.

[8] Becker, G. S. & Murphy, K. M. The Division of Labor, Coordination Costs, and Knowledge [J]. Quarterly Journal of Economics, 1992, 107 (4): 1137 - 1160.

[9] Benassi, M. Investigating Modular Organizations [J]. Journal of Management and Governance, 2009, 13 (3): 163 - 192.

[10] Binh, T. T. C. & Linh, N. M. Supplier System and Knowl-

edge Transfer Within the Production Networks of Electronics MNCs in Vietnam [J]. Asian Journal of Technology Innovation, 2013, 21 (15): 119 – 138.

[11] Bourreau, M., Dogan, P., Manant, M. Modularity and Product Innovation in Digital Markets [J]. Review of Network Economics, 2007, (2): 175 – 193.

[12] Brusoni, S. & Prencipe, A. Patterns of Modularization: The Dynamics of Product Architecture in Complex Systems [J]. European Management Review, 2011, 8 (2): 67 – 80.

[13] Brusoni, S. & Prencipe, A. Unpacking the Black Box of Modularity: Technologies, Products and Organizations [J]. Industrial and Corporate Change, 2001, 10 (1): 179 – 205.

[14] Caminati, M. Knowledge Growth, Complexity and the Returns to R&D [J]. Journal of Evolutionary Economics, 2006, 16 (3): 207 – 229.

[15] Cautela, C. & Pisano, P. & Pironti, M. The Emergence of New Networked Business Models from Technology Innovation: an Analysis of 3-D Printing Design Enterprises [J]. International Entrepreneurship & Management Joournal, 2014, 10 (3): 487 – 501.

[16] Caves, D. & Christensen, L. Diewert WE. The Economic Theory of Index Numbers and the Measurement of Input, Output, and Productivity [J]. Econometrica, 1982, 50 (6): 1393 – 1414.

[17] Cheng, LCV. Assessing Performance of Utilizing Organizational Modularity to Manage Supply Chains: Evidence in the US Manufacturing Sector [J]. International Journal of Production Economics, 2011, 131 (2): 736 – 746.

[18] Cheung, S. N. S. The Contractual Nature of the Firm [J]. Journal of Law and Economics, 1983, 26 (1): 1 – 21.

[19] Coase, R. H. The Nature of the Firm [J]. Economica,

1937, 4 (16): 386 – 405.

［20］ Crémer, J. Common Knowledge and the Co-ordination of Economic Activities ［A］. Aoki, M. , Gustafsson, B. and William-son, O. E. (eds). The Firm as a Nexus of Treaties ［C］. London: Sage, 1990: 53 – 76.

［21］ Davenport, T. H. & Leibold, M. & Voelpel, S. Strategic Management in the Innovation Economy: Strategy Approaches and Tools for Dynamic Innovation Capabilities ［M］. John Wiley & Sons Inc, 2006: 1 – 444.

［22］ Demsetz, H. How Many Cheers for Antitrust's 100 years? ［J］. Economic Inquiry, 1992, 30 (2): 207 – 217.

［23］ Durlauf, S. N. & Blume, L. E. The New Palgrave Dictionary of Economics ［M］. Basingstoke, Hampshire: Palgrave Macmillan, 2008.

［24］ Egger, H. & Egger, P. International Outsourcing and the Productivity of Low-Skilled Labor in the EU ［J］. Economic Inquiry, 2006, 44 (1): 98-108.

［25］ Elliot, S. Technology-Enabled Innovation, Industry Trans-formation and the Emergence of Ambient Organizations ［J］. Industry & Innovation, 2006, 13 (2): 209 – 225.

［26］ Eom, J. Y. Modularity and technological change: A primer and synthesis ［J］. Asian Journal of Technology Innovation, 2008, 16 (2): 1 – 24.

［27］ Ernst, D. Limits to Modularity: A Review of the Literature and Evidence from Chip Design ［J］. Industry and Innovation, 2005: 1 – 27.

［28］ Ethiraj, S. K. & Levinthal, D. & Roy, R. R. The Dual Role of Modularity: Innovation and Imitation ［J］. Management Science, 2008, 54 (5): 939 – 955.

［29］ Ethiraj, S. K. & Levinthal, D. Modularity and Innovation in

Complex Systems [J]. Management Science, 2004, 50 (2): 159 –173.

[30] Falk, M. International Outsourcing and Productivity Growth [J]. Review of Economics and Institutions, 2012, 3 (1): 1 – 19.

[31] Färe, R. & Grosskopf, S. & Norris, M. & Zhang, Z. Y. Productivity Growth, Technical Progress, and Efficiency Change in Industrialized Countries [J]. American Economic Review, 1994, 84 (1): 66 –83.

[32] Färe, R. & Grosskopf, S. & Norris, M. Productivity Growth, Technical Progress, and Efficiency Change in Industrialized Countries: Reply [J]. American Economic Review, 1997, 87 (5): 1040 – 1044.

[33] Farrell, J. & Saloner, G. Converters, Compatibility and the Control of Interfaces [J]. Journal of Industrial Economics, 1992, 40 (1): 9 –35.

[34] Feenstra, R. C. & Hanson, G. H. Globalization, Outsourcing, and Wage Inequality [J]. American Economic Review, 1996, 86 (2): 240 –245.

[35] Feldman, M. P. & Lendel, I. Under the Lens: The Geography of Optical Science as an Emerging Industry [J]. Economic Geography, 2010, 86 (2): 147 – 172.

[36] Gao, J. & Wu, Y. Research on the Development and Innovation of R & D Organization Model of the Strategic Emerging Industry [C]. International Conference on Innovation, Management and Technology Research, 2013.

[37] Garicano, L. & Hubbard, T. M. Specialization, Firms, and Markets: The Division of Labor within and between Law Firms [J]. Journal of Law, Economics, and Organization, 2009, 25 (2): 339 – 371.

[38] Gary, G. & John, H. & Timothy, S. The Governance of

Global Value Chains [J]. Review of International Political Economy, 2005, 12 (1): 78 – 104.

[39] Graud R. , Kumaraswamy, A. Technological and Organizational Designs for Realing Economies of Substitution [J]. Strategic Management Journal, 1995, 16 (S1): 93 – 109.

[40] Grossman, G. M. & Heloman, E. Outsourcing in a Global Economy [J]. Review of Economic Studies, 2005, 72 (1): 135 – 159.

[41] Guo, X. Y. & Hui, X. F. & Wang, J. X. An Evaluative Study on the Choice of Regional Strategic Emerging Industry Based on DEMATEL: Heilongjiang Province as an Example [J]. Mathematical Problems in Engineering, 2013, 16): 1962 – 1965.

[42] Hanson, G. H. & Mataloni, R. J. & Slaughter, M. J. Vertical Production Networks in Multinational Firms [J]. Review of Economics and Statistics, 2005, 87 (4): 664 – 678.

[43] Hart, O. & Holmstrom, B. A Theory of Firm Scope [J]. Quarterly Journal of Economics, 2010, 125 (2): 483 – 513.

[44] Hayek, F. A. The Use of Knowledge in Society [J]. American Economic Review, 1945, 35 (4): 519 – 530.

[45] Henkel, J. & Baldwin, C. Y. Modularity for Value Appropriation: How to Draw the Boundaries of Intellectual Property [R]. Working Paper of Harvard Business School Division of Research, 2010: 1 – 43.

[46] Hoetker, G. Do Modular Products Lead to Modular Organizations ? [J]. Strategic Management Journal, 2006, 27 (6): 501 – 518.

[47] Hummels, D. & Ishii, J. & Yi, K. M. The Nature and Growth of Vertical Specialization in World Trade [J]. Journal of International Economics, 2001, 54 (1): 75 – 96.

[48] Jefferson, G. H. & Bai, H. M. & Guan, X. J. & Yu, X. Y. R&D Performance in Chinese Industry [J]. Economics of Inno-

vation and New Technology, 2006, 15 (4 – 5): 345 – 366.

[49] John Hagel, John Seely Brown. A Loosely Coupled Approach to Business Processes and IT Makes it Much More Possible for Companies to Innovate, Both Within and Across Enterprises [C]. CIO. Framingham, 2005: 1 – 16.

[50] Kamien, M. I. & Schwartz, N. L. On the Degree of Rivalry for Maximum Innovative Activity [J]. Quarterly Journal of Economics, 1976, 90 (2): 245 – 260.

[51] Kline, R. B. Software Review: Software Programs for Structural Equation Modeling: Amos, EQS, and LISREL [J]. Journal of Psycho-educational Assessment, 1998, 16 (4): 343 – 364.

[52] Koopman, R. & Wang, Z. & Wei, S. J. Tracing Value-added and Double Counting in Gross Exports [J]. American Economic Review, 2014, 104 (2): 459 – 494.

[53] Langlois, R. N. & Robertson, P. L. Networks and Innovation in a Modular System: Lessons from the Microcomputer and Stereo Component Industries [J]. Research Policy, 1992, 21 (4): 297 – 313.

[54] Langlois, R. N. Modularity in Technology and Organization [J]. Journal of Economic Behavior and Organization, 2002, 49 (1): 19 – 37.

[55] Lau, A. K. W. & Yam, R. C. M. & Tang, E. The Impact of Product Modularity on New Product Performance: Mediation by Innovativeness [J]. Product Innovation Management, 2011, 28 (2): 270 – 284.

[56] Lerner, J., Strojwas, M. and Tirole, J. The Structure and Performance of Patent Pools: Empirical Evidence [R]. Working Paper of Harvard University and NBER, 2003.

[57] Lin, B. W. Original Equipment Manufacturers (OEM) Manufacturing Strategy for Network Innovation Agility: the Case of Taiwanese Manufacturing Networks [J]. International Journal of Production

Research, 2004, 42 (5): 943 – 957.

[58] Martin, R. & Sunley, P. Deconstructing Clusters: Chaotic Concept or Policy Panacea [J]. Journal of Economic Geography, 2002, 3 (1): 5 – 35.

[59] Matthias, B. & Uwe, C. & Holger, G. & Jutta, G. & Michael, S. Which Regions Benefit from Emerging Industries? [J]. European Planning Studies, 2013, 21 (11): 1703 – 1707.

[60] Mitra, A., Sharma, C. Veganzones-Varoudakis, M. Estimating Impact of Infrastructure on Productivity and Efficiency of Indian Manufacturing [J]. Applied Economics Letters, 2012, 19 (8): 779 – 783.

[61] Orton, J. D. & Weick E. K. Loosely Coupled System: A Reconceptualization [J]. Academy of Management Review, 1990, 15 (2): 203 – 223.

[62] Patrucco, P. P. The Evolution of Knowledge Organization and the Emergence of a Platform for Innovation in the Car Industry [J]. Industry & Innovation, 2014, 21 (3): 243 – 266.

[63] Peter, S. Seizing the Opportunity of the Strategic Emerging Industry, Promoting Enterprise Transformation [J]. Harvard Business Review, 2006, 84 (5): 34 – 36.

[64] Pine II, B. J. Mass Customization: The New Frontier in Business Competition [M]. Boston: Harvard Business School Press, 1992: 1 – 264.

[65] Porter, M. E. The Competitive Advantage of Nations [M]. New York: Free Press, 1990.

[66] Poter, M. E. Competitive Advantage, Agglomeration Economies, and Regional Policy [J]. International Regional Science Review, 1996, 19 (1): 85 – 90.

[67] Sanchez, R. & Mahoney, J. T. Modularity, Flexibility,

and Knowledge Management in Product and Organization Design [J]. Strategic Management Journal, 1996, 17 (S): 63 – 76.

[68] Saxenian, A. Regional Advantage: Culture and Competition in Silicon Valley and Route 128 [M]. Cambridge: Harvard University Press, 1994.

[69] Scherngell, T. & Borowiecki, M. & Hu, Y. J. Effects of Knowledge Production and Knowledge Spillovers on Total Factor Productivity in China: A Spatial Econometric Perspective [C]. ERSA 2013 – 53rd Congress of the European Regional Science Association, Palermo, 2013: 1 – 23.

[70] Schiling, M. A. Toward a General Modular Systems Theory and its Application to Interfirm Product Modularity [J]. Academy of Management Review, 2000, 25 (2): 312 – 334.

[71] Schilling, M. A. & Steensma, H. K. The Use of Modular Organizational Forms: An Industry-level Analysis [J]. Academy of Management Journal, 2001, 44 (6): 1149 – 1168.

[72] Sendil K. Ethiraj, Daniel Levinthal, Rishi R. Roy. The Dual Role of Modularity: Innovation and Imitation [J]. Management Science, 2008, 54 (5): 939 – 955.

[73] Shearman, C. & Burrell, G. New Technology based Firms and the Emergence of New Industries: some Employment Implications [J]. New Technology, Work & Employment, 2007, 3 (2): 87 – 99.

[74] Shy, O. The Economics of Network Industries [M]. New York: Cambridge University Press, 2001.

[75] Simon, H. A. The Architecture of Complexity [J]. Proceedings of the American Philosophical Society, 1962, 106 (6): 467 – 482.

[76] Simon, H. A. The Sciences of the Artificial (2nd ed.) [M]. Cambridge: MIT Press, 1981.

[77] Spencer, B., Brander, J. A. Strategic Trade Policy [A].

in The New Palgrave Dictionary of Economics [C]. ed. by Durlauf, S. N. and Blume, L. E., Basingstoke, Hampshire: Palgrave Macmillan, 2008.

[78] Staudenmayer, N. & Trupsas, M. & Tucci, C. L. Interfirm Modularity and Its Implications for Product Development * [J]. Journal of Product Innovation Management, 2005, 22 (4): 303 –321.

[79] Tanner, A. N. Regional Branching Reconsidered: Emergence of the Fuel Cell Industry in European Regions [J]. Economic Geography, 2014, 90 (4): 403 –427.

[80] Teece, D. J. Profiting from Technological Innovation: Implications for Integration, Collaboration, Licensing and Public Policy [J]. Research Policy, 1986, 15 (6): 285 –305.

[81] Timana, A. Does Technological Modularity Substitute for Control? A Study of Alliance Performance in Software Outsourcing [J]. Strategic Management Journal, 2008, 29 (7): 769 –780.

[82] Tiwana, A. Does Interfirm Modularity Complement Ignorance? A Field Study of Software Outsourcing Alliances [J]. Strategic Management Journal, 2008, 29 (11): 1241 –1252.

[83] Tseng, T. L. & Huang, C. C. Design Support Systems: A Case Study of Modular Design of the Set-top Box from Design Knowledge Externalization Perspective [J]. Decision Support Systems, 2008, 44 (4): 909 –924.

[84] Ulrich, K. The Role of Product Architecture in the Manufacturing Firm [J]. Research Policy, 1995, 24 (3): 419 –440.

[85] Varian, H. R. Microeconomic Analysis [M]. New York: W. W. Norton & Company, 1992: 1 –171.

[86] Weigley, C. Research in Design for Innovation, Industry and Impact [J]. Journal of Design, Business and Society, 2015, 1 (2): 115 –117.

［87］ Williamson, O. E. The Theory of the Firm as Governance Structure: From Choice to Contract ［J］. Journal of Economic Perspectives, 2002, 16 （3）: 171 – 195.

［88］ Wyrwich, M. The Role of Regional Conditions for Newly Emerging KIBS Industries in the Face of Radical Institutional Change ［J］. European Planning Studies, 2013, 21 （11）: 1760 – 1778.

［89］ Xiong, Y. Q, Li, S. C. & Feng, Y. W. Research on the Logical Structure and Evaluation Model of Coupling Development between Strategic Emerging and Traditional Industries ［J］. International Journal of Entrepreneurship and Innovation Management, 2013, 17 （4/5/6）: 251 – 270.

［90］ Yu Qi, Xiaobo Wu, Jian Cao, Xiaoqin Fan. Flexible Knowledge Management on Modular Innovation Network ［J］. Advances in Information Sciences and Service Sciences, 2012, 4 （19）: 248 – 255.

［91］ Yu Qi, Xiaobo Wu, Jingjiang Liu, Wei Dou. Global Dynamic Modular Innovation Networks: A New Industrial Architecture Supporting Global Dispersive Innovation Synergy ［C］. 4th International Conference on WiCOM, IEEE, 2008: 1 – 6.

［92］ Zhang, R., Sun, K., Delgado, M. S., Kumbhakar, S. C. Productivity in China's High Technology Industry: Regional Heterogeneity and R&D ［J］. Technological Forecasting and Social Change, 79 （1）: 127 – 141.

［93］ Zhao, J. and Boasson, V. Productivity Gains from Offshore Outsourcing: Evidence from the Chinese Manufacturing Industry ［J］. China and World Economy, 23 （5）: 104 – 122.

［94］ Zirpoli, F. & Becker, M. C. The limits of Design and Engineering Outsourcing: Performance Integration and the Unfulfilled Promises of Modularity ［J］. R & D Management, 2010, 41 （1）: 21 – 43.

［95］ 安果. 西部战略性新兴产业技术路经研究 ［M］. 北京:

中国经济出版社，2013：1-213.

[96] 鲍德温，克拉克. 设计规则：模块化的力量（第1卷）[M]. 北京：中信出版社，2006.

[97] 北京大学CCER课题组. 中国出口贸易中的垂直专门化与中美贸易 [J]. 世界经济，2006，(5)：3-11.

[98] 曹虹剑，李睿，贺正楚. 战略性新兴产业集群组织模块化升级研究——以湖南工程机械产业集群为例 [J]. 财经理论与实践，2016，(2)：118-122.

[99] 曹虹剑，罗能生. 标准化与兼容理论研究综述 [J]. 科学学研究，2009，27 (3)：356-362.

[100] 曹虹剑，罗能生. 高新技术产业组织模块化及其对中国的启示 [J]. 自然辩证法研究，2010，(4)：51-55.

[101] 曹虹剑，张慧，刘茂松. 产权治理新范式：模块化网络组织产权治理 [J]. 中国工业经济，2010，(7)：84-93.

[102] 曹虹剑，张建英，刘丹. 模块化分工、协同与技术创新——基于战略性新兴产业的研究 [J]. 中国软科学，2015，(7)：100-110.

[103] 曹虹剑. 模块化组织及其竞争优势 [J]. 湖南师范大学社会科学学报，2006，35 (5)：78-81.

[104] 曹虹剑. 中国战略性新兴产业组织创新：异质性与复杂性的视角 [J]. 社会科学，2015，(7)：60-67.

[105] 曹兴，王栋娜，张伟. 战略性新兴产业自主技术创新影响因素及其绩效分析 [J]. 科学决策，2014，(12)：35-51.

[106] 曾耀明，史忠良. 中外新能源汽车产业政策对比分析 [J]. 企业经济，2011，(2)：107-109.

[107] 陈晖. 湖南省工程机械制造产业集群竞争力研究 [D]. 中南大学，2008.

[108] 陈建勋. 中国新材料产业成长与发展研究 [M]. 上海：上海人民出版社，2009：1-160.

[109] 陈劲,桂彬旺.模块化创新:复杂产品系统创新机理与路径研究 [M].北京:知识产权出版社,2007.

[110] 陈秀珍.战略性新兴产业的发展条件 [M].北京:中国经济出版社,2013:1-223.

[111] 陈衍泰,程鹏,梁正.影响战略性新兴产业演化的四维度因素分析——以中国风机制造业为例的研究 [J].科学学研究,2012,30 (8):1187-1197.

[112] 陈衍泰,宁钟,宁玹钰.全球风能产业动态演化——企业能力与公共政策互动视角 [J].科学学与科学技术管理,2012,33 (9):74-82.

[113] 陈扬,王学锋.产业链视角下的中国新能源汽车发展策略与瓶颈分析 [J].兰州学刊,2014,(8):164-169.

[114] 陈震红,黄莉.模块化生产网络的功能与绩效评述 [J].现代管理科学,2008,(11):82-84.

[115] 程贵孙,孙正星,乔巍然.我国民营资本进入战略性新兴产业的决定因素 [J].华东师范大学学报 (哲学社会科学版),2015,(1):132-156.

[116] 程文,张建华.中国模块化技术发展与企业产品创新——对 Hausmann-Klinger 模型的扩展及实证研究 [J].管理评论,2013,25 (1):34-43.

[117] 程郁,王胜光.培育战略性新兴产业的政策选择——风能产业国际政策经验的比较与借鉴 [J].中国科技论坛,2011,(3):146-152.

[118] 迟远英,杨正东,胡涵清.节能环保技术现状与应用前景 [M].广州:广东经济出版社,2015:1-177.

[119] 戴魁早,刘友金.行业市场化进程与创新绩效——中国高技术产业的经验分析 [J].数量经济技术经济研究,2013,(9):37-54.

[120] 戴魁早.垂直专业化对创新绩效的影响及行业差异

——来自中国高技术产业的经验证据 [J]. 科研管理，2013，34 (10)：42-49.

[121] 戴魁早. 垂直专业化对中国高技术产业创新效率的影响——基于动态面板 GMM 方法的实证检验 [J]. 研究与发展管理 2013，25 (3)：34-44.

[122] 戴魁早. 中国高技术产业垂直专业化的生产率效应研究 [J]. 统计研究，2012，29 (1)：55-62.

[123] 范爱军，杨丽. 模块化对分工演进的影响——基于贝克尔—墨菲模型的解释 [J]. 中国工业经济，2006，(12)：67-73.

[124] 费钟琳. 战略性新兴产业培育与集群发展的机制路径——基于江苏实践的研究 [M]. 北京：经济管理社，2013：1-128.

[125] 付于武. 中国战略性新兴产业研究与发展新能源汽车 [M]. 北京：机械工业出版社，2013：1-609.

[126] 格尔兹. 文化的阐释 [M]. 上海：上海人民出版社，1999.

[127] 郭晓丹，何文韬. 战略性新兴产业政府 R&D 补贴信号效应的动态分析 [J]. 经济学动态，2011，(9)：88-93.

[128] 郭跃，汝鹏，苏竣. 科学家与公众对核能技术接受度的比较分析——以日本福岛核泄露事故为例 [J]. 科学学与科学技术管理，2012，33 (2)：153-158.

[129] 韩秀云. 对我国新能源产能过剩问题的分析及政策建议——以风能和太阳能行业为例 [J]. 管理世界，2012，(8)：171-175.

[130] 郝斌，任浩，Anne-Marie Guerin. 组织模块化设计：基本原理与理论架构 [J]. 中国工业经济，2007，(6)：80-87.

[131] 何枫，陈荣，何林. 我国资本存量的估算及其相关分析 [J]. 经济学家，2003，(5)：29-33.

[132] 何小艳. 长株潭工程机械产业集群建设研究 [D]. 长沙：湖南师范大学，2009.

［133］贺京同，那艺，王晓岚．个体行为研究的异质化演进［J］．经济学动态，2007，（2）：79-83．

［134］贺正楚，潘红玉，寻舸，吴艳．高端装备制造企业发展模式变革趋势研究［J］．管理世界，2013，（10）：178-179．

［135］贺正楚，潘红玉．德国"工业4.0"与"中国制造2025"［J］．长沙理工大学学报（社会科学版），2015，（3）：103-110．

［136］贺正楚，吴艳，蒋佳林，陈一鸣．生产性服务业与战略性新兴产业互动与融合关系的推演、评价及测度［J］．中国软科学，2013，（5）：129-143．

［137］贺正楚，吴艳，张蜜，文先明．我国生产服务业与战略性新兴产业融合问题研究［J］．管理世界，2012，（12）：177-178．

［138］贺正楚，吴艳．战略性新兴产业的评价与选择［J］．科学学研究，2011，29（5）：678-683．

［139］贺正楚，张蜜，陈一鸣，邓小云．生物医药产业共性技术路线图研究［J］．中国软科学，2012，（7）：49-60．

［140］贺正楚，张蜜，吴艳，阳立高．生物医药产业共性技术服务效率研究［J］．中国软科学，2014，（2）：130-139．

［141］贺正楚，张蜜．战略性新兴产业的评价指标体系研究——基于几类产业内涵和特征比较的视角［J］．学海，2011，（6）：70-75．

［142］洪京一．战略性新兴产业发展报告（2015-2016）［M］．北京：社会科学文献出版社，2016．

［143］洪联英，陈思，韩峰．海外并购、组织控制与投资方式选择——基于中国的经验证据［J］．管理世界，2015，（10）：40-53．

［144］洪联英，刘解龙．我国垂直专业化发展进程评估及其产业分布特征——基于投入—产出法的国际比较分析［J］．中国工业经济，2009，（6）：67-76

［145］侯茂章，朱玉林．湖南高新技术产业集群嵌入全球价

值链与升级研究 [J]. 软科学, 2012, 26 (4): 82-86.

[146] 侯文. 长沙市工程机械产业发展及竞争力提升研究 [D]. 长沙: 湖南大学, 2012.

[147] 胡汉辉, 周海波. 战略性新兴产业发展陷阱: 表现、成因及预防 [J]. 科技进步与对策, 2014, 31 (3): 61-66.

[148] 胡俊平. 湖南省工程机械产业链纵向关联研究 [D]. 长沙: 湖南大学, 2012.

[149] 胡明铭, 徐姝. 关于构建湖南工程机械产业创新系统的思考 [J]. 科技管理研究, 2009, (9): 155-157.

[150] 胡晓鹏. 产品模块化: 动因、机理与系统创新 [J]. 中国工业经济, 2007, (12): 94-101.

[151] 胡晓鹏. 从分工到模块化: 经济系统演进的思考 [J]. 中国工业经济, 2004, (9): 5-11.

[152] 胡晓鹏. 价值系统的模块化与价值转移 [J]. 中国工业经济, 2004, (11): 68-74.

[153] 胡晓鹏. 模块化: 经济分析的新视角 [M]. 北京: 人民出版社, 2009: 140-178.

[154] 胡昭玲. 国际垂直专业化分工与贸易: 研究综述 [J]. 南开经济研究, 2006, (5): 12-26.

[155] 湖南省统计局贸外处. 2014 年湖南省级及以上园区技工贸总收入增长 18.1% [DB/OL]. 湖南省统计信息网, http://www. hntj. gov. cn/tjfx/jmxx_3446/2015jmxx/201507/t20150717_463117. html, 2015-04-01.

[156] 湖南省统计局贸外处. 湖南开发区发展现状、问题和对策研究 [DB/OL]. 湖南省统计信息网, http://www. hntj. gov. cn/tjfx/jczx_3462/2013jczx/201507/t20150717_465666. html, 2013-08-09.

[157] 黄萃, 苏竣, 施丽萍, 程啸天. 政策工具视角的中国风能政策文本量化研究 [J]. 科学学研究, 2011, (6): 876-882.

［158］黄海霞，张治河．基于 DEA 模型的我国战略性新兴产业科技资源配置效率研究［J］．中国软科学，2015，(1)：150-159.

［159］黄鲁成，王亢抗，吴菲菲，苗红，娄岩．战略性新兴产业技术特性评价指标与标准［J］．科学学与科学技术管理，2012，33（7）：103-108.

［160］黄民生．节能环保产业［M］．上海：上海科学技术文献出版社，2014：1-181.

［161］黄群慧，贺俊．"第三次工业革命"与中国经济发展战略调整——技术经济范式转变的视角［J］．中国工业经济，2013，(1)：5-18.

［162］黄群慧，贺俊．中国制造业的核心能力、功能定位与发展战略——兼评《中国制造 2025》［J］．中国工业经济，2015，(6)：5-17.

［163］黄群慧，霍景东．产业融合与制造业服务化：基于一体化解决方案的多案例研究［J］．财贸经济，2015，(2)：136-147.

［164］黄群慧．"新常态"、工业化后期与工业增长新动力［J］．中国工业经济，2014，(10)：5-19.

［165］黄速建．中国产业集群创新发展报告［M］．北京：经济管理出版社，2010：104.

［166］黄训．2015 年长沙汽车产业总产值有望过千亿元［DB/OL］．红网，http：//hn.rednet.cn/c/2014/07/23/3413958.htm，2014-07-23.

［167］黄永春，郑江淮，谭洪波，杨以文．后发地区发展战略性新兴产业的时机选择与赶超路径——以平板显示技术的赶超实践为例［J］．科学学研究，2012，30（7）：1031-1038.

［168］黄永春，郑江淮，张二震．依托于 NVC 的新兴产业开放互补式技术突破路径——来自昆山新兴产业与传统产业的比较分析［J］．科学学研究，2014，32（4）：519-530.

［169］贾根良．战略性新兴产业与美国经济的崛起——19 世

纪下半叶美国钢铁业发展的历史经验及对我国的启示［J］．经济理论与经济管理，2012，（1）：97－110.

［170］江海霞．广州生物医药产业发展与企业绩效评价研究［M］．广州：暨南大学出版社，2013：1－304.

［171］江西省战略性新兴产业发展报告课题组．江西省战略性新兴产业发展报告（2013－2014）［M］．北京：经济科学出版社，2015：1－207.

［172］姜奇平．后现代经济：网络时代的个性化和多元化［M］．北京：中信出版社，2009：1－18.

［173］姜奇平．体验经济——来自变革前沿的报告［M］．北京：社会科学文献出版社，2002.

［174］蒋殿春．高级微观经济学［M］．北京：北京大学出版社，2006：40－59.

［175］杰里米·里夫金．第三次工业革命［J］．人民文摘，2013，（5）：24－25.

［176］金碚，张其仔．全球产业演进与中国竞争优势［M］．北京：经济管理出版社，2014.

［177］卡萝塔·佩雷斯．技术革命与金融资本［M］．北京：中国人民大学出版社，2007：1－18

［178］肯尼斯·阿罗．组织的极限［M］．北京：华夏出版社，2006：25－40.

［179］雷宗友．高端装备制造产业［M］．上海：上海科学技术文献出版社，2014：1－212.

［180］李本辉，邓德胜．制约长沙工程机械产业集群发展的主要影响因素分析［J］．管理现代化，2008，（9）：323－324.

［181］李东华．技术创新与战略性新兴产业发展［J］．中共浙江省委党校学报，2012，（4）：93－98.

［182］李钢，刘吉超．入世十年中国产业国际竞争力的实证分析［J］．财贸经济，2012，（8）：88－96.

[183] 李海舰，郭树民．企业市场化研究：基于案例的视角 [J]．中国工业经济，2008，(8)：120-131．

[184] 李海舰，聂辉华．论企业与市场的相互融合 [J]．中国工业经济，2004，(8)：26-35．

[185] 李海舰，田跃新，李文杰．互联网思维与传统企业再造 [J]．中国工业经济，2014，(10)：135-146．

[186] 李海舰，魏恒．新型产业组织分析范式构建研究——从 SCP 到 DIM [J]．中国工业经济，2007，(7)：29-39．

[187] 李俊峰．中国战略性新兴产业研究与发展·太阳能 [M]．北京：机械工业出版社，2013：1-198．

[188] 李坤，于渤，李清均．"躯干国家"制造向"头脑国家"制造转型的路径选择——基于高端装备制造产业成长路径选择的视角 [J]．管理世界，2014，(7)：1-11．

[189] 李苗苗，肖洪钧，傅吉新．财政政策、企业 R&D 投入与技术创新能力——基于战略性新兴产业上市公司的实证研究 [J]．管理评论，2014，26 (8)：135-144．

[190] 李敏娜，国胜铁．东北老工业基地战略性新兴产业改造研究 [M]．黑龙江：黑龙江大学出版社，2014：1-194．

[191] 李鹏飞，杨丹辉，渠慎宁，张艳芳．稀有资源的战略性评估——基于战略性新兴产业发展的视角 [J]．中国工业经济，2014，(7)：44-57．

[192] 李小芬，王胜光．我国风能产业多维度演进机制 [J]．中国科技论坛，2012，(3)：56-62．

[193] 李小平．自主 R&D、技术引进和生产率增长：对中国分行业大中型工业企业的实证研究 [J]．数量经济技术经济研究，2007，(7)：15-24．

[194] 李晓华，刘峰．产业生态系统与战略性新兴产业发展 [J]．中国工业经济，2013，(3)：20-32．

[195] 李晓华，吕铁．战略性新兴产业的特征与政策导向研

究 [J]. 宏观经济研究, 2010, (9): 20-26.

[196] 李欣, 黄鲁成. 战略性新兴产业研发竞争态势分析理论方法与应用 [M]. 北京: 科学出版社, 2016.

[197] 李杨, 沈志渔. 战略性新兴产业集群的创新发展规律研究 [J]. 经济与管理研究, 2010, (10): 29-34.

[198] 李煜华, 王月明, 胡瑶瑛. 基于结构方程模型的战略性新兴产业技术创新影响因素分析 [J]. 科研管理, 2015, 36 (8): 10-17.

[199] 李子叶, 冯根福. 组织内部知识转移机制、组织结构与创新绩效的关系 [J]. 经济管理, 2013, 35 (1): 130-141.

[200] 林跃勤, 周文. 新兴经济体蓝皮书: 金砖国家发展报告 (2014) ——创新与崛起 [M]. 北京: 社会科学文献出版社, 2014.

[201] 刘大勇. 战略性新兴产业集群发展研究: 以河南省为例 M]. 北京: 中国经济出版社, 2013: 1-243.

[202] 刘丹. 战略性新兴产业组织模块化对技术创新的影响研究 [D]. 长沙: 湖南师范大学, 2014.

[203] 刘凤根. 湖南工程机械产业集群发展对策研究 [J]. 吉首大学学报, 2006, 27 (4): 118-122.

[204] 刘刚, 荣欣. 新兴产业产品研发的组织模式选择——以中国新能源汽车产业为例 [J]. 南京社会科学, 2013, (11): 7-14.

[205] 刘刚. 经济增长的新来源与中国经济的第二次转型 [J]. 南开大学学报 (社会科学版), 2011, (5): 97-106.

[206] 刘刚. 战略性新兴产业发展的机制和路径: 价值网络的视角 [M]. 北京: 中国财政经济出版社, 2012: 1-382.

[207] 刘海云, 唐玲. 国际外包的生产率效应及行业差异——基于中国工业行业的经验研究 [J]. 中国工业经济, 2009, (8): 78-87.

[208] 刘晖, 刘轶芳, 乔晗, 胡毅. 我国战略性新兴产业技术创

新效率研究 [J]．系统工程理论与实践，2015，(9)：2296-2303.

[209] 刘继云，史忠良．模块化背景下产业创新路径研究 [J]．经济经纬，2008，(5)：26-29.

[210] 刘利，伍健东，党志．广东节能环保产业及促进政策研究 [M]．广州：华南理工大学出版社，2014：1-268.

[211] 刘茂松，曹虹剑．论经济全球化时代跨国公司垄断结构 [J]．中国工业经济，2004，(9)：36-43.

[212] 刘茂松，曹虹剑．信息经济时代模块化与垄断结构 [J]．中国工业经济，2005，(8)：56-64.

[213] 刘茂松，陈柏福．论柔性契约与垄断结构企业模式 [J]．中国工业经济，2006，(5)：79-86.

[214] 刘茂松．经济发展方式转变的"集约化、集群化、集聚化"战略 [J]．湖湘论坛，2011，(1)：9-13.

[215] 刘茂松．模块化垄断结构企业模式研究：基于信息化和全球化的产业组织范式创新 [M]．北京：中国社会科学出版社，2011.

[216] 刘明宇，张琰．制造业协同创新网络化治理机制与产业升级对策 [J]．社会科学，2013，(4)：52-58.

[217] 刘庆林，高越，韩军伟．国际生产分割的生产率效应 [J]．经济研究，2010，(2)：32-43.

[218] 刘艳梅，余江，张越，陈凯华．七大战略性新兴产业技术创新态势的国际比较 [J]．中国科技论坛，2014，(12)：68-74.

[219] 刘长庚，许明，刘一蓓．湖南战略性新兴产业发展的投融资模式选择——基于一个三维立体空间分析范式的构建 [J]．中南大学学报（社会科学版），2015，21 (1)：98-103.

[220] 刘志彪，陈柳．政策标准、路径与措施：经济转型升级的进一步思考 [J]．南京大学学报（哲学・人文科学・社会科学），2014，(5)：48-56.

[221] 刘志彪，吴福象．贸易一体化与生产非一体化：基于

经济全球化两个重要假说的实证研究 [J]. 中国社会科学, 2006, (2): 80-92.

[222] 刘志彪. 战略性新兴产业的高端化: 基于 "链" 的经济分析 [J]. 产业经济研究, 2012, (3): 9-17.

[223] 柳卸林, 何郁冰. 基础研究是中国产业核心技术创新的源泉 [J]. 中国软科学, 2011, (4): 104-117.

[224] 卢锋. 产品内分工 [J]. 经济学季刊, 2004, 4 (1): 55-82.

[225] 卢锋. 当代服务外包的经济学观察: 产品内分工的分析视角 [J]. 世界经济, 2007, (8): 22-35.

[226] 卢涛, 周寄中. 我国物联网产业的创新系统多要素联动研究 [J]. 中国软科学, 2011, (3): 33-45.

[227] 陆国庆, 王舟, 张春宇. 中国战略性新兴产业政府创新补贴的绩效研究 [J]. 经济研究, 2014, (7): 44-55.

[228] 陆立军, 于斌斌. 传统产业与战略性新兴产业的融合演化及政府行为: 理论与实证 [J]. 中国软科学, 2012, (5): 28-39.

[229] 罗珉, 任丽丽. 组织间关系: 界面规则的演进与内在机理研究 [J]. 中国工业经济, 2010, (1): 84-93.

[230] 罗能生. 制度创新与产业发展: 我国矿产资源产业发展的体制机制问题研究 [M]. 北京: 经济科学出版社, 2013.

[231] 罗贞礼. 新材料产业发展分析及策略研究 [M]. 北京: 科学出版社, 2013: 1-343.

[232] 吕铁, 贺俊. 技术经济范式协同转变与战略性新兴产业政策重构 [J]. 学术月刊, 2013, (7): 78-89.

[233] 吕铁. 技术经济范式协同转变与战略性新兴产业发展 [M]. 北京: 中国社会科学出版社, 2014: 1-283.

[234] 吕铁. 论技术标准化与产业标准战略 [J]. 中国工业经济, 2005, (7): 43-49.

[235] 吕政. 对 "十一五" 时期我国工业发展若干问题的探

讨 [J]. 中国工业经济, 2004, (11): 5-10.

[236] 苗东升. 系统科学精要 [M]. 北京: 中国人民大学出版社, 2003: 133-164.

[237] 欧阳峣. 大国经济发展理论 [M]. 北京: 中国人民大学出版社, 2014.

[238] 欧阳峣, 刘智勇. 发展中大国人力资本综合优势与经济增长——基于异质性与适应性视角的研究 [J]. 中国工业经济, 2010, (11): 26-35.

[239] 欧阳峣, 张亚斌, 易先忠. 中国与金砖国家外贸的 "共享式" 增长 [J]. 中国社会科学, 2012, (10): 67-86.

[240] 普里戈金. 从存在到演化 [M]. 北京: 北京大学出版社, 2007: 45-88.

[241] 钱学锋, 陈勇兵. 国际分散化生产导致了集聚吗: 基于中国省级动态面板数据 GMM 方法 [J]. 世界经济, 2009, (12): 27-39.

[242] 青木昌彦, 安藤晴彦. 模块时代: 新产业结构的本质 [M]. 上海: 上海远东出版社, 2003: 3-9.

[243] 青木昌彦. 比较制度分析 [M]. 上海: 上海远东出版社, 2001.

[244] 青泉, 沈梦林. 2015 年, 株洲轨道交通产业集群产值将达 1 200 亿元 [DB/OL]. 长株潭报, http://www.zznews.gov.cn/news/2013/0110/article_79770.html, 2013-01-10.

[245] 邱城. 高端制造装备创新与产业推进——提高高档数控机床与基础制造装备创新能力的途径 [M]. 北京: 机械工业出版社, 2014: 1-231.

[246] 邱新国, 谭靖磊. 产业结构调整对节能减排的影响研究——基于中国 247 个地级及以上城市数据的实证分析 [J]. 科技管理研究, 2015, (10): 239-243.

[247] 任保全, 王亮亮. 战略性新兴产业高端化了吗? [J].

数量经济技术经济研究, 2014, (3): 38 – 55.

[248] 芮明杰, 刘明宇, 胡军. 产业发展与结构转型研究 (第三卷)——战略性新兴产业 [M]. 上海: 上海财经大学出版社, 2014: 1 – 288.

[249] 芮明杰, 刘明宇. 产业链整合理论述评 [J]. 产业经济研究, 2006, (3): 60 – 66.

[250] 芮明杰, 赵春明. 战略性产业与国有战略控股公司模式 [J]. 财经研究, 1999, (9): 35 – 39.

[251] 芮明杰. 中国产业发展的战略选择 [M]. 上海: 格致出版社, 2010.

[252] 宋歌. 河南省战略性新兴产业发展的现状分析与策略选择 [J]. 企业经济, 2011, (10): 15 – 19.

[253] 宋泓. 战略性新兴产业的发展 [M]. 北京: 中国社会科学出版社, 2013: 1 – 191.

[254] 孙国民. 警惕战略性新兴产业的误区 [J]. 中国经济问题, 2013, (3): 45 – 50.

[255] 孙军, 高彦彦. 产业结构演变的逻辑及其比较优势——基于传统产业升级与战略性新兴产业互动的视角 [J]. 经济学动态, 2012, (7): 70 – 76.

[256] 唐东波. 垂直专业化贸易如何影响了中国的就业结构 [J]. 经济研究, 2012, (8): 118 – 131.

[257] 涂宗华. 两岸新材料产业商业模式的比较与启示 [J]. 产业经济评论, 2015, (5): 101 – 112.

[258] 万从颖. 控制权结构、政府层级与公司绩效——以中国战略性新兴产业为例 [J]. 经济管理, 2014, 36 (5): 13 – 23.

[259] 万钢. 把握全球产业调整机遇 培育和发展战略性新兴产业 [J]. 中国科技产业, 2010, (2): 28 – 30.

[260] 万钢. 全面推动产学研合作 加快发展战略性新兴产业 [J]. 中国科技产业, 2011: 10 – 12.

［261］汪丁丁．知识表达、知识互补性、知识产权均衡［J］．经济研究，2002，（10）：83-92．

［262］汪丁丁．知识印象［M］．北京：中信出版社，2003．

［263］王卉彤，刘靖，雷丹．新旧两类产业耦合发展过程中的科技金融功能定位研究［J］．管理世界，2014，（2）：178-179．

［264］王进猛，沈志渔．内部贸易对外资企业绩效影响实证研究——基于国际分工和交易成本视角［J］．财贸经济，2015，（2）：74-86．

［265］王俊．跨国外包体系中的技术溢出与承接国技术创新［J］．中国社会科学，2013，（9）：108-125．

［266］王礼恒．战略性新兴产业培育与发展战略研究综合报告［M］．北京：科学出版社，2015：1．

［267］王少永，霍国庆，孙皓，杨阳．战略性新兴产业的生命周期及其演化规律研究——基于英美主导产业回溯的案例研究［J］．科学学研究，2014，32（11）：1630-1638．

［268］王文霞．区域战略性新兴产业自主创新研究——以河南为例［M］．北京：经济科学出版社，2014：1-158．

［269］王相林．企业组织模块化的经济分析［D］．厦门：厦门大学，2007：19-56．

［270］王小强．信息革命与全球化背景下的中国战略产业重组［J］．战略与管理，1997，（5）：1-14．

［271］王宇，刘志彪．补贴方式与均衡发展：战略性新兴产业成长与传统产业调整［J］．中国工业经济，2013，（8）：57-69．

［272］王玉荣，高菲，张皓博．高端装备制造产业研发投入与创新绩效的实证研究［J］．统计与决策，2015，（10）：135-137．

［273］王正喜，魏惠，刘刚．徐工集团名列中国行业第一［N］．徐州日报，2015-07-22（002）．

［274］魏江，徐蕾．知识网络双重嵌入、知识整合与集群企业创新能力［J］．管理科学学报，2014，17（2）：36-47．

［275］魏世红．中国高技术产业技术效率研究［D］．大连：大连理工大学，2008.

［276］文东伟，冼国明．中国制造业的垂直专业化与出口增长［J］．经济学季刊，2010，9（2）：467－494.

［277］巫强，刘蓓．政府研发补贴方式对战略性新兴产业创新的影响机制研究［J］．产业经济研究，2014，（6）：41－49.

［278］吴德进，张旭华，林昌华．福建战略性新兴产业发展研究［M］．北京：经济科学出版社，2013：1－288.

［279］吴延兵．自主研发、技术引进与生产率［J］．经济研究，2008，（8）：51－63.

［280］吴曜圻．新能源创新发展模式——能量范畴的产业规律研究与应用［M］．北京：科学出版社，2010.

［281］武建龙，王宏起．战略性新兴产业突破性技术创新路径研究—基于模块化视角［J］．科学学研究，2014，（4）：508－518.

［282］湘潭经济技术开发区．国家级湘潭经济技术开发区简介［DB/OL］．湘潭经济技术开发区网站，http：//www. jiuhua. gov. cn/HTML/20132/11. shtml，2015－02－27.

［283］向洪金，赖明勇．全球视角下美国对华光伏产品"双反"案的经济效应研究［J］．世界经济，2013，（4）：111－137.

［284］项本武，齐峰．中国战略性新兴产业技术效率及其影响因素［J］．中南财经政法大学学报，2015，（2）：3－11.

［285］肖仁桥，钱丽，陈忠卫．中国高技术产业创新效率及其影响因素研究［J］．管理科学，2012，25（5）：85－96.

［286］肖曙光．战略性新兴产业组织的劳资分配［J］．中国工业经济，2011，（2）：100－109.

［287］肖兴志，何文韬，郭晓丹．能力积累、扩张行为与企业持续生存时间——基于我国战略性新兴产业的企业生存研究［J］．管理世界，2014，（2）：77－89.

［288］肖兴志，姜晓婧．战略性新兴产业政府创新基金投向：

传统转型企业还是新生企业 [J]. 中国工业经济, 2013, (1): 128 - 140.

[289] 肖兴志, 李少林. 光伏发电产业的激励方式、他国观造与机制重构 [J]. 改革, 2014, (7): 75 - 86.

[290] 肖兴志, 王伊攀. 政府补贴与企业社会资本投资决策——来自战略性新兴产业的经验数据 [J]. 中国工业经济, 2014, (9): 148 - 160.

[291] 肖兴志. 中国战略性新兴产业发展研究 [M]. 北京: 科学出版社, 2011.

[292] 谢卫红, 屈喜凤, 李忠顺, 王田绘. 产品模块化对技术创新的影响机理研究: 基于组织结构的中介效应 [J]. 科技管理研究, 2014, (16): 1 - 7.

[293] 熊彼特. 经济发展理论 [M]. 北京: 商务印书馆, 1991: 64 - 105.

[294] 熊彼特. 资本主义、社会主义与民主 [M]. 北京: 商务印书馆, 1999.

[295] 熊勇清, 白云, 陈晓红. 战略性新兴产业共性技术开发的合作企业评价——双维两阶段筛选模型的构建与应用 [J]. 科研管理, 2014, 35 (8): 68 - 74.

[296] 熊勇清, 李世才. 战略性新兴产业与传统产业耦合发展的过程及作用机制探讨 [J]. 科学学与科学技术管理, 2010, 31 (11): 84 - 87.

[297] 熊勇清, 李鑫, 黄健柏, 贺正楚. 战略性新兴产业市场需求的培育方向: 国际市场抑或国内市场——基于"现实环境"与"实际贡献"双视角分析 [J]. 中国软科学, 2015, (5): 129 - 138.

[298] 熊勇清, 余意. 传统企业与战略性新兴产业对接路径与模型 [J]. 科学学与科学技术管理, 2013, (9): 107 - 115.

[299] 熊勇清, 张杏. 战略性新兴产业对传统产业溢出效应的实证检验——基于两部门模型的多维视角分析 [J]. 软科学,

2014, (10): 1-6.

[300] 徐慧. 九华主导产业概况 [DB/OL]. 湘潭经济技术开发区网站, http://www.jiuhua.gov.cn/HTML/20152/3336.shtml, 2015-02-04.

[301] 徐宏玲. 模块化组织研究 [M]. 成都: 西南财经大学出版社, 2006.

[302] 徐毅, 张二震. 外包与生产率: 基于工业行业数据的经验研究 [J]. 经济研究, 2008, (1): 103-113.

[303] 许国志, 顾基发, 车宏安. 系统科学 [M]. 上海: 上海科技教育出版社, 2000: 173-201.

[304] 薛澜, 林泽梁, 梁正, 陈玲, 周源, 王玺. 世界战略性新兴产业的发展趋势对我国的启示 [J]. 中国软科学, 2013, (5): 18-26.

[305] 薛澜, 周源, 李应博. 战略性新兴产业创新规律与产业政策研究 [M]. 北京: 科学出版社, 2015.

[306] 杨高举, 黄先海. 内部动力与后发国分工地位升级——来自中国高技术产业的证据 [J]. 中国社会科学, 2013, (2): 25-45.

[307] 杨丽. 模块化对产业组织演进的影响 [D]. 济南: 山东大学, 2008.

[308] 杨水根. 产业链、产业集群与产业集群竞争力内在机理探讨——以湖南省工程机械产业集群为例 [J]. 改革与战略, 2011, 27 (3): 153-156.

[309] 杨小凯. 经济学: 新兴古典与新古典框架 [M]. 北京: 社会科学文献出版社, 2003: 1-45.

[310] 杨以文, 郑江淮, 黄永春. 传统产业升级与战略性新兴产业发展——基于昆山制造企业的经验数据分析 [J]. 财经科学, 2012, (2): 71-77.

[311] 杨以文, 郑江淮, 黄永春. 需求规模、渠道控制与战

略性新兴产业发展——基于长三角企业调研数据的实证分析 [J].
南方经济，2012，(7)：78 – 86.

[312] 杨以文. 生产性服务业对战略性新兴产业发展的作用
机制研究 [D]. 南京：南京大学，2014.

[313] 叶航，汪丁丁，罗卫东. 作为内生偏好的利他行为及
其经济学意义 [J]. 经济研究，2005，(8)：84 – 94.

[314] 易纲. 深刻认识我国经济发展新趋势 [N]. 人民日报，
2014 – 11 – 03 (007).

[315] 易高峰，邹晓东. 面向战略性新兴产业的高端产学研
用合作平台研究 [J]. 科技进步与对策，2012，29 (22)：79 – 83.

[316] 殷立科. 湖南省工程机械发展的现状及对策研究 [D].
长沙：中南大学，2011.

[317] 于立宏，郁义鸿. 光伏产业政策体系评估：多层次抑
或多元化 [J]. 改革，2012，(8)：114 – 122.

[318] 余东华，芮明杰. 基于模块化网络组织的价值流动与
创新 [J]. 中国工业经济，2008，(12)：48 – 59.

[319] 喻登科，涂国平，陈华. 战略性新兴产业集群协同发
展的路径与模式研究 [J]. 科学学与科学技术管理，2012，33
(4)：114 – 119.

[320] 袁艳平. 战略性新兴产业链构建整合研究——基于光
伏产业的分析 [D]. 成都：西南财经大学，2012：1 – 252.

[321] 岳中刚. 战略性新兴产业技术链与产业链协同发展研
究 [J]. 科学学与科学技术管理，2014，(2)：154 – 161.

[322] 昝廷全. 系统经济学探索 [M]. 北京：科学出版社，
2004：1 – 178.

[323] 张国胜. 技术变革、范式转换与战略性新兴产业发展：一
个演化经济学视角的研究 [J]. 产业经济研究，2012，(6)：26 – 32.

[324] 张慧，罗玲玲. 大学生对核能发电安全风险的感知和
性别差异——以辽宁省两所高校300名在校大学生为例 [J]. 自然

辩证法通讯, 2015, 37 (4): 111–117.

[325] 张纪. 产品内国际分工中的收益分配 [J]. 中国工业经济, 2006, (7): 36–44.

[326] 张敏, 高伟. 湖南现代工程机械产业群发展环境分析 [J]. 湖南商学院学报, 2006, (2): 44–47.

[327] 张明火. 福建省新一代信息技术产业发展仿真研究 [J]. 科技管理研究, 2013, (2): 162–165.

[328] 张鹏. 模块化全球生产网络与我国战略性新兴产业嵌入发展 [J]. 技术经济, 2013, 32 (7): 47–52.

[329] 张其仔. 模块化、产业内分工与经济增长方式转变 [M]. 北京: 社科文献出版社, 2008.

[330] 张其仔. 中国能否成功地实现雁阵式产业升级 [J]. 中国工业经济, 2014, (6): 18–30.

[331] 张蕊. 战略性新兴产业企业业绩评价问题研究 [J]. 会计研究, 2014, (8): 41–44.

[332] 张伟. 模块化组织的形成、演进及运行机理研究 [D]. 广州: 暨南大学, 2007.

[333] 张五常. 经济解释 [M]. 北京: 商务印书馆, 2000.

[334] 张小蒂, 孙景蔚. 基于垂直专业化分工的中国产业国际竞争力分析 [J]. 世界经济, 2006, (5): 12–21.

[335] 章祥荪, 贵斌威. 中国全要素生产率分析: Malmquist 指数法评述与应用 [J]. 数量经济技术经济研究, 2008, (6): 111–122.

[336] 张燕生, 刘旭, 平新乔. 中美贸易顺差结构分析与对策 [M]. 北京: 中国财政经济出版社, 2006.

[337] 长沙高新技术产业开发区. 高新概况 [DB/OL]. 长沙高新技术产业开发区网站, http://www.cshtz.gov.cn/col/col31/index.html, 2016–01–20.

[338] 长沙经济技术开发区经济研究室. 中国力量之都——国

家级长沙经济技术开发区简介 [DB/OL]. 长沙经济技术开发区网站，http：//www. cetz. com. cn/web/csjkq/xwdt/yqjs/ content 2615. html，2015 - 04 - 30.

[339] 赵明亮，臧旭恒. 垂直专业化分工测度及经济效应研究述评 [J]. 经济理论与经济管理，2011，(9)：27 - 39.

[340] 赵长轶，曾婷，顾新. 产学研联盟推动我国战略性新兴产业技术创新的作用机制研究 [J]. 四川大学学报（哲学社会科学版），2013，(3)：47 - 52.

[341] 郑伯红，王志远. 基于产业组织的城市国际化网络研究——以长沙工程机械产业为例 [J]. 世界地理研究，2011，20 (3)：55 - 61.

[342] 中国电子信息产业发展研究院，北京赛迪信息工程设计有限公司. 新一代信息技术在两化深度融合中的应用 [M]. 北京：电子工业出版社，2014：1 - 244.

[343] 中华人民共和国国务院. 国务院关于加快培育和发展战略性新兴产业的决定（国发〔2010〕32 号）[DB/OL]. 中央政府门户网站，http：//www. gov. cn/zwgk/2010 - 10/18/content _ 1724848. htm，2010 - 10 - 18.

[344] 中华人民共和国国务院. 国务院关于印发"十二五"国家战略性新兴产业发展规划的通知（国发〔2012〕28 号）[DB/OL]. 中央政府门户网站，http：//www. gov. cn/zwgk/2012 - 07/20/content_2187770. htm，2012 - 07 - 20.

[345] 中华人民共和国国务院. 国务院关于印发《中国制造2025》的通知（国发〔2015〕28 号）DB/OL]. 中央政府门户网站，http：//www. gov. cn/zhengce/content/2015 - 05/19/content _ 9784. htm，2015 - 05 - 19.

[346] 钟永恒，江洪，叶茂. 战略性新兴产业新材料报告 [M]. 北京：科学出版社，2012：1 - 198.

[347] 周晶. 战略性新兴产业的发展现状与地区分布 [J].

统计研究，2012，29（9）：24 – 30.

　　［348］周绍东，王昌盛. 基于合作博弈的战略性新兴产业技术路线选择研究［J］. 科技管理研究，2014，（24）：90 – 95.

　　［349］周树远. 新能源汽车产业现状与发展前景［M］. 广州：广东经济出版社，2015：1 – 154.

　　［350］周伟. 工程机械产业集群的区域竞争力研究［D］. 长沙理工大学，2009.

　　［351］周亚虹，蒲余路，陈诗一，方芳. 政府扶持与新兴产业发展——以新能源为例［J］. 经济研究，2015，（6）：147 – 161.

　　［352］朱瑞博，刘芸. 我国战略性新兴产业发展的总体特征、制度障碍与机制创新［J］. 社会科学，2011，（5）：62 – 72.

　　［353］朱瑞博，刘芸. 战略性新兴产业机制培育条件下的政府定位找寻［J］. 改革，2011，（6）：84 – 92.

　　［354］朱瑞博. 价值模块整合与产业融合［J］. 中国工业经济，2003，（8）：24 – 31.

　　［355］朱瑞博. 模块生产网络价值创新的整合架构研究［J］. 中国工业经济，2006，（1）：98 – 105.

　　［356］朱瑞博. 中国战略性新兴产业培育及其政策取向［J］. 改革，2010，（3）：19 – 28.

　　［357］朱莺. 并购后企业组织整合新模式研究——基于模块化理论的分析［J］. 华东理工大学学报（社会科学版），2010，25（5）：44 – 50.

　　［358］株洲高新技术产业开发区. 株洲高新区（中国动力谷）简介［DB/OL］. 株洲高新技术产业开发区网站，http：//www. zzgxq. gov. cn/Item/14130. aspx，2015 – 04 – 20.

后　记

　　时隔数年之后，又一本学术著作出版，值得记录的东西太多，故作此后记。本书的研究源自十余年来我对信息经济条件下产业组织演进的思考，其理论基础主要来自以下几方面：其一是源自亚当·斯密的分工理论，其二是科斯、威廉姆森等人创立的交易费用理论，其三是始自熊彼特的创新理论，其四是青木昌彦、克拉克和鲍德温等人发展的模块化理论。亚当·斯密重视分工与交换在工业经济发展中的作用，虽然这长期被新古典经济学所忽视，但仍影响了一些当代经济学家，如杨小凯。科斯指出了新古典经济学所忽视的问题：经济组织的运行都是有成本的——交易费用，这是理解经济组织的关键问题。威廉姆森进一步发展了科斯的交易费用理论，将交易费用这一理论范畴贯穿到不同组织治理机制的研究之中。交易费用是本书理论研究部分重要的理论工具。熊彼特阐明了创新的内涵及其对经济发展的意义，其创新理论深刻影响了本书的研究主题。模块化理论是管理学、经济学与工学共同研究的范畴，模块化理论之所以受到重视与战略性新兴产业发展的时代背景密切相关：经济全球化深入发展与国际分工不断演进，信息技术迅猛发展带动了大规模的产业融合，这也正是战略性新兴产业发展的大环境。

　　信息经济时代的经济组织与工业经济时代的经济组织有很大区别。在工业经济时代，分工是经济组织的主要特征，其主导产业组织形式是纵向一体化。在信息经济时代，分工与融合是人类经济活动的一体两面，分工深化条件下的融合是经济组织的本质，网络化、扁平化是产业组织发展的趋势。从经济组织的治理机制来看，工业经济时代科层组织的治理理论重点关注偷懒或卸责与要素贡献的定价问题，其治理效率的关键是剩余权利的配置问题，其结论是单边垄断剩余权利的产权配置是有效率的。在信息经济时代，经济组织网络化、模块化条件下，个体或模块化生产的定价相对较容易，偷懒与卸责不再成为经济组织治理机制的核心，单边垄断剩余权利的治理机制也被合作剩余共享的多边共同治理替代。从经济学的哲学基础来看，工业经济时代经济组织理论的哲学基础是基于同质性的科学主义，而信息经济时代经济组织理论的哲学基础应该是基于异质性的人文主义，并在此基础上实现科学主义与人文主义的融合。

战略性新兴产业代表未来科技和产业发展的新方向，是信息经济时代中国经济发展的主要驱动力。战略性新兴产业应该有低交易费用、高创新能力的新产业组织形式。那么，工业经济与产业组织的本质是什么？为什么传统产业组织不适合战略性新兴产业的发展，而模块化组织适应战略性新兴产业的发展？中国战略性新兴产业组织模块化发展程度如何？模块化对战略性新兴产业创新能力有什么影响？本书围绕着以上这些问题展开。本书的主要贡献在于：在理论上分析了不同经济时代产业组织的本质，论证了模块化产业组织契约性质及产权治理新范式。在实证上找了一种将公共品与非公共品产业标准纳入模块化产业组织的方法；同时用调查问卷研究了中国战略性新兴产业组织模块化发展现状，以及产品模块化、企业组织模块化、产业组织模块化，以及模块化分工与模块化协同对技术创新的影响。模块化的实证研究是一大难题，以往模块化的研究多集中在理论研究或规范研究，没有成熟的实证研究方法。本书虽利用调查问卷收集的数据，以及官方公布的数据进行了实证研究，但这只是尝试性的工作。而且，美中不足的是：一些理论思想并没有得到实证研究的检验。

本书付梓出版，首先要感谢刘茂松教授和罗能生教授。本书的很多灵感与思路来自与刘茂松教授的交流、讨论。每次见面，刘茂松教授都会畅谈近期的学术思想与心得，既包括对经济学前沿和基本问题的理论思考，也有湖南与中国经济发展的思路与对策。我一直好奇刘茂松教授是如何永葆学术青春的，或许是早年研究企业家理论的缘故，不墨守成规，敢于创新成了他学术研究的一贯风格。罗能生教授对我的影响可谓潜移默化，他严谨求真的治学态度一直深深地影响着我。罗能生教授经常能将问题上升至很高的理论层次，促使我从更高、更广的视野看待自己的学术研究，他的指点常常使我有豁然开朗之感。时光荏苒犹如白驹过隙，不觉刘茂松教授已年逾古稀，罗能生教授也已年近花甲，受两位恩师耳提面命十余载，这是弟子的福分，弟子还得继续努力，不辜负两位恩师的殷切期望。

　　感谢所有教过我的老师，感谢你们的传道、授业、解惑，使一个懵懂少年成为了一名大学老师。初为大学老师时虽囊中羞涩，但我一直是幸福的、感恩的，因为教师是我最热爱的职业，而且思想是自由的。还要感谢我教过的学生，与朝气蓬勃的你们相处是我选择教师这个职业的动力。尤其要感谢我指导过的学生：张建英、刘丹、贺雄松、李睿、吴红霞、邓国琳、张亚琴、李康、余文斗、傅崇庆等人。你们在学业和事业上的每一个进步都让我感到开心，即使你们毕业了，我也时常会想起与你们朝夕相处的日子，在心底为你们祝福。

　　在湖南师范大学商学院这个大家庭工作很愉快，不管是教学、科研岗位的老师，还是行政岗位的老师，每一位都给了我很多关心和帮助。感谢欧阳峣教授、王善平教授、刘子兰教授、李军教授、李红权教授、袁冬梅教授以及何勇书记、钟荣华副院长、陈君副书记等人为我们营造了良好的学术氛围和工作环境。在工作中要感谢的人太多，如果要列一个致谢的清单，我应该把学院所有的老师都放到致谢之中，但由于篇幅关系没有一一列出，在此表示歉意。

　　感谢黄群慧研究员、金碚研究员、吕政研究员、李海舰研究员、黄速建研究员、张其仔研究员、沈志渔研究员、吕铁研究员、李钢研究员、林跃勤研究员、姜奇平研究员、贺俊研究员、李晓华研究员、原磊研究员、江飞涛研究员、胡晓鹏研究员、张维迎教授、周其仁教授、汪丁丁教授、芮明杰教授、刘志彪教授、郑江淮教授、聂辉华教授、肖兴志教授、刘友金教授、贺正楚教授、熊勇清教授、朱瑞博教授、戴魁早教授等人。虽然与你们中的许多人并没有交往，有些甚至未曾谋面，但由于研究领域相近，神交已久，拜读你们的作品使我有了本书写作的灵感。

我还要特别感谢我的家人，感谢父亲、母亲，以及岳父、岳母一直以来对我的关爱与宽容，以及对我们小家庭的无私奉献。悠悠寸草心，报得三春晖。当然我还要感谢我的妻子与儿子，妻子为儿子的成长与培养付出了很多心血，使我能安心于科研工作。儿子出生后，给我们带来了无限的快乐，我也开始反思人生的意义，使我有了更从容的生活态度。所以也谨以此书献给我家人。

需要说明的是，本书是国家社科基金项目（13CJY057）和湖南省社科基金项目（14ZDB013）的研究成果。本书的部分内容已发表于《管理科学学报》、《中国工业经济》、《中国软科学》、《社会科学》和《财经理论与实践》等杂志，其中一篇被《新华文摘》以封面文章推荐并详摘，一篇被《新华文摘》摘要转载，一篇被人大复印资料全文转载，还有一篇被《中国社会科学报》和中国社会科学网、中国网等转载。也有英文论文被SSCI收录。感谢这些学术期刊的编辑和审稿人，他们提出了建设性的修改意见，使本书在质量上得到了很大提升。

本书的出版得到了经济科学出版社领导和编辑们的大力支持，尤其要感谢王东岗编辑对此书出版的大力协助，徐领柱、邱天等相关工作人员的辛勤劳动使本书得以顺利出版，在此一并表示由衷的感谢。

由于本人学识有限，再加上资料掌握不全，本书还存在一些疏漏与错误，恭请各位师友不吝赐教。

曹虹剑

2016 年 8 月于长沙